国家民委民族研究后期资助项目
"共生逻辑与行动路向：民族地区职业教育融合治理研究"（2022-GMH-007）

共生逻辑与行动路向：
民族地区职业教育融合治理研究

朱成晨　著

西南大学出版社
国家一级出版社　全国百佳图书出版单位

图书在版编目(CIP)数据

共生逻辑与行动路向：民族地区职业教育融合治理研究 / 朱成晨著. -- 重庆：西南大学出版社, 2023.10
ISBN 978-7-5697-1848-5

Ⅰ.①共… Ⅱ.①朱… Ⅲ.①民族地区—职业教育—研究—中国 Ⅳ.①G719.2

中国国家版本馆CIP数据核字(2023)第089652号

共生逻辑与行动路向：民族地区职业教育融合治理研究

朱成晨 著

责任编辑：钟小族
责任校对：张燕妮
装帧设计：魏显锋
排　　版：李　燕
出版发行：西南大学出版社
　　　　　地址：重庆市北碚区天生路2号
　　　　　邮编：400715
　　　　　电话：023-68254353
经　　销：全国新华书店
印　　刷：重庆紫石东南印务有限公司
幅面尺寸：170 mm×240 mm
印　　张：15.75
字　　数：257千字
版　　次：2023年10月　第1版
印　　次：2023年10月　第1次
书　　号：ISBN 978-7-5697-1848-5
定　　价：69.00元

前　言

　　没有任何国家在未实现乡村现代化的情况下,就能实现国家的现代化。当前,我国正值开启全面建设社会主义现代化国家、向第二个百年奋斗目标进军的新征程,是全面推进乡村振兴、加快农业农村现代化的关键时机,也是脱贫攻坚进入"后扶贫时代"、彻底阻断贫困代际传递的奋进时期。可以说,立足于中华民族伟大复兴战略全局和世界百年未有之大变局,农村站在了承上启下的新起点,迎来了新时代发展的新空间。为此,作为当前"木桶"的"短板"的我国农村,正面临重大历史考量的新机遇和新挑战。中国要强农业必须强,中国要美农村必须美,中国要富农民必须富。要全面建设社会主义现代化国家,就必须尽快补齐农业现代化这个短板,弥补农村现代化这一薄弱环节。因此,农村现代化无疑是全面建设社会主义现代化国家、实现民族复兴的必然选择。

　　当前,我国社会最大的不平衡、不充分集中体现在乡村。推进民族地区乡村振兴,直接关系着乡村振兴全面推进的进度和效益,对推动我国农业全面升级、农村全面进步、农民全面发展,实现全体人民共同富裕具有极其重要的意义。习近平总书记指出:"中华民族是一个大家庭,一家人都要过上好日子。"没有民族地区的现代化,就没有全国的现代化。乡村要振兴,人才必先行。民族地区职业教育作为支撑乡村振兴的重要力量,在乡村振兴战略中不可或缺。然而,我国民族地区职业教育长期处于自身内生力不足、社会外推力不强、跨界融合力不够等问题,致其陷入系统低效、结构错位、功能缺失的现实困境。所以,迫切需要一种新思维来破解这一难题。

　　本研究把"融合治理"作为民族地区职业教育治理的一种实践方法论来思考,基于对向第二个百年奋斗目标迈进的时代观照和对国家乡村振兴战略鲜明立场的现实回应,以民族地区职业教育现代化为逻辑起点,探析职业教育的价值意蕴与跨界思维,回溯民族地区职业教育发展的历史脉络,着力构建民族地区职业教育融合治理"共生逻辑"的理论框架和现代化"行动路向"的行动框架。

本研究主要采取文献分析、案例佐证与国际比较相结合的研究方法，结合教育学、技术哲学、社会学、管理学、经济学、文化生态学等多学科理论视角，对民族地区职业教育融合治理展开相关研究。

本研究遵循的逻辑理路是"在跨界中协同，在跨界协同中融合治理，在融合治理中共生发展"。首先，对民族地区职业教育的"应然"愿景与"实然"样态进行理想和现实两个层面的构想与扫描，以探析民族地区职业教育发展的必然路向，从而为后续研究奠定逻辑基础；其次，深入探析民族地区职业教育治理涉及的界域和结构逻辑，遵循系统性思维与跨界性思维的科学范式，确立民族地区职业教育融合治理"五位一体"的逻辑框架，以此观照其共生逻辑的理论命题；最后，围绕民族地区职业教育与民族地区社会发展的共生逻辑与行动路向，建立民族地区职业教育"GIFES"协同机制与社会支持系统，确保民族地区职业教育在跨界中协同，在跨界协同中融合治理，在融合治理中共生发展。

目录
CONTENTS

前言 ··· 1

第一章 绪论 ··· 1
一、研究背景及问题的提出 ··· 1
二、研究意义 ··· 10
三、文献述评 ··· 11
四、核心概念界定 ··· 38
五、研究设计 ··· 42

第二章 职业教育的价值意蕴与跨界思维 ································· 50
一、职业教育的价值表征 ··· 50
二、职业教育的技术理性：价值理性的诠释 ································· 59
三、职业教育的跨界思维 ··· 66
四、跨界-融合-共生：民族地区职业教育发展的理性逻辑框架 ··············· 70

第三章 民族地区职业教育的实然样态与应然融合取向 ····················· 75
一、民族地区职业教育发展的历史演进 ····································· 75
二、民族地区职业教育发展的现状和困境 ··································· 80
三、进入后扶贫时代的民族地区职业教育融合模式与乡村振兴战略
   ··· 85
四、来自案例的启示：一个典型的"县-乡-村"农村职业教育场域 ·········· 99

1

第四章　民族地区职业教育融合治理的逻辑框架 ……………117
　　一、治理逻辑：现代性表征 ……………………………………117
　　二、治理体系：公共理性的建构 ………………………………119
　　三、治理能力：人力资源供给 …………………………………122
　　四、治理成本：有效性表征 ……………………………………123
　　五、治理环境：社会生态场域共生 ……………………………126
　　六、基于案例的讨论：W县职业教育融合治理分析 …………128

第五章　民族地区职业教育融合治理的共生逻辑 ……………135
　　一、民族地区职业教育融合治理的系统性思维 ………………135
　　二、民族地区职业教育融合治理的共生结构 …………………145
　　三、民族地区职业教育融合治理的共生机理 …………………153

第六章　民族地区职业教育融合治理的行动路向 ……………159
　　一、民族地区职业教育融合治理的共生机制 …………………159
　　二、民族地区职业教育共生发展的超系统境域 ………………162
　　三、民族地区职业教育融合治理的行动逻辑与路径指向 ……165
　　四、源于案例的构想：W县农村职业教育融合治理的超系统境域观照
　　　………………………………………………………………170

第七章　民族地区职业教育共生发展的现代化愿景 ……………179
　　一、经济共生：推进民族地区产业发展的现代化程度 ………180
　　二、人才共生：提高人力资源发展的现代化水平 ……………184
　　三、文化共生：彰显民族地区人文精神的现代化品格 ………189

目录
CONTENTS

四、生态共生:提高环境治理的现代化能力 ……………………194
五、组织共生:保障民族地区制度建设的现代化高度 …………199

第八章 在超系统行动中走向共生发展:民族地区职业教育融合治理的协同机制与支持系统 ……………………206
  一、民族地区职业教育融合治理的协同机制 ……………………206
  二、民族地区职业教育融合治理的社会支持系统 ………………211
  三、民族地区职业教育融合治理与共生发展的进阶:学习型社会与终身教育体系建设 ……………………219

结 语 融合治理与民族地区职业教育共生发展超系统境域 ……229
参考文献 ……………………237

第一章

绪　论

一、研究背景及问题的提出

打赢脱贫攻坚战、全面建成小康社会后,我国进入了巩固拓展脱贫攻坚成果同乡村振兴有效衔接的新起点,朝着逐步实现全体人民共同富裕的目标继续前进。实施乡村振兴战略是全面建设社会主义现代化国家的重大历史任务,是新时代"三农"工作的总抓手。推进民族地区乡村振兴,直接关系着乡村振兴全面推进的进度和效益,对推动我国农业全面升级、农村全面进步、农民全面发展,实现全体人民共同富裕,都具有极其重要的意义。国家民族事务委员会等九部门联合印发《关于铸牢中华民族共同体意识 扎实推进民族地区巩固拓展脱贫攻坚成果同乡村振兴有效衔接的意见》,强调民族地区要在实现乡村振兴进程中不断铸牢中华民族共同体意识。

据第七次全国人口普查公报,我国少数民族共有1.25亿人口,占全国人口的8.89%。民族地区大多属于贫困地区,生产力水平和劳动者素质相对偏低,受自然条件制约,主要产业为农业、牧业。2021年颁布的《中共中央 国务院关于全面推进乡村振兴加快农业农村现代化的意见》再次明确了"三农"问题的极端重要性,对优先发展农业农村、全面推进乡村振兴作出了总体部署,着力实现巩固拓展脱贫攻坚成果同乡村振兴有效衔接。打赢脱贫攻坚战是全面建成小康社会的底线任务,唯有实现乡村振兴才能从根本上解决农村的贫困问题。探索全面巩固拓展脱贫攻坚成果与全面推进乡村振兴有效衔接的途径,是当下中国社会的时代命题。作为"木桶"的"短板"的农村,迎来了新的机遇和挑战。习近平总书记指出,中国要强农业必须强,中国要美农村必须美,中国要富农民必须富。只有"农业强、农村美、农民富",才能够全面建成社会主义现代化强国,实现中华民族伟大复兴。

(一)研究背景

1.国家理想:职业教育社会治理的融合战略

《中共中央关于全面深化改革若干重大问题的决定》提出,要推进国家治理体系和治理能力现代化。政治领域、经济领域和社会领域是深化改革的三大关键领域。教育领域作为社会领域的一个重要组成部分,其治理体系和治理能力也是国家治理体系和治理能力的重要体现。职业教育又是国民教育的重要组成部分,其体系建设和能力建设既是国家教育制度建设和制度执行能力的重要表现,也是构建现代职业教育体系、彰显类型特征的重要依据。为此,推进职业教育治理现代化是当前教育综合改革和实现教育现代化的关键环节和重要任务。

第一,融合治理是全球化的历史发展格局。"在第一次工业革命完成时代,西方资本主义市场采取早期自由主义和'嵌入式自由主义'的治理模式,然而并未实现'帕累托最优';战后经济全球化时代,西方国家采取新自由主义治理模式,仍无法处理好市场与国家、效率与公平的关系,导致'制度失灵'。"[①]所以治理理论的提出是为了有效应对"政府失灵"与"市场失灵",构建以合作和服务为核心的政府、市场、公民社会的新型关系,充分意识到公民社会在治理领域中所扮演的重要角色和主要功能。因此,在吸收西方治理理论和经验的基础上,我国从实际情况出发,提出了符合国情的中国方案:以"人类命运共同体"作为推进国家治理体系和治理能力现代化的核心要义,积极构建"共建共治共享"的社会治理格局。

第二,教育融合治理是教育现代化的应有之义。与"教育管理"相比较,"'教育治理'是把教育领域内各主体纳入行政范畴,充分发挥其能动性,在持续协调、引导各方达成共识的基础上,不断改进目标和手段的一种新型教育行政方式"[②]。教育治理现代化不仅是教育现代化的关键内容,也是教育现代化得以实现的重要保障。一方面,教育治理由治理体系

[①] 邢晖,郭静.职业教育协同治理的基础、框架和路径[J].国家教育行政学院学报,2018(3):90-95.
[②] 任友群.实现教育治理现代化的必由之路[N].中国教育报,2016-06-10(8).

和治理能力两部分构成，根据结构与功能的关系，治理体系是治理能力发挥的前提和基础，治理能力的发挥以治理体系为支撑[1]，二者形成合力才能提升教育治理现代化水平。另一方面，"现代化"是一个具有丰富内涵的概念，既指向时间维度也蕴含价值维度。在"时间"上，它通常指的是从传统农业社会向现代工业社会或知识社会变迁的过程，具有政治民主化、经济工业化、思想理性化等特征；在"价值"上，如马格纳雷拉定义的，它是指较不发达社会或发展中的社会为了获得发达的工业社会所具有的一些特点而经历的文化与社会变化或改革的过程。后面一层意义存在一种弊端，那就是造成现代化标准西化，将西方发达国家作为"现代化"的映射。实际上，现代化是一个由多种因素驱动的自然的历史发展过程和复杂的社会变迁过程，是多样化和差异性的统一。因此，不同国家、不同社会形态、不同历史阶段、不同领域的现代化是不尽相同的。空间上，现代化是一个全要素、全领域、全方位的变革，包括经济、政治、文化、思想、生态、技术等方方面面，可能其中一个因素占主导，推动社会现代化进程，但是它最终会影响并推动其他因素发展。过程上，现代化是一项未竟的事业，它不是一蹴而就的，而是一个动态发展的过程。因此，教育现代化也是一个需要不断向更高目标行进的动态过程。我国教育现代化是在中国语境下开展的教育改革，扎根于本土，也放眼世界和未来。《中国教育现代化2035》强调了教育在国家现代化发展中的基础性、先导性、全局性地位和作用，并且把形成全社会共同参与的教育治理新格局放在2035年主要发展目标的突出位置上。多元主体共同管理教育公共事务，其直接目的是通过"善治"达成教育"公共的善"，即公平而有质量的教育。因而，从"公平"的角度看，实现有效的教育治理是推进教育公平的重要保障，也是通过教育公平促进社会公平的必由路径。

第三，职业教育融合治理是职业教育现代化的必然要求。党的十九届四中全会公报提出，到2035年基本实现国家治理体系和治理能力现代化。国家治理体系和治理能力现代化的顶层规划推动了我国职业教育治理体系和治理能力现代化的进程。"伴随经济社会转型，从注重规模和速度转为以调整结构和提高质量效益为中心，职业教育重心也从数量外延式转为质量内涵式发展。职业教育在历经规模扩张、基础建设、立法建制、完善体系、特色探索、示范建设等，初步建立了具有中国特色的现代职

---

[1] 甘晖.基于大学治理能力现代化的大学治理体系构建[J].高等教育研究，2015,36(7)：36-41.

业教育体系后,新时代又面临新的跨越,即必须适应国家战略需要,加强供给侧结构性改革,在保证相当规模的同时,更要全面提升教育质量,实现职业教育现代化。"[1]规范的职业教育治理体系和高效能的职业教育治理能力就自然成了加快发展现代职业教育的重要抓手。2019年发布的《国家职业教育改革实施方案》指出职业教育与普通教育是两种不同教育类型,具有同等重要地位,并提出经过5—10年左右时间,职业教育基本完成由政府举办为主向政府统筹管理、社会多元办学的格局转变,由参照普通教育办学模式向企业社会参与、专业特色鲜明的类型教育转变。"双高计划"的实施,旨在完善现代职业学校制度体系,形成自我管理与自我约束的体制机制。2020年颁布的《职业教育提质培优行动计划(2020—2023年)》提出健全服务全民终身学习的职业教育制度,意味着职业教育人群结构的扩大和层次结构更加合理。2021年颁布的《关于推动现代职业教育高质量发展的意见》提出加快构建现代职业教育体系,健全多元办学格局和建设技能型社会。2022年颁布的《关于深化现代职业教育体系建设改革的意见》明确提出要统筹职业教育、高等教育、继续教育协同创新,有序、有效推进现代职业教育体系建设改革,构建央地互动、区域联动,政府、行业、企业、学校协同的发展机制。这一系列政策背后,是新业态、新技术、新规范、新职业对职业教育人才培养和体制机制改革创新的考验。为此,从系统论角度来看,职业教育一方面需要不断完善自身体系建设,激发内生动力;另一方面需要持续推进与政府、行业、企业协同育人机制建设,增强外部适应性。内部体系的活力激发和外部体制的动力助推均离不开职业教育在产教融合中进行跨界协同与融合治理,唯有开放、跨界、协同、融合与共生,才能使职业教育从"独木桥"变为真正意义上纵向贯通、横向融通的成才"立交桥"。职业教育要充分发挥人力资源开发的优势,将人口红利转变为人才红利,全力巩固拓展脱贫攻坚成果,全面服务乡村振兴,其逻辑起点自然而然就指向了农村职业教育。

2.国际视野:职业教育发展的跨界思维与协同取向

跨界是一种顺应国际发展趋势的高级思维范式,也是世界各国发展职业教育的战略选择,更是全球推进职业教育协同育人的新经验。职业教育是一种牵一发而动全身的全息性教育类型,与社会政治、经济、文化

---

[1] 邢晖,郭静.职业教育协同治理的基础、框架和路径[J].国家教育行政学院学报,2018(3):90-95.

等领域息息相关。因此,职业教育的发展必须遵循跨界思维,在跨界中协同,在协同中融合,在融合中共生。这是当今世界各国创新发展职业教育的根本遵循与战略选择。

第一,跨界是一种创新思维与发展战略。跨界思维是一种综合性、多角度、外向性的策略思维,是一种符合时代潮流的,能够为行业突破瓶颈、带来发展的创新思维。人们常常将跨界思维比作"锤子",将创新研究比作"钉子",认为对于一个拿着锤子的人来说,所有问题看起来都像钉子。跨界思维产生的原因有几方面:其一,现实社会遇到的问题越来越复杂,单一领域的知识和技能不足以应对;其二,跨界思维能够更好地认清和把握事物的本质;其三,跨界能够产生跨界红利,将一个领域所使用的技术运用到另一个领域,可能会产生"1+1>2"的效果;其四,具有跨界思维的人不受条条框框的约束,能够发挥更大潜力。因此,跨界是一种顺应时代发展趋势的高级思维,其最初目的是解决问题,但其结果是实现了创新。可以说,跨界的本质就是协同,协同的本质就是创新。

第二,跨界是职业教育的类型特征。学界有关职业教育"界"的理解有许多,比如职业教育中存在"教育""职业""学校""企业""学习""工作""中职""高职""职业教育""其他类型教育""教育学""其他相关学科"等十二个"界"[①],但是"跨界"并非随意地跨界,而是只能在根据统一标准划分出的"界"之间进行跨越。例如:以人的素质为标准跨越教育与职业之界;以办学主体为标准跨越学校与企业之界;以认知方法为标准跨越学习与工作之界;以办学层次为标准跨越中职与高职之界;以教育类型为标准跨越职业教育与普通教育之界;以学科为标准跨越教育学与其他学科之界[②]。跨界与整合是特有的哲学思维范式、理论视野和解释原则,它是职业教育最核心的价值概念,是全部职业教育赖以建构的逻辑基础和理论根本[③]。从"定界"向"跨界"的根本性转变既是理念、组织、主体的跨界,也是办学模式、育人方式、教学形式的跨界[④]。当前,国家层面对职业教育作为类型教育给予了清晰的定位,对职业教育作为类型教育的鲜明特征也

[①] 何应林,顾建军.职业教育跨界研究初探[J].中国职业技术教育,2012(36):20-25.
[②] 何应林,顾建军.职业教育跨界研究初探[J].中国职业技术教育,2012(36):20-25.
[③] 张健.跨界与整合:职业教育的创新路径[J].江苏教育,2012(15):56-58
[④] 徐珍珍,刘晓.基于跨界属性的职业教育理论体系:价值取向与研究展望[J].职教通讯,2014(31):25-29,39.

达成了共识,这引发了学界对职业教育如何进行跨界、实现何种程度的跨界、如何破解跨界合作中的治理困境等实际问题的思考。

第三,跨界合作、协同育人是全球职业教育的发展规律和必然趋势。国际上成功的职业教育办学模式和人才培养模式无不体现跨界协同、融合治理的思想。德国是校企跨界合作、协同育人的二元办学模式,即企业在职培训与职业学校教育结合,传统学徒培训与现代职业教育结合,工作与学习对接,企业与学校共担责任。美国采用社区学院与学校教育深度结合的融合模式,社区学院同时提供专业技术和职业训练课程,学院建设、学校教育与社区紧密结合。澳大利亚是职业技术教育学院和企业协同模式,职业教育与培训和行业紧密结合,培训直接对接就业,职业资格直接对接技能资格。新加坡是引企入校的教学工程合作模式,将企业的真实环境引入学校的实际教学中。这些典型的职教模式背后体现的是政府、市场、企业、行业协会与学校等多元主体的伙伴关系,形成了民主参与、共同管理、理念认同、法律规范、机制健全的协同育人模式和共同治理格局。职业教育作为一种跨界融合性教育类型,既需要加强自身系统的完善,也要与社会其他系统之间进行良性互动;既需要内部系统与外部系统的交互融合,也需要内外系统整体生态场域的"协同"。协同思想在我国早已出现,《虞书·尧典》中的"协和万国",《孟子》中的"天时不如地利,地利不如人和",都强调协同的重要性。西方从物理学的角度提出了协同理论,认为复杂、开放的系统经过有序化程度的不断增加,整个系统在趋向于熵增大的正过程中,由趋向于负熵增大的逆过程动态平衡的无限循环向趋于熵减小方向不断推移,从而使系统从无序状态变化到有序状态[①]。协同治理是一系列广泛的问题和冲突的调节方法或机制,通过这一方法机制,参与者按谈判与合作的规则做出既能使各方满意,又对各方有约束力的决定[②]。因此,协同治理的出发点就是实现政府由传统范式向协同范式的角色转变,从传统的行政管理到新公共管理、新公共服务,再到今天的多中心治理、整体性治理、网络化治理等范式的转变,进而实现对政府角色与职能定位的重塑。

---

① 郭治安,等.协同学入门[M].成都:四川人民出版社,1988:23-24.
② SCHMITTER P. Réflexions liminairesàpropos du conceptde gouvernance, in La démocratie dans tous sesétats[M]. Bruxelles:Bruylant, 2000:51.

3.治理逻辑:民族地区职业教育治理的价值理性与协同逻辑

职业教育治理需要一个四维视角的思考框架,即在国家现代化发展新阶段的国家逻辑中观照区域发展的社会逻辑、职业教育的本体逻辑和融合治理的技术逻辑,从而厘清职业教育治理的逻辑起点和价值理性。

首先,治理理论是针对传统管理体制的"异化"现象,即低效、非人性化的管理而提出来的,所以它是针对传统科层制的体系结构而言的。"解构"最早出现在马丁·海德格尔(Heidegger M.)的《存在与时间》中,他提出"治理"企图从结构上形成一种分解一元中心、政府至上的管理"解构"逻辑。因此,治理逐步演化出了三条"解构"路径。第一条是转移中心、消解政府权力。詹姆斯·罗西瑙(Rosenau J. N.)在《没有政府的治理》中提出了"无政府治理",即不考虑普遍原则、规章、程序等的非等级式统治[①]。治理的实质是公民社会的自组织网络,是一个围绕共同的利益、矛盾,由个人组成的介于"公域"与"私域"之间的多元且自主的领域[②]。第二条是提升政府的"元治理"能力。比如斯托克(Stoker G.)认为,治理所求的终归是创造条件以保证社会秩序,权力才是秩序建设的核心力量,政府才是合法权力的唯一拥有者[③]。政府的"元治理"在本质上讲仍是一种管理。第三条是多中心治理,让政府、公民、市场、社会组织处于平等位置,各个主体通过合作形成多元行动网络,参与公共事务治理。

其次,西方治理理论是以"政府弱化"为预设,为了应对"政府失灵"和"市场失灵"而提出的。这种假设明显存在逻辑缺陷,必然造成教育治理过程中国家主体地位淡化、国家主导作用弱化的局面,形成教育治理混乱无序与软弱无力的状态。所以,将治理理论引入我国教育治理中,尤其是民族地区职业教育治理场域,需要进行调适。一方面,治理的对象是公共事务,而职业教育是准公共产品,政府的作用十分必要;另一方面,治理将重心从政府管理转移到公民社会自治,而民族地区社会组织化程度不高,所以在治理中必须重视统筹规划的作用。

---

① ROSENQU J N, CZEMPIEL E O. Governance without government: order and change in world politics[M]. Cambridge: Cambridge University Press, 1992:5.
② 陈振明.公共管理学:一种不同于传统行政学的研究途径[M].2版.北京:中国人民大学出版社,2003:80.
③ 格里·斯托克,华夏风.作为理论的治理:五个论点[J].国际社会科学杂志(中文版),2019,36(3):23-32.

最后,治理是理想愿景、应然样态实现的条件。传统管理强调技术理性与价值中立,现代治理应当回归价值理性和人文精神。"好的治理"才能够实现"好的教育",同理,"善治"与"好的职业教育"是高度契合的。第一,职业教育治理的逻辑起点是职业教育人才培养和社会服务的价值理性,即工具性与人文性的统一。职业教育的本体价值(育人)、社会价值(服务社会)与治理的最高境界"善治"(即"公共的善")是高度一致的。第二,治理的规则和路径是跨界与协同,职业教育的跨界性与公共性使得职业教育治理必须以教育规律和市场规律为前提,实现教育效益和经济效益的平衡,以及公共利益最大化。民族地区职业教育治理现代化的价值取向与实践逻辑应兼顾"效率至上"的科学性和"以人为本"的人文性。第三,共治与协同育人的价值旨归是实现人与社会、教育与社会的共生发展。通过治理,促进教育自系统与民族地区社会他系统的共生共荣。

综上所述,世界驱动、国家战略、时代需求、规律遵循为民族地区职业教育发展带来了新的机遇和挑战。在乡村振兴大背景下,新时代的中国需要什么样的民族地区职业教育?要将一个什么样的民族地区职业教育带入下一个百年?在办好人民满意的职业教育愿景下,如何促进民族地区职业教育在跨界协同中开展创新性治理?对以上问题的思考构成了本研究的立论原点。

(二)问题的提出

民族地区职业教育能够造就推动民族地区人才现代化、产业现代化、乡村现代化的生力军。立足于国家现代化战略和职业教育发展趋势,针对当前民族地区农村"边缘化""空心化"以及农村职业教育"悬浮化""碎片化"等现象和问题,我们应力求在关系、结构和价值层面系统性地整合农村职业教育。因此,本研究从民族地区职业教育治理的"融合性"问题出发,以此为导引,旨在从理论上构建融合治理的逻辑框架,从实践上构建融合治理的行动框架,指明共生发展的行动路向,试图解决民族地区职业教育跨界协同、融合治理、共生发展的"共生逻辑"与"行动路向"问题。本研究将围绕以下三个问题展开讨论。

1.为什么要探讨民族地区职业教育融合治理问题

这是民族地区职业教育融合治理的前置性问题,也是对融合治理的必要性、合理性与现实性的回应。针对这一问题,本研究将着重围绕如下几个子问题进行讨论:职业教育的价值表征是什么?职业教育为什么要遵循跨界思维?职业教育的跨界性体现在哪些方面?为什么要从治理的角度来研究职业教育?民族地区职业教育治理的特殊性体现在哪里?民族地区职业教育发展的现实情况如何?围绕这一系列问题,本研究拟通过文献回顾的方法探索民族地区职业教育治理的国家战略、时代背景、现实困境以及研究的领域背景,并以文献研究和案例分析的方法,对当前民族地区职业教育与教育治理的现状进行分析,进而指出民族地区职业教育发展的问题症结在于自身系统发展动力不强和社会支撑系统推力不足,仅仅凭借一种力量的作用,不能促进民族地区职业教育的发展。

2.如何进行职业教育融合治理

融合治理是本研究提出的核心概念,旨在把民族地区职业教育置入民族地区社会整体发展中进行一体化治理,实现教育与社会共生发展。这个问题的讨论,必然会涉及融合治理的本质是什么、其提出的依据何在、融合和治理之间是什么关系、融合治理和农村职业教育发展是什么关系等问题。本研究还将围绕治理的三个基本命题,即谁治理、如何治理、治理得怎么样来构建民族地区职业教育融合治理的逻辑框架。

3.民族地区职业教育发展在融合治理中"何以为之"

强力助推民族地区职业教育与民族地区社会经济共生发展是民族地区职业教育现代化和乡村现代化的必由之路,也是本研究提出融合治理的价值原点。要回答这一问题,又必然涉及四个根本性问题:一是民族地区职业教育与民族地区经济社会的共生逻辑是什么?二是融合治理的共生机制是什么?三是民族地区职业教育自系统与社会支持他系统的协同运行机制是什么?四是民族地区社会支持系统包括哪些范畴以及应该发挥什么样的作用?

二、研究意义

本研究立足于"十四五"开局之年,响应巩固拓展脱贫攻坚成果同乡村振兴有效衔接的时代趋势和不断铸牢中华民族共同体意识的时代需求,以"融合治理"为主题思想,以"跨界协同"为逻辑前提,以"共生发展"为价值旨归,在回应上述三个核心问题的过程中,力求拓展民族地区职业教育融合治理的系统性思维与实践性空间,进而构建民族地区职业教育融合治理的理论逻辑与行动框架。

(一)研究的理论意义

把融合治理作为民族地区职业教育治理的方法论与实践论来思考,其学术价值体现在四个方面:第一,融合治理思想是立足于国家社会治理战略背景下,对融合共生发展趋势的合理性和现实性进行辨析与论证,未来将会是民族地区职业教育现代化发展研究的一个理论范式与潜在学术生长点;第二,本研究从技术哲学层面深入探究职业教育的价值理性,并结合民族地区职业教育发展的跨界协同趋势,探析民族地区职业教育的共生发展机制,拓宽了民族地区职业教育发展的概念内涵,丰富了民族地区职业教育研究的理论范畴与学术领域,为民族地区职业教育研究提供了更多有益的学术选项;第三,遵循系统性思维范式,从系统科学层面深入探讨民族地区职业教育自系统与农村社会他系统的超系统共生逻辑,为民族地区职业教育现代化发展提供了理论遵循;第四,本研究基于共生逻辑探讨融合治理的逻辑框架,不仅充实了治理理论,也为教育理论提供了新思维。

(二)研究的实践意义

本研究的实践意义主要体现在三个方面:第一,提出的融合治理思想精准对接民族地区职业教育与农村社会发展的痛点和难点,构建的治理框架、共生结构、协同机制、行动路向与社会支持系统等为民族地区"空心化""内卷化"危机提供了一种化解之道;第二,本研究在横向上探讨民族地区职业教育与"三农"关系、教育治理与区域治理关系、城乡互动关系、纵向上探讨"县—乡—村"行政体系与民族地区现代职业教育体系的耦合式和嵌入式关系、民族地区职业教育"校园—庭园—田园"的"三园基地"建设和"课表课堂—兴趣课堂—实践课堂"的"三级课堂"理实一体化对接关系等,为推进民族地区治理现代化提供了实践指导;第三,本研究基于对融合治理行动路向的探讨,从实践层面提供了民族地区职业教育融合治理的行动框架,有效对接乡村"五大振兴"的战略框架,为民族地区社会治理的实践行动提供了方向性指导与经验性参照。

三、文献述评

本研究的核心是民族地区职业教育融合治理研究,是想基于民族地区职业教育与民族地区社会经济发展的"应然"与"实然"关系,提出一个"必然"分析性治理框架。因此,本研究不仅涉及民族地区职业教育相关的研究,也涉及更广范围农村职业教育以及教育治理有关领域的研究。

(一)关于农村职业教育的研究

1.国内关于农村职业教育的研究

农村职业教育的相关研究成果主要涉及农村职业教育重要性的研究、农村职业教育现状与问题的研究和农村职业教育改革发展的研究等三个层面。

一是对农村职业教育重要性的研究。许多研究者从城乡统筹发展、农村劳动力转移、教育精准扶贫、乡村振兴、社会主义新农村建设和全面建成小康社会等方面探讨了发展农村职业教育之于解决"三农"问题的重要性。对于农村而言,徐涵(2004)认为,发展农村职业教育,是缩小城乡差别、促进我国农村社会稳定和全面进步的客观要求[1]。严建红(2007)认为,农村职业教育的发展有助于社会经济结构矛盾的解决[2]。还有一些研究者认为农村职业教育对稳定社会、教育公平起着重要作用,也为人的个

---

[1] 徐涵.大力发展农村职业教育促进社会经济的协调发展[C]//职业教育为三农服务的新思路新模式——中国职业技术教育学会2004年学术年会论文集,2004:360-365.
[2] 严建红.以就业为导向的我国职业教育发展研究[D].西安:陕西师范大学,2007.

性发展提供了机会。对于农业发展而言,农村职业教育能够助力乡村产业振兴[1]、助推农业农村现代化[2]。对于农民职业教育而言,雷重熹(2005)认为,农村职业教育在劳动者素质提高、剩余劳动力转移方面有极大的推动作用,把农村职业教育称为"经济助推器"[3]。李星东(2007)认为,农村劳动力是潜在的产业大军和城镇居民,他们向非农产业转移,必须依靠职业教育和培训[4]。陈鹏等(2019)认为,农村职业教育通过思想观念、文化基础知识、技术技能等形式扶贫,能够提高人口公民素养、提升人口人力资本和阻断贫困代际传递[5]。

二是对农村职业教育现状与问题的研究。首先,传统观念阻碍农村职业教育又好又快地发展。孙文学(2002)提出,对职业教育缺乏全面了解和正确认识,已成为农村职业教育发展受阻的社会原因[6]。胡晓勤(2008)把农民职业教育观念的保守列为新时期农村职业教育发展面临的问题与矛盾之一,认为传统的就农村范围解决农村职业教育的思路很成问题,主要表现为:一是对"农"字的理解太狭窄,局限于传统农业;二是培育目标的定位落后,局限于培育"不离土、不离乡"的"扎根派";三是农村职业教育的划分不科学,统计口径局限于县及县以下对当前农村职业教育的"小农"概念定位[7]。针对此,有学者认为要有"大农"职业教育的概念意识。其次,我国农村职业教育办学主体权责不明晰,政府统筹能力较弱。方艳丹(2008)指出,我国的职业教育长期以来存在着多头管理、各自为政的体制问题,在办学模式和教学内容上,其形式过于单一,教学内容脱离实际[8]。再次,农村职业教育区域特征明显。李星东(2007)指出,农

---

[1] 杨勇,康欢.五维合一:职业教育助力乡村振兴的价值坐标[J].中国职业技术教育,2021(3):54-60.
[2] 祁占勇,王志远.乡村振兴战略背景下农村职业教育的现实困顿与实践指向[J].华东师范大学学报(教育科学版),2020,38(4):107-117.
[3] 雷重熹.农村职业教育与农村剩余劳动力转移关系研究——以中外农村职业教育为视角[D].长春:东北师范大学,2005.
[4] 李星东.农村职业教育发展研究[D].成都:四川大学,2007.
[5] 陈鹏,王晓利."扶智"与"扶志":农村职业教育的独特定位与功能定向[J].苏州大学学报(教育科学版),2019,7(4):8-15.
[6] 孙文学.农村高等职业教育发展探析[J].南宁职业技术学院学报,2002,7(4):12-16.
[7] 胡晓勤.新时期农村职业教育发展问题研究[D].长沙:湖南农业大学,2008.
[8] 方艳丹."以就业为导向"的中职教育模式研究——以广西物资学校为例[D].南宁:广西大学,2008.

村职业教育的发展水平在东部、中部、西部差距极大[1]。王怡(2010)则论证了农村职业教育东、中、西部之间地区发展的不平衡以及城乡之间的不平衡[2]。最后,农村职业教育内部与外部发展动力不足。马建斌(2000)认为,农村职业教育面临的问题和困难表现在:一是招生难;二是条件、师资与经费不足;三是教育质量不高,服务能力不强[3]。此外,学界对农村职业教育的价值取向、功能定位、教育对象、培养目标等方面也存在争论。在价值取向和功能定位上,存在"离农"与"为农"之争。大量转移农村劳动力必然导致农村人力资源的枯竭,而"为农"的农村职业教育难免导致农村人口的阶层固化,影响农村人力资源的纵向流动,剥夺农村青年在城市发展的机会,国家新型城镇化战略也会受到影响。为此,许多学者认为坚持两条腿走路成为农村职业教育的目标定位与功能定向的必然选择。一方面,农村职业教育要继续为新型城镇化培养转移劳动力;另一方面,在当前农业供给侧结构性改革背景下,农村职业教育当务之急是弥补短板,更加强调面向"三农",培养新型职业农民,为农业供给侧结构性改革提供人力资源支持[4][5]。在农村职业教育对象上,学界存在究竟应该是学生还是农民之争。福斯特认为农村职业教育的对象应以农民为主的观点备受争议,但是探讨得并不是很深入。

三是对农村职业教育改革与发展的研究。我国农村职业教育的发展历程,从新中国成立后经历了五个阶段:第一阶段(1949年至1965年)为创办阶段,在教育制度上分为全日制与半工半读两种,倡导普通教育与职业教育两条腿走路;第二阶段(1978年至1987年)为恢复与初步发展阶段,职业教育宣传力度有所增加;第三阶段(1988年至1992年)为高速发展阶段,实施一系列对农村教育改革有所推进的措施,如"燎原"计划,对职业教育与成人教育进行了统筹规划;第四阶段(1993年至2001年)为低迷与改革阶段,农村职业教育显示出徘徊状态;第五阶段(2001年至今)为新阶段,农村职业教育取得显著成效[6]。农村职业教育在改革开放前走过

---

[1] 李星东.农村职业教育发展研究[D].成都:四川大学,2007.
[2] 王怡.新中国农村职业教育发展研究[D].长春:东北师范大学,2010.
[3] 马建斌.对当前农村职业教育发展问题的思考[J].教育研究,2000(2):30-34.
[4] 王雷.农业供给侧结构性改革背景下农村职业教育制度变革研究[D].西安:陕西师范大学,2018.
[5] 李延平,王雷.农业供给侧结构性改革背景下农村职业教育的使命及变革[J].教育研究,2017,38(11):70-74.
[6] 李小琼.可持续发展理念下的农村职业教育改革创新[J].继续教育研究,2017(6):38-40.

了创建、调整、泛政治化的发展阶段,在改革开放后,经过变革和规范,正走向以"三农"为本的完善阶段[①]。在政策上,经历了以发展中等职业教育为主的农村职业教育体系初创期(1978—1990)、注重"三教统筹"和法制化发展的农村职业教育体系成长期(1991—1999)、增加各类职业教育培训和资助力度的农村职业教育体系改善期(2000—2012)、着力构建新型城镇化建设需要的农村职业教育体系完善期(2013年至今)四个阶段,体现了由中央集中到地方分级管理体制的规范、从注重经济建设到注重人的发展的教育价值取向、从宏观引导到具体保障的教育制度建设以及由"单一主体"引导到"多元主体"共同发展的教育机制创新等特点[②]。办学模式历经农科教结合模式、县级职教中心模式、城乡一体化发展模式等一系列模式的创新探索。当前,学者们对农村职业教育改革的探索围绕教育、人、社会三者间关系,既关注农村职业教育的社会功能,也重视农村受教育者自身的可持续发展;既倡导社会外界扶持,也在积极探索内涵式发展。从新时代背景下农村职业教育发展的角度来看,张旭刚(2018)认为乡村振兴战略下,我国农村职业教育改革与发展必须精准对接乡村振兴各领域、各要素的需求,为乡村振兴提供全方位、多功能服务。为此,要突破思维理念、办学功能、办学机制、法制供给等困境,确立面向农村的发展观、城乡融合的新理念、供给侧结构性改革的新思路、多元投入的新机制,加强师资队伍建设,创新多元办学模式,完善农村职业教育网络体系,发挥政府"元治理"作用,构建多元协同治理机制等[③]。还有学者从培养新型职业农民、职业教育与农村三产融合发展的耦合、农村教育价值取向的重塑、产教生态系统的失衡与平衡、农村职业教育功能定位、教育阻断代际贫困、新型城镇化与职业教育发展的关联等方面进行研究,探讨农村职业教育的改革与发展。唐智彬等(2018)总结了改革开放40年来我国农村职业教育发展的经验,认为农村职业教育改革和发展转型需要因地制宜和分类指导,推动农村职业教育供给侧结构性改革;改革办学模式,形成政府主导、多元参与的农村职业教育办学主体结构;拓展办学功能与培养功能,促进农村职业教育融合发展;以城乡职业教育的共享发展来探索农村

---

① 郑少扬,李延平.走向"三农"为本:农村职业教育70年发展追求[J].职教论坛,2019(7):12-18.
② 祁占勇,杨文杰.改革开放40年来农村职业教育政策的演进逻辑与展望[J].中国职业技术教育,2018(27):43-50.
③ 张旭刚.乡村振兴战略下我国农村职业教育的战略转型[J].教育与职业,2018(21):5-12.

2.农村职业教育的国际比较研究

农村问题是世界性问题,借鉴国际经验可以促进我国农村职业教育的改革与发展。有研究者分析了德国、日本、美国和加拿大四个国家农村职业教育发展历程和模式,即德国的农业实践和农业理论并举的双元制模式,日本的学校教育主导模式,美国的社区教育模式,加拿大的农业资格证书模式。它们的共同特征在于农村职业教育发展模式的人才培养理念均是以人为本、学习者至上、完善的法律法规和政策供给、办学体系的开放等[2]。有研究者通过对美国、德国、英国和法国的农村职业教育发展经验、模式和方法进行比较分析,对我国农村职业教育的办学目标、课程设置、教师在职培训、管理、质量考评等方面提出了建议。唐智彬等(2018)通过比较德国、美国、俄罗斯、日本、泰国、英国的实践经验,提出政府应积极承担发展农村职业教育的主体责任,完善相关政策及法规;建立完整的、功能多样的农村职业教育体系;遵循农村职业教育的基本规律与特点,形成独特的发展模式与途径[3]。有研究者提出借鉴美国的"教育券"制度,以此激发农村职业教育活力[4]。还有研究者通过比较英美两国的农民职业教育与培训政策,提出我国新型职业农民培养的政策举措[5]。也有研究者基于低教育水平的"代际贫困循环"、低人力资本与低附加值产业链接、低城镇化治理的理论机理,对韩国、巴西以及马来西亚跨越中等收入陷阱过程中矫正教育失衡因素的经验和教训进行比较,指出加大农村教育投入与职业教育投入的重要性[6]。

---

[1] 唐智彬,石伟平,匡瑛.改革开放40年我国农村职业教育发展回顾与展望[J].职业技术教育,2018,39(19):55-61.
[2] 何金梅,张少华.发达国家农村职业教育发展模式的借鉴与比较[J].中国农村教育,2019(15):23-27.
[3] 唐智彬,石伟平.比较视野中的农村职业教育策略选择[J].中国职业技术教育,2010(27):53-57.
[4] 曲恒昌,许宝良,扬军.制度创新:"教育券"给农村职业教育注入新的活力[J].职教论坛,2003(5):26-31.
[5] 刘志民,吴冰."三化"进程中农民职业教育与培训政策的国际比较[J].中国农业教育,2013(1):1-6.
[6] 宋宇,谭仁超.教育失衡与中等收入陷阱:理论机理和国际比较[J].福建论坛(人文社会科学版),2015(5):67-73.

(二)关于民族地区职业教育的研究

1.关于民族地区职业教育的功能与实践研究

滕星(2001)、余祖光(2007)、赵伟(2007)、孟庆国(2016)、石伟平(2017)等学者一致认为,相对于其他教育类型而言,职业教育服务民族地区乡村振兴的功能更突出、更明显。民族地区职业教育具有乡村性和民族性特征,使其能够真正面向民族地区,深度融入民族地区产业结构,充分观照民族地区人的特殊性及需求,能够提升民族地区劳动者素质,促进劳动者掌握劳动技能(王嘉毅,2016),促进当地劳动力就业和经济发展(吴明海,2016),为民族地区乡村振兴留住人才,提升其参与乡村振兴的能力(陈立鹏,2017)。职业教育还能促进民族地区可持续发展和传统文化的保护(张诗亚,2014),传承民族传统手工艺技术(陈·巴特尔,2019),加强民族团结(张昭文,2017),增进文化认同(苏德,2020),促进民族交往、交流、交融(管培俊,2020)。在作用机理上,研究者们主要是根据职业教育与经济社会的耦合关系,以及技术、生态、文化、治理"四大逻辑"(梁成艾,2021),建立职业教育与民族地区产业、人才、文化、生态、组织"五个振兴"的耦合机制(朱德全,2021)。尽管职业教育推动民族地区乡村振兴的意义已成共识,但是如何发挥和落实其具体功能有待深入讨论。

2.关于民族地区职业教育发展问题的研究

我国职业教育管理在政府和市场、教育部门和主管部门之间的关系方面处于一种尴尬境地(刘小强,2007),存在治理主体单一、治理结构封闭、治理理念缺失、治理机制不健全、治理方式与手段滞后等问题(崔炳辉,2016)。因为民族地区的社会治理既包含社会治理的一般性本质,同时又具有民族地区特殊性本质(孙杰远,2018),所以不仅需要关注民族地区职业教育发展的特色和优势,还要深化对民族地区职业教育内源性发展的理解,优化教育治理结构,提升职业教育发展过程的适切性与参与性(李祥,2020)。职业教育服务乡村振兴的治理结构仍然是传统式政府主导的管理体制,社会多元主体参与的治理格局未能形成,难以进行治理要素的有效整合。要寻求治理突破,重点在理念转变、制度构建、主体赋能、机制创新、方法创新和模式重构上(张旭刚,2018)。具体来看:一是转变治理理念,实现从区域公平向群体公平的回归(苏德,2021);二是形成乡村教育振兴共同体,发挥自上而下与自下而上的双重合力(刘复兴,2019);三是进一步明晰职业教育内部和外部治理主体及治理范围,落实利益分配和责任界定(蓝洁,2021);四是探索治理新模式,比如"纵向层次的整合和横向层级的联合"的整体性治理模式(曾东升,2015),"战略协同、知识协同、组织协同"的协同治理模式(肖香龙,2014),"共同参与、积极对话、深入谈判、相互协商"的多中心治理模式(南旭光,2017)等;五是创新体制机制,采取行政契约、市场契约和社会契约三种治理机制(楚旋,2010)。总体上,当前针对民族地区职业教育治理的研究还不足,系统性研究有待加强。

3.关于民族地区职业教育未来发展路径的研究

民族地区职业教育虽然取得了显著进展,但在教育全局中仍相对滞后,仍是民族地区发展的短板。具体表现为:职业教育服务民族地区经济能力较弱(张学敏,2021),发展基础薄弱、社会认可度低、专业同质化严重(胡炜,2018),毕业生大量外流、技能型人才缺失、招生困难、专业设置本土适应性不强(张诗亚,2016)。大力发展职业教育成为"十四五"时期民族地区经济高质量发展的迫切需要。民族地区同时面临着加快发展与转型发展的双重任务,也面临弯道超车的机遇(管培俊,2018)。因此,职业教育在目标、范围、内容、时段等方面需要更加强调持续性、整体性、发展性和终身性(赵学斌,2021);在功能定位、体系构建、发展动力、办学模式上,更加突出能力、复合、内生和特色(彭敏,2021);在运行机制上,建立以教育扶智、技术赋能、载体创新、场域变革和秩序重构"五维一体"的实践联动体系,使职业教育在产业带动、人才训育、技术积累、社会服务、生产转化、生态重构、组织建设等方面的优势更加凸显(朱德全,2021)。

(三)关于教育治理的研究

1.关于治理理论的研究

治理(governance)一词来源于古拉丁文,其原意是指掌舵、引导或操纵①。治理理论的创始人罗西瑙(1992)将"治理"定义为由共同的目标所支持的一系列活动,这个目标未必出自合法的或正式规定的职责,而且它也不一定需要强制力量使别人服从②。罗茨(1996)提出了6种关于治理的不同定义:(1)作为最小国家的管理活动的治理;(2)作为公司管理的治理;(3)作为新公共管理的治理;(4)作为善治的治理;(5)作为社会控制论体系的治理;(6)作为自组织网络的治理③。库伊曼列出了12种类型:最小化治理、公司治理、新公共管理、善治、社会动态系统治理、自组织网络、政府作为掌舵角色、全球治理、经济或经济部门治理、治理与治理意识、多层次治理、参与治理④。格里·斯托克(2019)认为:(1)治理肯定了集体行为涉及的社会各公共机构之间存在的相互依赖;(2)治理虽出自政府,但又不局限于政府的公共部门及其管理者;(3)治理为社会和经济问题指出了界限和模糊点;(4)治理是行为者网络的自治;(5)治理虽不完全依赖于政府权威,但政府也应该吸纳新的技术与工具来引导⑤。为了使关于治理的研究更加深入,由全球治理委员会于1995年发布的《天涯成比邻》中指出,治理是各种公共的或私人的机构管理其共同事务的诸多方式的总和,它是使相互冲突的或不同的利益得以调和,并且采取联合行动的持续的过程。这既包括有权迫使人们服从的正式制度和规则,也包括人们同意或认为符合其利益的各种非正式的制度安排。它有四个基本特征:治理不是一整套规则,也不算一种活动,而是一个过程;治理的过程的基础不是控制,而是协调;治理既涉及公共部门,也包括私人部门;治理不是一种正式的制度,而是持续的互动。1996年,世界银行开始使用"good governance"(善治)来代替"governance",认为并非所有治理都是良好的,有必要使治理概念向"善治"转变。

---

① 龙献忠.论高等教育治理视野下的政府角色转变[J].现代大学教育,2004(1):74-77.
② ROSENAU J N.Governance without government: order and change in world politics [M]. Cambridge: Cambridge University Press, 1992:5.
③ RHODES RAW. The new governance: governing without government [J]. Political Studies, 1996, 44(4):652-667.
④ KOOIMAN J. Modern governance:new Government-Society interactions [M].London:SAGE Publications, 2002:35-48.
⑤ 格里·斯托克,华夏风.作为理论的治理:五个论点[J].国际社会科学杂志(中文版),2019,36(3):23-32.

2.关于治理理论中国化的研究

我国学者从20世纪90年代中后期开始引入西方治理理论,并基于不同视角探讨了治理理论中国化的适应性研究,逐步走出治理现代化的中国道路,形成了治理现代化的中国经验。徐勇(1997)是最早研究治理的学者之一,他指出治理主要是统治、管理或统治方式、管理方法,即统治者或管理者通过公共权力的配置和运作,管理公共事务,以支配、影响和调控社会。他特别强调治理是指"公共权力的运用形式、方法和手段"[1]。俞可平(2000)在《治理与善治》中全面而系统地探讨了治理理论,"治理"随即成为一门显学。他从政治学角度出发,认为治理主要指官方的或民间的公共管理组织在一个既定的范围内运用公共权威维持秩序,满足公众的需要。治理的目的是在各种不同的制度关系中运用权力去引导、控制和规范公民的各种活动,以最大限度地增加公共利益[2]。臧志军(2003)提出,治理离不开两个前提:一是成熟的多元管理主体的存在以及它们之间的伙伴关系;二是民主、协作和妥协的精神[3]。国内学者在将西方治理理论引入中国社会的过程中,意识到不能简单照搬和移植,否则会使中国重新掉入政治浪漫主义的陷阱[4]或是将治理理想化。因此,学者们主要表现出三种理论倾向:其一,政府下放一定权力,转移至非政府组织、第三方部门以及公民社会。郭道晖(2006)认为真正的社会主义国家应以社会为本体,以社会主体的权力和社会权力为本位,而不是以政府的权力为本位[5]。也就是说,政府角色要从全能型政府转变为服务型政府,从而实现一主多元的良性互动合作治理模式。其二,以政府为主导,不断增强其"元治理"能力。徐勇(2001)认为治理注重的是权力的配置与运作,强调政府权威与公民社会的共同治理过程。虽然各组织机构共同治理,但政府仍需处在协调者和主导者的地位,这样才能保证治理的有效实施[6]。其三,利益相关主体共同治理。刘志昌(2007)认为治理是一个自组织演化的过程[7]。各种公共的、私人的机构在认同和合作的基础上共同管理社会公共事务

---

[1] 徐勇.GOVERNANCE:治理的阐释[J].政治学研究,1997(1):63-67.
[2] 俞可平.治理与善治[M].北京:社会科学文献出版社,2000:3-5.
[3] 沈佩萍.反思与超越——解读中国语境下的治理理论[J].探索与争鸣,2003(3):9-13.
[4] 刘建军."新政府主义"与中国现代化[J].探索与争鸣,2003(6):20-21.
[5] 郭道晖.政府治理与公民社会参与[J].河北法学,2006(1):12-16.
[6] 徐勇.治理转型与竞争——合作主义[J].开放时代,2001(7):26-33.
[7] 刘志昌.草根组织的生长与社区治理结构的转型[J].社会主义研究,2007(4):94-96.

的过程就是治理,因此政府需要在尊重市场、社会的主体地位以及运行规律的前提下,充分发挥主导作用,为市场主体、社会主体开展自主治理、参与公共服务供给、协同社会管理而构建沟通渠道、参与平台和程序方法[①]。可见,治理的时代内涵体现为治理主体从一元主体走向多元主体;治理手段从"人治""权治"走向"法治";权力运行从权力下放走向多元互动的权力博弈。

3.关于教育治理的相关研究

教育治理是国家社会治理的重要组成部分,体现着教育与社会、教育治理与社会治理的共生关系。自治理理论被引入教育领域后,教育治理便在这种理论框架下预设了国家、学校、社会、市场等众多参与者的主体身份与角色,厘清了它们在教育治理中的应然位置。主体及其关系(政府、学校、社会)一直是研究者们讨论的核心话题。从目前的研究情况来看,学界主要针对治理的内涵、治理体系和治理能力、治理困境及对策、治理模式等方面进行了研究。

一是治理内涵的研究。以高等教育治理为例,学术界总体来说有两类观点,即体系说和制度说。别敦荣等(2015)认为,高等教育治理既涉及微观层面又涉及宏观层面,既涉及办学层面又涉及管理层面,是一个复杂的概念。具体来说,高等教育治理的内涵主要包括四个方面:一是建立和完善多样化的高等教育投资办学体制,形成政府、社会组织和公民群体与个人共同办学的格局,丰富高等教育资源筹措渠道,促进高等教育良性发展;二是建立和完善有关社会组织和公民个人参与高等教育政策制定过程的机制,保障高等教育政策反映利益相关者的诉求;三是建立和完善高校内部治理结构,健全教授治学和学生参与的机制,使高校内部利益相关者的权利得到保障和实现;四是鼓励社会组织和公民个人对高等教育进行监督,以形成社会化的高等教育问责体系[②]。周光礼(2014)认为,高等教育治理的核心是解决系统层级、大学层面和基层学术组织三个层次的决策权力分配问题,高等教育治理现代化的基本内涵是:顺应变革时代的要求,以实现大学教育现代化为目标,以建构政府、社会、大学的新型关系

[①] 郁建兴,张利萍.地方治理体系中的协同机制及其整合[J].思想战线,2013(6):95-100.
[②] 别敦荣,韦莉娜,唐汉琦.高等教育治理体系和治理能力现代化的基本原则[J].复旦教育论坛,2015,13(3):5-10,59.

为核心,以推进管办评分离为基本策略,建立系统完备、科学规范、运行有效的制度体系,形成政府宏观管理、大学自主办学、社会广泛参与的多元共治格局[1]。总体而言,学术界在以下几个方面已基本达成共识:高等教育治理主体是多元的,各主体之间的地位是平等的;高等教育治理是在彼此协商、平等对话基础上进行的,具体形式是多样;高等教育治理权力在治理主体之间是共享的,权力运行是自上而下与自下而上双向互动的,没有绝对的权力中心;高等教育治理边界是开放的、动态的,而不是封闭的、静止的;高等教育治理的目标是完善高等教育治理体系与提高高等教育治理能力,最终提高高等教育质量,建设高等教育强国[2]。虽然学术界对高等教育治理构成要素的认识尚未达成一致,但都认同高等教育治理体系与高等教育治理能力都是高等教育治理最核心的构成要素。

二是治理评价标准的研究。沈亚平等(2016)从生态位视角提出评价标准包括治理主体的异质性,治理禀赋的互补性,治理地位的稳定性,治理疆域的限定性[3]。郭锦鹏(2014)认为应注重法制健全、责权科学、社会服务、文明传承[4]。李威(2016)提出了评价标准的12条核心价值:公开性、共治性、公平性、法治性、效率性、贡献性、稳定性、自由度、领导力、创新性、回应性、安全性[5]。

三是治理体系的研究。学术界存在两种不同的阐释视角,一是从制度论角度将其描述为一种制度体系,二是从系统论角度将其界定为由众多结构要素所构成的完整系统[6]。如制度论视角下的大学治理体现为以大学制度为核心的变革方式。张建(2014)提出教育治理体系的现代化就是一系列制度从传统样态向现代化形态变迁的过程[7]。史彩霞(2006)认为大学治理结构的变迁实质上是一种制度变迁的过程[8]。体系论视角下的大学治理则是一个有机整体。有研究者认为治理体系包括治理目标、

---

[1] 周光礼.中国高等教育治理现代化:现状、问题与对策[J].中国高教研究,2014(9):16-25.
[2] 尹达.教育治理现代化:理论依据、内涵特点及体系建构[J].重庆高教研究,2015,3(1):5-9.
[3] 沈亚平,陈良雨.高等教育治理现代化的生态位困境及优化策略[J].中国高教研究,2016(3):61-65.
[4] 郭锦鹏.大学治理现代化建设路径与评价体系[J].人民论坛,2014(23):177-179.
[5] 李威.论大学治理现代化评估的价值共识与指标体系建构[J].教育评论,2016(5):10-13.
[6] 刘志丹.国家治理体系和治理能力现代化:一个文献综述[J].重庆社会科学,2014(7):33-40.
[7] 张建.教育治理体系的现代化:标准、困境及路径[J].教育发展研究,2014,34(9):27-33.
[8] 史彩霞.强制性制度变迁的困境——对中国大学治理结构低效率的制度解读[J].复旦教育论坛,2006(5):50-56.

治理原则、治理主体、治理机制、治理保障、治理效果评价,其中追求公平是教育治理的目标,促进和谐是教育治理的原则,全纳多元是教育治理的主体,体现互补是教育治理的机制,制度细致化是教育治理的保障,服务性评估是教育治理的效果[①]。也有研究者认为治理体系包括内部治理体系和外部治理体系,外部治理体系是政府、社会、市场和大学自身等治理主体在对大学进行共同、民主治理过程中所形成的一种关系结构,核心是政府与大学之间的治理关系;内部治理体系是学术组织、行政组织、教师、学生以及行政管理人员等治理主体或组织在对大学进行共同、民主治理过程中所形成的一种关系结构,核心则是行政力量与学术力量之间的治理关系[②]。

四是教育治理体系和治理能力的研究。一般认为两者是结构与功能的关系,前者是载体,是后者发挥作用的前提和基础[③];后者是前者的外显,是前者功能的实现[④]。有研究者指出治理体系和治理能力是教育治理的两个主要构成要素,具有各自不同的内涵,但二者高度相关,相辅相成。还有研究者提出教育治理包含教育治理体系、教育治理能力以及教育治理成本三个构成要素[⑤]。

五是教育治理现状及对策研究。褚宏启(2014)指出我国教育管理中存在的问题是社会参与不够,学校办学自主权不大,政府宏观管理能力不足,学校内部治理结构不完善[⑥]。张建(2014)认为,教育法制不足、治理结构孱弱、制度设计残缺和传统观念固化都是教育治理的阻碍和矛盾[⑦]。从原因分析上看,有研究者认为大学治理存在价值冲突,包括自治价值与他治价值的冲突、多元共治价值与一元分治价值的冲突、民主价值与集中价值的冲突。为此,实现我国大学治理体系现代化需要价值整合视野,即自治价值与他治价值的整合,多元共治价值与一元分治价值的整合,民主价

---

① 赵岚.有效教育治理体系构建的几个重要维度[J].国家教育行政学院学报,2016(3):65-69.
② 唐世纲.我国大学治理体系现代化的价值审视[J].现代教育管理,2019(6):18-22.
③ 甘晖.基于大学治理能力现代化的大学治理体系构建[J].高等教育研究,2015,36(7):36-41.
④ 章兢.大学治理体系与治理能力现代化建设的内涵与切入点[J].中国高等教育,2014(20):12-14,32.
⑤ 王松婵,林杰.论高等教育治理商数——基于高等教育治理体系、治理能力、治理成本的分析[J].大学教育科学,2018(1):69-75,127.
⑥ 褚宏启.教育治理:以共治求善治[J].教育研究,2014,35(10):4-11.
⑦ 张建.教育治理体系的现代化:标准、困境及路径[J].教育发展研究,2014,34(9):27-33.

值与集中价值的整合①。也有学者认为大学组织处于外部环境影响与内部力量影响的均衡状态,在组织内部具有理性科层组织和政治属性组织的双重属性,使得大学治理呈现出模糊性和复杂性。好的大学治理是在治理自主性与对外部环境的开放性之间保持平衡,是在尊重学术组织特性的基础上在科层制与民主协商制度之间保持平衡②。还有学者认为治理在表层是一种制度改革范式,在深层是一种组织文化的表征,是主体文化、民主文化、法治文化等诉求的体现③。治理不可能完全靠制度管理,还需要发挥文化的引领作用,具体而言:要将文化基因融入治理决策中、将文化基因植入育人治理中、将文化基因融入学术治理中、将文化基因融入社会引领治理中④。有研究者从四个维度进行了当前教育治理问题的讨论:一是教育法制不足与教育治理制度创新需求之间的矛盾;二是治理结构在规范化的市场以及成熟的社会组织中缺位;三是文化-认知性制度与规范性制度之间的角力;四是政府由"管制者"向"治理者"角色转化的"差位"⑤。

在教育治理研究中,国内也有研究者提出了融合思想。张康之(2016)认为,工业社会在地域边界消失的地方确立了领域界限,整个社会分化为公共领域、私人领域和日常生活领域,社会治理即是建立在领域分化的基础上,随着全球化、后工业化进程,社会治理模式开始出现领域融合的趋势⑥。喻聪舟等(2019)提出融合式教育治理⑦,进一步阐释了融合式教育治理现代化要关注中国特色社会主义现代化两个阶段目标的区别性和连续性,即"基本实现现代化"阶段目标和"社会主义现代化强国"阶段目标:前一阶段追求以理性精神为核心的工业化、市场化、民主化、法制化;后一阶段应认识到民主化、科学化、法治化并非绝对善治,要借鉴传统礼治、复杂性科学、建设性后现代思潮来追求教育的善治。

---

① 唐世纲.我国大学治理体系现代化的价值审视[J].现代教育管理,2019(6):18-22.
② 李立国.什么是好的大学治理:治理的"实然"与"应然"分析[J].华东师范大学学报(教育科学版),2019,37(5):1-16.
③ 刘亚敏.大学治理文化:阐释与建构[J].高教探索,2015(10):5-9,24.
④ 于媚.文化视野下的大学治理研究[J].江苏高教,2015(3):41-44.
⑤ 张建.教育治理体系的现代化:标准、困境及路径[J].教育发展研究,2014,34(9):27-33.
⑥ 张康之.地域、领域与领域融合——探讨人类社会治理的历史背景问题[J].新疆师范大学学报(哲学社会科学版),2016,37(4):1-10.
⑦ 喻聪舟,温恒福.融合式教育治理现代化——新时代中国特色教育治理现代化的新趋势[J].现代教育管理,2019(7):22-27.

4.国际有关教育治理的研究

20世纪90年代以来,随着教育市场化、政府与教育的关系变化以及治理理论的迅速兴起,教育治理成为备受关注的公共议题,研究内容涵盖治理内涵、治理结构、治理效能等方面。

在治理内涵方面,治理从被定义为一种制度、结构或机制等制度层面转向关注"人"的因素。Dennis J.Gayle等(2003)认为大学治理是在所有大学利益相关者之间就重大问题进行权威性决策的结构和过程[1]。Deborah Blackman等(2012)认为现今大学治理除了强调"硬治理",更应审视大学的"软治理",包括选择正确的学校董事并对其进行持续培训、提供正确信息、平衡其与执行首脑间的权力、培养集体质疑的文化等基本要素[2]。Waugh(1998)注意到大学组织中始终存在的两种文化及两者间的潜在价值冲突,指出管理文化和学术文化是价值取向不尽相同的两种文化,它们之间的文化冲突已在越来越多的大学和学院中制造了紧张和不信任[3]。

在治理结构上,国外学界通常将其分成外部治理结构和内部治理结构。外部治理是大学与政府、社会的耦合关系;内部治理是大学内部管理与制度体系的耦合关系[4]。伯顿·R.克拉克(1994)最早提出的"国家—市场—学术组织"三角协调模式成为分析高等教育治理的经典理论和分析框架,他还指出高等教育的三种理想类型是国家控制模式、学术自治模式和市场导向模式[5]。在此之后,学术界基本上没有脱离他提出的三元结构,例如有研究者就具体分析了规制型、市场型和服务型教育治理范式在治理理念、治理结构、治理工具和治理能力上的差异[6]。随着教育与社会的关系更趋复杂,三元结构的治理模式不能解释复杂的治理行动和治理实践问题。有研究者论述了英国、德国、美国的教育治理模式从"三角协

---

[1] GAYLE D J, TEWARIE B, WHITE A Q. Governance in the Twenty-First-Century university: approaches to effective leadership and strategic management[J]. ASHE-ERIC higher education report, 2003, 30(1): 107-110.

[2] BLACKMAN D A, SWANSSON J. Governance in Australian universities: where next?[J]. Social science electronic publishing, 2012, 7(2): 39-46.

[3] WAUGH W L.Conflicting values and cultures: the managerial threat to university governance[J]. Review of policy research,1998,15(4): 61-74.

[4] 马晓君,等.国外大学治理结构的经验借鉴与启示[J].经济师,2015(5):205,207.

[5] 伯顿·R.克拉克.高等教育系统——学术组织的跨国研究[M].王承绪,等,译.杭州:杭州大学出版社,1994:24-34.

[6] 吴景松.西方公共教育治理范式变革及其启示[J].中国教育学刊,2010(11):10-13.

调"向"治理均衡器"的转向[①]：英国的大学治理从学院治理转向了公司治理，德国的大学治理具有更多自主权，美国大学逐渐从共同治理模式转向公司治理模式。也有研究者对美国、英国、法国等发达国家的大学治理运行机制进行分析后，提出了五种主要的大学治理模式：教学人员治理模式、公司治理模式、董事会治理模式、利益相关者治理模式、混合治理模式[②]。

对于未来研究趋势和教育治理面临的挑战，研究者越来越关注治理效能和教育治理的创新能力，教育治理如何提升教育效率和有效性、如何保障利益主体的参与以及如何回应环境。也有研究者指出，治理需要理性地审视合法性与效率性、效能性与绩效性、过程性与结果性以及民主性与规制性的协同耦合等诸多问题。

（四）关于职业教育治理的研究

1.国内职业教育治理的相关研究

2010年，职业教育治理首次出现在我国职业教育话语体系中，成为职业教育研究的一个新视角。研究内容可以概括为"缘何治理""谁来治理""如何治理""如何提升治理效果"四个方面。

一是对"缘何治理"的研究。职业教育的自身属性与当前职业教育管理体制、制度设计之间存在一定程度的不适应，因此需要通过"治理"的方式来引导问题的解决。刘小强（2004）等认为，职业教育的公益性、普遍性、生产性与行业性使得我国职业教育管理在政府和市场、教育部门和主管部门之间的关系方面处于一种尴尬境地，单纯依赖政府与企业，将职业教育归口教育主管部门或者行业主管部门，在人才培养方面存在一定弊端[③]。也有研究者指出，当前我国职业院校面临的治理困境是治理主体单一、治理结构过于封闭、治理理念缺失、治理机制不健全、治理方式与手段滞后等主要问题，这种碎片化倾向表征为功能碎片化、权力分布碎片化、

---

① 王思懿.从"三角协调"到"治理均衡器"：西方国家高等教育治理模式的现代转向[J].现代教育管理,2018(7)：112-117.

② 李宏伟.国外大学治理模式研究[D].沈阳：东北大学,2010.

③ 刘小强,王锋.行业组织：职业教育管理的重要力量[J].现代大学教育,2004(3)：28-31.

决策执行碎片化和制度体系碎片化等[1]。

二是对"谁来治理"的研究。研究者们多采用利益相关者理论对影响职业教育运行和决策的有关主体进行不同维度的划分。有研究者从外部和内部两个层次进行划分，外部治理涉及政府、市场、社会与教育机构，内部治理则聚焦于主体间的利益分配和责任界定[2]。也有研究者从办学角度明确了职业教育双主体的治理结构[3]。无论根据何种划分依据，职业教育治理主体都应该包括政府、学校、企业、行业协会乃至公民社会。不同主体间的责权利界定和主体间的合作机制是职业教育治理研究的关键所在。

三是对"如何治理"的研究，一般包括治理模式和治理机制两个方面。在治理模式上，有整体性治理、协同治理、多中心治理等模式。首先，就整体性治理而言，职业教育治理应追求一种公共管理领域的新型合作协调机制，这种机制强调制度化、经常化和有效"跨界"合作的思路[4]。高职院校的整体性治理框架和实施路径需要从治理结构整合、治理功能整合和治理机制整合三个方面加以构建。整体性治理并非致力于建立扁平式结构，而是强调纵向层次的整合和横向层级的联合，注重内部功能的整合。政府对学校的管理应该更倾向于政策引导和经济调节，必须对学校、市场与国家之间的"三角关系"结构进行重新整合和再定位。院校内部治理结构应建立决策与执行分权制衡的治理制度，并且通过"化异"和"求同"，建立"内联"的治理结构，发展"外协"的合作关系，创设组织间的"内在相近性"[5]。还有研究者提出整体性治理的三个维度，即治理层次的整合、治理功能的整合和公私部门的整合。其次，就协同治理而言，有学者基于协同理论构建多元平台下的校企协同发展模式，形成战略协同、知识协同、组织协同三位一体的模式，推动校企协同发展[6]。有学者以治理理论和协同论为理论指导，提出在宏观层面上，建立政、行、企、校、社、研多元主体协

---

[1] 崔炳辉.整体性治理视域下高职院校治理体系研究[J].江苏高教,2016(3):148-151.
[2] 蓝洁.职业教育治理体系与治理能力现代化的框架[J].中国职业技术教育,2014(20):9-13.
[3] 李政,徐国庆.基于同素异形体结构原理的职业教育双主体办学治理结构分析[J].现代教育管理,2018(4):77-81.
[4] 曾东升.从整体性治理视角探讨企业参与职业教育的实现途径[J].职业技术教育,2012,33(34):30-33.
[5] 崔炳辉.整体性治理视域下高职院校治理体系研究[J].江苏高教,2016(3):148-151.
[6] 肖香龙.基于协同理论的多元平台校企协同发展研究[J].现代教育管理,2014(1):39-42.

同架构;在中观层面上,健全校企合作"双制双赢"体制机制;在微观层面,完善现代职业学校制度,以此形成政府依法管理、学校依法自主办学、社会各界积极参与和监督的多元参与、共建共享、良性互动的职业教育协同治理新格局[1]。有研究者运用系统科学和多中心治理理论研究职业教育与区域经济联动发展,认为在应然层面存在环形逻辑、主体间性逻辑和层次耦合逻辑的多元联动逻辑,但是在实然状态下,职业教育与区域经济之间在联动上存在着脱节、失轨与失措等问题,应通过"多维对接"路径、"点-线-面"联动路径以及"利益、规则、效率"的三维一体协同联动机制解决[2]。再次,就多中心治理而言,多中心治理理念的提出就是要打破政府作为唯一管理机构和单一权力中心的现状,实现管理中心和权力主体的多元化。"中心-边缘"的职业教育治理是一种失序,既是政府越位、企业缺位和学校错位的根本原因,也是其必然结果。走向多中心治理是实现职业教育服务供给多元化的路径选择,是职业教育治理现代化的突破口[3]。职业教育多元共治是以构建政府、职业院校、社会新型关系为核心内容,形成政府宏观管理、学校自主办学、社会广泛参与的格局,通过共同参与、积极对话、深入谈判、相互协商等形式,共同参与职业教育事务管理,共同提供职业教育服务与产品,共同承担相应的社会责任[4]。职业教育治理从行政主导向多元共治转型,尽管从治理主体、制度、结构、体制和功能上改变着既有的公共治理模式,但并非完全排斥传统的行政管理手段和管理方法,而是更加强调并注重市场机制在公共管理进程中作用的发挥[5],因此需要从以下四个方面实现机制创新:治理主体适度多元;治理系统适当分权;治理机制适配模式;制度保障适应目标[6]。除了以上几种治理模式,也有一些研究者将视线聚焦于更具体、更微观的层面,比如高职院校内部权力治理、能力治理、成本治理、文化治理、环境治理、生态治理等等。这

---

[1] 邢晖,郭静.职业教育协同治理的基础、框架和路径[J].国家教育行政学院学报,2018(3):90-95.
[2] 朱德全,徐小容.职业教育与区域经济的联动逻辑和立体路径[J].教育研究,2014,35(7):45-53,68.
[3] 肖凤翔,邓小华."多中心"理念下职业教育治理主体的角色定位——"中和位育"思想的启示[J].高校教育管理,2018,12(2):66-73,124.
[4] 南旭光.多元共治:现代职业教育治理创新研究[J].现代教育管理,2017(3):90-95.
[5] 李洪修,胡净悦.行政主导转向多元共治:大学治理变迁中的冲突及调节[J].大学教育科学,2016(5):9-14.
[6] 南旭光.基于多元共治视角的职业教育治理突破与创新[J].职业技术教育,2016,37(13):49-54.

些研究还涉及一些具体的相关理论：新制度经济学理论、博弈理论、委托—代理理论、公共选择理论、机制设计理论、共生理论、理性选择理论、制度主义理论等。在治理机制上，有研究者认为，职业教育存在行政契约、市场契约和社会契约三种治理机制，进而形成了政府管理、市场管理、社会治理和政府—市场—社会共同治理四种模式①。

四是对"如何提升治理效果"的研究。研究多是围绕"共治""有效""善治"等方面开展。一方面，要将政府、学校、企业、行业、社会组织纳入治理体系中，形成真正的多元共治格局；另一方面，要提升治理主体的治理能力，形成外部利益主体之间协商决策、平等互动的现代社会组织化网络治理机制，同时完善职业院校内部制度模式②。

2.国际有关职业教育治理的相关研究

西方职业教育治理模式受克拉克·R.伯顿提出的"国家权力—学术权威—市场"三角协调模式的影响，总体上分为规制型、市场型、服务型三种治理形式③，或政府需求导向、市场需求导向和企业需求导向三种治理模式④。联合国教科文组织在《职业教育的转型：培养工作与生活技能》中提到职业教育"善治"首先是政府下放权力，其次是使利益相关者结成积极的伙伴关系，最后是建立保障程序、政策体系等。

在治理目标上，有研究者总结了有效的职业教育治理需要解决的主要问题：一是政府机关行使对职业教育的权力，以达到职业教育目标；二是促进职业教育的协调发展，尤其是治理主体间的协调⑤。

在治理理念上，多元共治、多中心治理是职业教育治理的基本理念。有研究者分析了联合国教科文组织、经济合作与发展组织、欧盟、德国、瑞士等国际组织和发达国家职业教育治理的相关理念，指出"善治"是对职业技术教育与培训系统进行成功改革的一个先决条件⑥。职业教育"善

---

① 楚旋.我国职业教育的治理模式分析[J].职教论坛,2010(7):9-12,17.
② 蓝洁.职业教育治理体系与治理能力现代化的框架[J].中国职业技术教育,2014(20):9-13.
③ 吴景松.西方公共教育治理范式变革及其启示[J].中国教育学刊,2010(11):10-13.
④ 楚旋.我国职业教育的治理模式分析[J].职教论坛,2010(7):9-12,17.
⑤ 李玉静.现代职业教育治理体系的基本框架[J].职业技术教育,2014(4):1.
⑥ 李玉静,谷峪.国际职业教育治理的理念与实践策略[J].职业技术教育,2014,35(31):78-83.

治"的关键是如何改进协调,让广大利益相关者参与职业技术教育与培训,并且根据充足的信息确定优先事项和确保问责[①]。

在实践策略上,建立社会合作、多元参与的协调性治理体系是职业教育治理的基本经验和发展趋势。欧洲培训基金会采取的是基于利益相关者间有效、包容、横向和纵向交流的多层治理模式,有利于增强职业教育与培训政策和体系的效率、效力、一致性、透明性和落实性[②]。英国行业协会将职业教育治理划分成四种模式:自由模式、计划模式、参与模式和协调模式[③]。奥地利、丹麦、德国、荷兰等国家实施的以"集体技能形成体系"为特征的协调性治理模式也是有效的职业教育治理模式,注重社会合作伙伴的参与和交流对话[④]。

(五)关于农村职业教育治理的研究

关于职业教育治理问题的研究,近年来研究成果数量呈增长趋势,但关于农村职业教育治理的研究亟待加强。在中国知网以"农村职业教育治理"或"乡村职业教育治理"为主题进行检索,截至2020年底已发表文献共计27篇。如图1-1所示,从2011年开始渐有论文发表,但数量极少,直到2018年,有关研究成果逐渐呈现递增趋势,这与乡村振兴战略的提出紧密相关,可以从侧面反映出农村职业教育发展和改革深受国家政策影响。

[①] 李玉静,谷峪.国际职业教育治理的理念与实践策略[J].职业技术教育,2014,35(31):78-83.
[②] EUROPEAN CENTRE FOR THE DEVELOPMENT OF VOCATIONAL TRAINING. Exploring leadership in vocational education and training [Z]. Luxembourg: Publications Office of the European Union, 2011.
[③] 李玉静,谷峪.国际职业教育治理的理念与实践策略[J].职业技术教育,2014,35(31):78-83.
[④] SKILLS AUSTRALIA. Future governance of the national vocational education and training system [Z]. 17 September 2008.

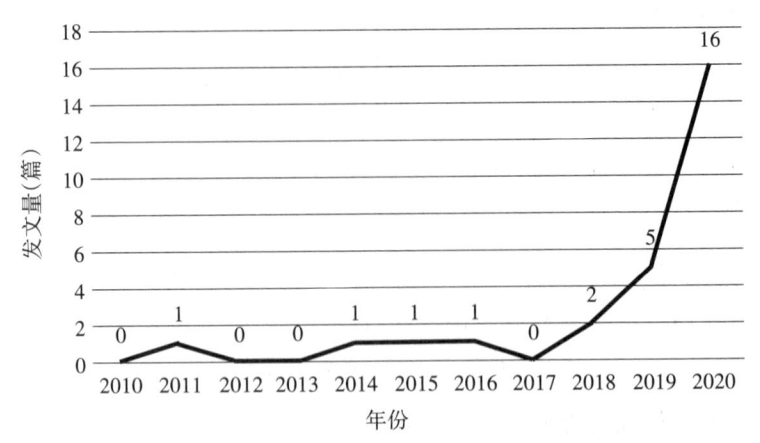

图1-1 农村(乡村)职业教育治理研究发展趋势

虽然直接以"农村(乡村)职业教育治理"为主题进行研究的文献不多,但是通过二次文献阅读可以发现,研究农村职业教育治理的视角是多元的。它既是教育系统内部的问题,也是农村社会的问题;既是人才培养的问题,也是治理现代化的问题。在农村职业教育治理的必要性与可行性方面,从已有文献来看,与农村职业教育治理相关的研究涉及农村教育综合改革、职业教育均衡发展、职业教育公平、乡村振兴与精准扶贫等议题,可见,农村职业教育治理受社会发展、经济状况、国家战略与区域规划等外部条件的影响极其明显。在农村职业教育治理的困境与归因上,目前我国农村职业教育发展不平衡不充分与乡村振兴的现实需求之间的矛盾突出,服务农村经济社会发展的功能和作用尚未得到充分发挥。在农村职业教育治理路径上,消除城乡二元割裂关系,实现城乡职业教育统筹发展是其行动路向,具体表现在以下三方面:

宏观层面,乡村振兴是农村职业教育治理研究的价值指向,已有研究主要围绕农村职业教育人才培养目标、办学模式、专业结构怎样有效衔接乡村振兴,进行耦合机制的研究。在乡村振兴战略"产业兴旺、生态宜居、乡风文明、治理有效、生活富裕"的总要求和"产业振兴、人才振兴、文化振兴、生态振兴、组织振兴"的总体框架下,全方位服务"三农"是农村职业教育发展的价值取向,因而剖析农村职业教育如何促进实现乡村振兴以及二者间的耦合机理何以有效,成为研究的重点。有研究者认为乡村振兴的逻辑生长点在农村职业教育[1],职业教育的内在逻辑与乡村振兴"五位一体"总体布局高度契合[2]。马建富等(2021)从职业教育的功能定位、乡村振兴任务要求、精准扶贫本质特征三方面论证了乡村振兴、贫困治理与职业教育培训三者间的高度相关性[3]。类似的还有张旭刚(2018)基于农村职业教育的功能定位、价值取向和社会作用,揭示农村职业教育在人才培养、科学研究、社会服务和文化传承与创新方面,与乡村振兴实践中农村经济转型、农业产业升级、农民素质提升的精准对接[4]。刘奉越(2018)通过分析职业教育与农村"空心化"治理的耦合作用机理,从要素、结构和功能三个层面构建职业教育与农村"空心化"治理的耦合路径[5]。石丹淅(2019)探讨了农村职业教育与产业兴旺、生态宜居、乡风文明、治理有效、生活富裕在人才保障、智力支持和技术支撑方面的内在逻辑[6]。还有研究者从"组织振兴"和"治理有效"切入,构建职业教育助推乡村振兴的变革路径[7]。不难发现,研究者们都是从农村职业教育功能定位和农村社会政治、经济、文化、生态等发展领域同时切入,建立起农村职业教育与农村社会发展的内在逻辑。然而,就实际情况来看,主要还是耦合机制不畅阻碍了农村职业教育有效服务农村社会发展。研究者们对治理困境或耦合阻力进行了深入分析,主要原因包括:其一,思想观念滞后,"轻农、去农、离农"现象严重,忽视农村职业教育的价值理性;其二,长期以来实施的"兜底式"扶贫政策,通过派遣扶贫干部帮扶等政府行为推进扶贫工作,使得治理"低消耗",有贫困群体"愿贫"与"争贫"现象出现;其三,农村职业教育政策碎片化,法律制度供给不足和制度设计缺乏协同性,重视"经济建

---

[1] 朱成晨,闫广芬,朱德全.乡村建设与农村教育:职业教育精准扶贫融合模式与乡村振兴战略[J].华东师范大学学报(教育科学版),2019,37(2):127-135.
[2] 石丹淅.新时代农村职业教育服务乡村振兴的内在逻辑、实践困境与优化路径[J].教育与职业,2019(20):5-11.
[3] 马建富,刘颖,王婧.后扶贫时代职业教育贫困治理:分析框架与策略选择[J].苏州大学学报(教育科学版),2021,9(1):48-55.
[4] 张旭刚.农村职业教育服务乡村振兴:实践困境与治理路径[J].职业技术教育,2018,39(10):59-64.
[5] 刘奉越.乡村振兴下职业教育与农村"空心化"治理的耦合[J].国家教育行政学院学报,2018(7):40-46.
[6] 石丹淅.新时代农村职业教育服务乡村振兴的内在逻辑、实践困境与优化路径[J].教育与职业,2019(20):5-11.
[7] 陈亮,陈章,沈军.组织振兴:职业教育的"应为"与"何为"[J].民族教育研究,2020,31(3):31-34.

设"的"工具理性",乡风文明、民主意识、法律意识、管理能力培育不足;其四,治理主体碎片化,农村职业教育服务乡村振兴的治理结构仍然是传统式政府主导的管理体制,社会多元主体参与的治理格局未能形成,难以进行治理要素的有效整合;其五,职业教育沿袭传统的办学模式,课程体系、教学方法、教育途径等要素不能有效结合农村自然资源、劳动力和市场要素进行有针对性的调整。职业院校缺乏灵活动态的专业调整机制,难以跟上农村产业结构转型升级。未来寻求治理突破,治理对策要相应地指向理念转变、制度构建、主体赋能、机制创新、方法创新和模式重构上[1],具体体现在:以创新、协调、绿色、开放、共享的新发展理念引领农村职业教育服务乡村振兴;在国家层面完善农村职业教育的法律法规,在法治层面提升农村职业教育的战略地位;发挥政府"元治理"主体作用,构建政府、市场、社会、学校等多元主体协同机制;重视培育以新型职业农民为主体的乡村精英群体,充分发挥其人力资本、物质资本的教育效能,尤其是强化"三农"情怀的情感教育;通过互联网技术和大数据手段等实现管理方式和手段的变革,提升治理效率,筑牢产教融合、校企合作育人闭合系统,创新农村职业教育人才培养模式;加强农村职业教育整体性治理,促进农村职业教育治理体系和治理能力现代化的优化。此外,也有研究者将农村职业教育直接视作一种乡村"治理术",指出:农村职业教育要面向乡村社会的人心优化、秩序生产和能力生成,积极发挥治理功能,通过提升农村职业教育的治理意识与治理能力,构建多元共治的治理框架,实现"以教育促治理,以治理促教育"的教育与治理协同发展格局[2]。

中观层面,教育与社会一体化、城乡职业教育一体化是农村职业教育治理的行动理路,已有研究主要聚焦于农村职业教育与城乡融合、新型城镇化、农村经济社会等的适应性、嵌入性、协同性问题。新时代农村职业教育治理是在乡村振兴战略背景下开展的,自然也离不开农村社会发展的时空场域。目前,农村社会发展在时空特征上的突出问题体现为断裂性、失衡性与混杂性等,包括城乡二元对立、现代与传统对立、教育与社会脱嵌等,由此造成农村职业教育价值失落、水平失衡、目标失准等情况。

---

[1] 张旭刚.农村职业教育服务乡村振兴:实践困境与治理路径[J].职业技术教育,2018,39(10):59-64.
[2] 唐智彬,郭欢.作为乡村"治理术"的农村职业教育:内涵与路径[J].教育发展研究,2020,40(Z1):75-82.

已有研究表明,发展农村职业教育有利于促进城乡融合与城乡一体化,反之,城乡一体化也倒逼教育的一体化。唐智彬(2012)基于嵌入性理论提出,作为经济社会的结构件之一的农村职业教育办学模式是嵌入在政治、经济、社会、文化环境当中的,具体包括认知嵌入、结构嵌入、政治嵌入、文化嵌入和关系嵌入等[1]。朱成晨等(2020)从超系统视角提出,应通过教育自系统的能力建设,横跨其他领域他系统,融合农村社会超系统,在全过程、全领域、全方位融合治理超系统中实现农村教育与农村社会一体化统筹发展[2]。因此,对农村职业教育治理的研究不得不嵌入城乡关系之中,在厘清新型城乡关系以及明晰新型城镇化进程与农村治理现代化等未来发展动向后,来把握农村职业教育的整体性治理。在城乡关系方面,有研究基于组织分析的"多重制度逻辑"建构了"多重治理逻辑"分析框架,进而建构统筹城乡职业教育360度治理模式[3]。在新型城镇化方面,有研究论述了职业教育与新型城镇化之间的闭环循环、主体交互、层次耦合的多元联动逻辑,提出构建共生性的生态关系和合作共治的治理模式[4]。在职业教育一体化方面,有研究认为推动职业教育一体化要通过制度变革,形成城乡一体化发展的现代治理体系,通过建立城乡一体化治理平台,明确多元主体的治理责任;通过大力扶持农村职业教育,完善城乡交流机制,推动实现职业教育城乡一体化发展的"善治"目标[5]。在产教融合方面,有研究从利益相关者理论视角分析农村职业教育产教融合系统中,政府、涉农职业学校、行业企业、社会等四类核心利益相关者之间的博弈关系,指出当前农村职业教育产教融合发展动力不足的原因在于利益相关者作用力不均衡、话语权式微及配套政策制度建设滞后,亟须构建基于共商、共建、共治、共享行动理念的动力生成聚合机制、一主多元共治机制、利益平

---

[1] 唐智彬.农村职业教育办学模式改革研究[D].上海:华东师范大学,2012.
[2] 朱成晨,闫广芬.跨界与共生:农村职业教育融合治理的分析框架[J].教育研究与实验,2020(1):20-28.
[3] 朱德全,李鹏.论统筹城乡职业教育的多重治理逻辑[J].西南大学学报(社会科学版),2013,39(4):43-52,173-174.
[4] 朱德全,徐小容.职业教育与区域经济的联动逻辑和立体路径[J].教育研究,2014,35(7):45-53,68.
[5] 孙晓玲.现代治理视野下的城乡职业教育一体化发展[J].教育与职业,2015(13):9-12.

衡调节机制、动力系统保障机制,促进农村职业教育产教深度融合发展[1]。在治理行动方面,有研究者提出通过"他治—自治""上治—下治""扶治—共治""外治—内治"的四重维度的结构性统整,构建以政府、行业、家庭、企业、学校为协同主体的行动模式,形成国家层面的制度性支持、地方层面的投入性支持、环境层面的生态性支持、企业层面的参与性支持以及家庭层面的主体性支持共同构成的社会支持系统[2]。总而言之,农村职业教育需要城乡统筹的新思维,建立城乡统一的劳动力就业培训体系、城乡一体化的职业教育管理体制和劳动力就业制度[3]。需要加强政府统筹,强化校企合作,加大经费投入,引入市场调节,健全农村职业教育发展的体制机制,综合运用多种方式促进农村职业教育发展[4]。农村职业教育还应不断丰富内涵,实现农村劳动力素质的提升和城乡职业教育的统筹发展。针对新型城镇化发展的特点,农村职业教育应实施教育内容多样化、教学对象分类化、投资主体多元化等新的发展策略[5],促进农村职业教育与农村社会融合治理。

微观层面,众多研究者认为,实现人的现代化发展是农村职业教育治理的价值旨归,因而应关注职业教育及其治理的价值内涵的研究。无论是职业教育现代化还是治理现代化,都具有现代化的一般属性,即技术的现代化和人的现代化。在职业教育治理中,治理技术的现代化表现为制度、方法、手段的创新和发展,而人的现代化体现在人的价值理念、观念思想、行为能力、技能手段等的提升与进步。人的现代化是治理技术现代化的前提,治理技术的现代化是人的现代化的治理结果。所以,农村职业教育治理的价值指向和终极目标指向人的技术性生存和自由发展。根据对已有文献的梳理,通过农村职业教育实现人力资源开发的研究存在三种路径。第一种途径是农村劳动力转移。转移农村劳动力是我国城镇化进程中关系社会稳定和经济发展的重要议题,也是未来农村职业教育改革

---

[1] 张旭刚.乡村振兴战略下农村职业教育产教融合发展动力机制研究[J].教育与职业,2019(20):19-26.
[2] 朱成晨.协同与共生:农村职业教育融合治理的行动逻辑与支持系统[J].国家教育行政学院学报,2020(1):80-88.
[3] 邬志辉.中国农村职业教育的战略转型[J].社会科学战线,2012(5):194-199.
[4] 李梦卿,张欢.我国农村职业教育发展:从农业化走向城镇化[J].教育发展研究,2014,34(Z1):50-58.
[5] 任聪敏,石伟平.城镇化进程中农村职业教育的新型定位与发展策略[J].教育发展研究,2013,33(23):53-57.

的主题和主线①。唐羚等（2017）通过实践探索与数据调查证明职业教育对于农村劳动力转移贡献显著，且二者之间存在相互促进关系②。唐瑾（2014）分析了职业教育对农村劳动力转移的贡献机理，认为职业教育影响了农村劳动力转移的结果、机会和促进，并从制度创新与具体措施两个层面探讨了职业教育促进农村劳动力转移的具体对策③。吴兆明等（2015）针对农村转移劳动力普遍存在学历低、职业技能不高、市场供需矛盾突出等问题，提出以发挥政府主导、加强宣传引导、鼓励社会力量参与等措施促进农村转移劳动力职业能力的提升④。但是农村人口过度转移会造成农村人口空心化、地理空心化、经济空心化等弊端，并且农村职业教育发展后劲不足⑤，农村经济社会发展急需一批有知识、有道德、有情怀的本土人才，因此，农村人力资本积累的第二条途径即是培育新型职业农民、新乡贤、农村精英、新型职业经理人、"土专家""田秀才""农能人"、新型融合型人才等。马新星等（2020）指出目前新型职业农民培育的数量和质量还远远低于乡村振兴战略的预期目标，其原因主要有院校"涉农"定位摇摆、企业"助农"合力缺失和培育对象"为农"意愿消解，需要重构多元共治的政校企培育制度、稳固双赢的师徒命运共同体和多向融通的人才成长体系⑥。田书芹等（2020）根据多中心治理理论的核心思想，从治理主体、治理方式、治理规则、治理目标等层面，对新型职业农民职业教育的典型模式进行了多案例比较研究，并提出了新型职业农民职业教育模式在治理主体、治理规则、治理体系和治理目标方面的优化路径⑦。全面建成小康社会之后，我国的贫困问题从绝对贫困转向相对贫困，而贫困的关键

---

① 马建富，马欣悦.基于新型职业农民培育的农村职业教育供给侧改革[J].河北师范大学学报（教育科学版），2017,19(6):54-59.

② 唐羚,郑爱翔.职业教育对农村劳动力转移贡献的实证分析——基于华东地区面板数据的分析[J].职业技术教育,2017,38(1):49-52.

③ 唐瑾.职业教育对农村劳动力转移的影响及对策研究——基于"后危机时期"背景的思考[J].湖南社会科学,2014(1):214-217.

④ 吴兆明,郑爱翔.新型城镇化下农村转移劳动力职业教育与培训研究[J].成人教育,2015,35(10):55-57.

⑤ 祁占勇,王志远.乡村振兴战略背景下农村职业教育的现实困顿与实践指向[J].华东师范大学学报（教育科学版）,2020,38(4):107-117.

⑥ 马新星,朱德全.发展现代学徒制培育新型职业农民的路径探寻[J].教育发展研究,2020,40(21):71-76.

⑦ 田书芹,王东强.基于多中心治理理论的新型职业农民职业教育模式比较研究[J].教育发展研究,2020,40(21):77-84.

原因是内生动力不足,因此扶贫必须以增强贫困人口内生动力为要义,更是巩固脱贫成果和防止返贫的关键。农村职业教育助力人力资源开发的第三条途径是通过精神与文化扶贫唤醒农村潜在的人力资本。在反贫困实践主体中,以新型职业农民为主体的乡村精英在反贫困实践中的地位更为重要。有学者对S省三个贫困村的组织化贫困治理实践的调查表明,建立农村精英带动、一般农户支持、贫困农户参与的农民合作组织,是贫困人口成为反贫困治理主体力量的有效途径[①]。教育扶贫应与社会多元主体联合共融,构建以政府为主导、社会为辅助、学校为支撑的各大主体参与协作的教育扶贫长效机制,从而提升贫困地区人力资本质量,减少"返贫"现象发生,促进乡村物质基础与精神文明全面同步建设,最终实现城乡均衡发展[②]。后两条路径通过"在地化"变革,体现的是变"输血式"扶贫为"造血式"扶贫、变"开发式"扶贫为"参与式"扶贫的可持续性扶贫准则。在此基础上,还需构建完善的农村职业教育体系和健全的社会保障体系。有的研究者以"扶志""扶心""扶智""扶资""扶业"为逻辑框架,以形成以教促智、以智促富和以富促教的良性循环为根本任务,构建"普职成统整""农科教统筹"等农村职业教育融合发展模式,并且通过"以农为本"的价值观,寻找"外推"与"内生"共进式的发展道路,实现融课程、课堂、基地、产业、农校、高校为一体的联动运行模式。有的研究者提出,构建以县级职教中心为龙头,以乡镇成人学校为骨干,以村级成人学校为基础的县域农村职业教育网络,实行农科教结合和"三教"统筹,推进农村职业教育和社会经济的协同发展[③]。有的研究者提出,完善"三教融合,城乡一体,梯级辐射"的县域化职业教育与培训体系[④]。还有研究者提出运用"互联网+"与大数据为技术支持,提升农村职业教育治理能力。

总而言之,研究者普遍认为,农村职业教育治理亟须由内而外进行一场以乡村振兴为命题的传统人才培养模式变革和教育范式转型,在办学定位、教育理念、培养模式、专业设置、课程体系、教学内容和评价机制等

---

① 向家宇.贫困治理中的农民组织化问题研究——以S省三个贫困村的农民组织化实践为例[D].武汉:华中师范大学,2014.
② 苏芳,刘钰,李彬.后脱贫时代教育扶贫长效机制构建的探讨[J].武汉科技大学学报(社会科学版),2021,23(2):182-187.
③ 朱成晨,闫广芬,朱德全.乡村建设与农村教育:职业教育精准扶贫融合模式与乡村振兴战略[J].华东师范大学学报(教育科学版),2019,37(2):127-135.
④ 马建富,李芷璇.产教融合视域下新型职业农民培育型态的重构[J].职教通讯,2021(1):44-52.

方面做出全面而深刻的转型与重构,以提高乡村人才供给的数量与质量。

(六)文献评析的发现与启示

基于上述五个板块的文献综述与逐一评析,以及受到若干成果的原型启发,笔者有感而发,提出了"民族地区职业教育融合治理"这一时代命题。不难发现,民族地区职业教育融合治理研究,无论是立足于民族地区职业教育发展与变革的"本体论"与"实践论"视角,还是着眼于民族地区农村现代化发展与乡村振兴战略的"价值论"视角,以及基于对治理体系和治理能力现代化认识的"方法论"视角,都具有明显的必要性与可行性。

第一,研究趋势上,国内已有研究的重心已经从职业教育发展困境转向职业教育治理的研究,从民族地区职业教育内部问题的研究转向民族地区职业教育有效衔接乡村振兴的社会问题的研究,从民族地区职业教育"单边式"发展的研究转向民族地区教育与农村社会"互动式"发展的研究。因此,未来民族地区职业教育研究的重点将更加关注民族地区职业教育与民族地区经济社会发展的联动、跨界、协同、融合、共生发展的研究。民族地区职业教育融合治理研究正是基于这一趋势提出来的。

第二,研究视角上,目前诸多研究者基于自身专业背景来关注"三农"和民族地区职业教育的问题,比如教育学关注农村教育目的、教育功能、教育结构、教育使命等;社会学关注城镇发展模式、乡村治理、乡村流动、农民工就业等;政治学关注农村基层组织、农村政治、基层民主、农村社会转型等;文化学关注农村文化建设、文化整合、阶层分化等。而教育治理的研究以高等教育为主要阵地,其次是高职院校及校企合作,而民族地区职业教育治理研究较为薄弱。在未来研究中,应当明确民族地区职业教育这一概念的广义性,不局限于通常意义上的农业职业教育以及"在农村"的职业教育,而应着眼于为解决"三农"问题服务的职业教育,即以培养为农业生产服务的新型职业农民、促进农村剩余劳动力转移、加快农村经济发展为目的的职业教育,包括在民族地区农村开展的职业教育、城镇职业教育中农村生源学生和农林类专业学生的职业教育,以及为农村发展服务的职业教育,即体现"在农村"与"为农村"的双重广义性。在理论视角上,应当基于多学科视角,遵从共生逻辑,以复杂科学的协同论与系统性思维范式来解决民族地区职业教育治理的内生性、外源性与共生性问题。民族地区职业教育融合治理研究正是基于这一理论逻辑提出来的。

第三,研究主题领域上,已有的教育治理研究成果主要集中于大学治理领域,讨论普通高校治理问题的研究最多,其次是高职院校的内部治理研究,而有关民族地区职业教育治理的研究则鲜有涉及。在民族地区职业教育研究方面,有关于农村职业教育面临的新形势与新任务的研究;有服务区域发展战略的研究;有新型城镇化、农村劳动力转移、新型职业农民、城乡统筹发展以及农村职业教育体系的研究,但是对民族地区职业教育跨界协同、融合治理与共生发展的超系统研究和社会支持系统的研究较少。新时代理应加强民族地区职业教育"自系统"与农村社会"他系统"之间的功能耦合关系、共生逻辑与"超系统"融合治理的研究,民族地区职业教育融合治理研究正是聚焦这一主题领域而提出来的。

四、核心概念界定

德国著名教育理论家沃尔夫冈·布列钦卡(Wolfgang Brezinka)指出,没有准确的概念,明晰的思想和文字也就无从谈起[①],因此有必要阐释本研究的几大核心概念:民族地区职业教育、融合治理、共生逻辑、协同机制,以便为民族地区职业教育融合治理的研究提供支持。

(一)民族地区职业教育

民族地区是一个相对宽泛的概念,目前还没有公认的定义,在不同的语境下有不同的含义。

本研究基于宏观意义上的民族地区,以及"农村"概念的广义性与农村教育的统摄性,将民族地区职业教育界定为面向民族地区特别是民族地区农村的职业教育,既包括在民族地区农村办的职业教育、民族地区农业职业教育,也包括为民族地区农村建设培养人才的职业教育与技能培训。在体系上,民族地区职业教育具有高、中、初的层次性,包括高等职业

---

① 沃尔夫冈·布列钦卡.教育科学的基本概念:分析、批判和建议[M].胡劲松,译.上海:华东师范大学出版社,2001:1.

教育、中等职业教育(农业中专学校、农业广播电视学校教育)、农业职业(成人)教育,并且与农村普通教育、农村成人教育和农村继续教育相辅相成,和农业科研、推广和开发互为补充、紧密相连。在功能上,它能够为整体推进农村人力资源开发,提高广大乡村干部、专业人员和农民的科技文化素质,加快农业科技进步,全面发展农村经济提供人才和智力支持。

(二)融合治理

"融合"和"治理"本是两个独立的概念。"融合治理"概念的提出既遵循了治理理论的话语体系和分析范式,又观照了农村职业教育治理的技术逻辑和价值理性,还顺应了农村职业教育与农村经济社会共生发展的现代化愿景。

"治理"在中西方语境下有着不同的含义,但也有相通之处。在我国传统文化语境下,"治理"一词由"治"和"理"构成。"治",即 洰=氵(水,洪汛)+台(台,通"臺",土石堆筑的堤坝),表示筑堤防洪。理,即 理=王(王,玉)+里(里,作坊),表示在作坊治玉。"治"意为"管理、处理","理"意为物质本身的纹路、层次,后来引申为客观事物本身的次序、事物的规律、是非得失的标准。"治"和"理"最初是分开使用的,直到"治理"概念从西方引进中国才成为一个合成词,但是在用法上与"管理、统治"意义相近。在西方语境下,"治理"(governance)最早源于古拉丁文"掌舵"一词,原意指控制、引导和操纵[①],主要用于与国家公共事务相关的管理活动和政治活动,与统治(government)常交叉使用。"治理"在政治学、经济学、社会学及教育学等社会科学领域广泛使用,比如在政治学领域通常指国家治理,即政府运用国家权力来管理国家和人民;在经济学领域延伸到公司治理,指公司等组织中的管理方式和制度等;在社会学领域一般指对社会组织与群众团体进行公共事务的协调与统筹;在教育学领域指多元主体共同管理教育事务的过程。"治理"在学术界没有形成一个统一的定义,在不同领域、不同视角下,它被理解为"制度""结构""规则""权力""体制""机制""秩序"等。但是,学术界对治理的基本特征和基本要素的认识还是比较清晰的。

本研究从系统论角度分析农村职业教育与农村社会共生发展的协同

---

① 龙献忠.论高等教育治理视野下的政府角色转变[J].现代大学教育,2004(1):74-77.

机制问题,并试图构建农村职业教育治理的跨界性、协同性、共生性与融合性超系统框架体系。

"融合"在物理意义上指两种或两种以上物质合成一个整体;心理意义上指不同个体或不同群体在经过接触与了解之后,认知、情感和态度倾向能够融为一体。

本研究的民族地区职业教育融合治理具有三层意思:一是自系统功能体系的完善,即基于要素、功能、结构和价值融合构建民族地区职业教育农科教统筹、产教研融通、普职成统整、校村户共进的发展模式;二是超系统共生体系的建立,即民族地区职业教育自系统通过跨界他系统形成民族地区职业教育超系统的共生发展体系;三是框架体系的系统建构,即建立"治理逻辑—治理体系—治理能力—治理成本—治理环境"的逻辑框架和"上治—下治、内治—外治、自治—他治、扶治—共治"的逻辑框架。

(三)共生逻辑

"共生"(symbiosis)一词最初来源于生物学,由德国生物学家德贝里于1879年提出,是指由于生存的需要,两种或多种生物之间按照某种模式互相依存,形成协同生存与进化的关系。共生是生物进化的主要方式,一个物种受到生态系统内其他物种的影响并通过自身的进化影响其他物种,最终导致整个生态系统成为一个互相作用的整体,形成相互依赖与协同进化的共生系统。共生系统的生成机制和演化机理即为共生逻辑。

在本研究中,"共生逻辑"参照了共生理论的一般性分析范式,特别是袁纯清归纳的共生系统三要素:共生单元、共生模式和共生环境[①]。其中,共生单元是共生系统的基本能量单位,共生模式是共生单元相互作用的方式,共生环境是共生模式存在的外生条件。与此同时,本研究还观照了民族地区职业教育与民族地区社会发展在结构、关系和价值维度的共生耦合点,并基于系统性思维范式构建起农村职业教育融合治理共生关系形成的共生起点、共生条件和共生时变。基于上述两个方面的观照,"共生逻辑"具体体现为两个方面的联结关系与运行机理:

一方面,系统性思维既注重通过系统内部构成要素之间的关系来掌握系统的整体结构,也注重通过系统内部要素的结构逻辑来掌握系统的

[①] 袁纯清.共生理论——兼论小型经济[M].北京:经济科学出版社,1998:2-4.

联结机制,更注重通过系统与外部环境的关系来掌握系统的价值或功能。由此,在系统性思维关涉下,农村职业教育融合治理的系统性思维包括结构性思维、关系性思维和价值性思维:以结构性思维审视民族地区职业教育,意味着民族地区职业教育与民族地区社会发展在跨界协同与融合治理中存在"自系统"与"他系统"的结构性耦合;以关系性思维审视民族地区职业教育,意味着民族地区职业教育是一个跨界协同"超系统",这一"超系统"是通过职业教育"自系统"在跨界农村社会"他系统"的过程中融合共生而成的利益共同体;以价值性思维看待农村职业教育,就必须观照民族地区职业教育的经济价值、社会价值与人文价值。

另一方面,共生理论包括两个分析视角:在静态分析视角下,一个共生组织结构或共生系统理应包含基础共生单元、条件共生环境、关键共生模式和核心共生界面[1];在动态分析视角下,共生系统的运行机理包括共生条件和共生时变,其中共生条件主要包括共生单元之间能够按照一定的方式进行物质、信息、能量的交换,且各共生单元之间通过优势互补、资源共享、互利互惠等为共生合作提供基础界面[2]。共生单元能力、共生资源分配、共生界面功能构成共生条件;共生时变是指共生单元沿循共生关系的"识别—适应—发展"进路[3]。由此,民族地区职业教育融合治理的共生逻辑包括共生组织结构和共生运行机理:在组织结构上,农村职业院校、地方政府、企业、行业、农户家庭等构成共生单元,是民族地区职业教育融合治理的互动主体;共生界面作为维系共生单元的纽带,作用于民族地区职业教育融合治理的共生协调;共生模式是共生系统的共生关系所存在的方式或形式,决定着民族地区职业教育融合治理的共生进化;共生环境是影响共生单元的所有外部因素,作用于民族地区职业教育融合治理的共生诱导。在运行机理上,遵从民族地区职业教育的职业精神与技术理性是民族地区职业教育融合治理的共生起点;共生单元能力、共生资源分配与共生界面功能构成民族地区职业教育融合治理的共生条件;共

---

[1] 吕臣,林汉川,王玉燕.基于共生理论破解小微企业"麦克米伦缺陷"难题[J].科技进步与对策,2015,32(2):91-95.
[2] 王绍博,等.基于共生理论的临京临沪地区跨界融合发展对比研究[J].地理科学,2019,39(11):1681-1690.
[3] 毛荐其,刘娜,陈雷.技术共生机理研究——一个共生理论的解释框架[J].自然辩证法研究,2011,27(6):36-41.

生关系的"识别—适应—发展"刻画民族地区职业教育融合治理的共生时变。

(四)协同机制

赫尔曼·哈肯(Hermann Haken)认为,协同就是系统中诸多子系统相互协调的合作的联合作用与集体行为[①]。换言之,协同是各子系统为了实现总系统的目标而相互进行协调合作以形成彼此间良性循环的一种态势,系统的目的性、关联性与动态性等特征能够自主表现出来。

机制一词本义是指机器的结构及各个零部件之间的相互联系,后来被学术界引申为生物组织的功能、自然现象的规律、社会系统的秩序等。从系统论的角度来看,机制可以解释为一种联系整合的法则,这种法则能够将若干特定属性的要素进行有机整合,使之构成拥有特定结构和功能的整体。因此,机制就是系统各要素间的特定关系。

在本研究中,协同机制与治理机制是一对可以互换的概念,表示一个系统的各个组织或要素之间相互作用的过程和方式,即组织或要素之间相互作用与有机整合的运行机理。民族地区职业教育融合治理的协同机制则是民族地区职业教育在跨界中融合,在融合中共生,进而基于跨界协同超系统形成要素之间的特定支撑关系,对民族地区职业教育融合治理发挥条件性保障作用。

五、研究设计

下面将从研究目标、研究假设、研究方法、研究思路与逻辑框架、研究可能的创新等方面进行整体设计,以便为民族地区职业教育融合治理的研究提供技术性支持。

(一)研究目标

本研究提出民族地区职业教育融合治理思想,旨在构建一套"在跨界

[①] 赫尔曼·哈肯.协同学——大自然构成的奥秘[M].凌复华,译.上海:上海译文出版社,2001:1.

中协同,在跨界协同中融合治理,在融合治理中共生发展"的民族地区职业教育与民族地区社会共生发展理路,真正实现民族地区职业教育"内生"与"外推"共进式发展。

围绕这一总体目标,本研究一方面将展开对民族地区职业教育融合治理共生逻辑的研究,从理论层面构建民族地区职业教育融合治理的逻辑框架;另一方面将展开对民族地区职业教育融合治理行动路向的研究,从实践层面提供民族地区职业教育融合治理的行动框架,并在此基础上探索民族地区职业教育协同育人机制和民族地区职业教育现代化的行动方向和具体路线。

第一,对职业教育的价值理性与跨界思维进行深入剖析,厘清职业教育"价值何为"与"跨界为何"的本质内涵,全面把握职业教育"跨界协同"的实质与动因;

第二,对民族地区职业教育的实践样态进行考察,深入探究民族地区职业教育与民族地区社会发展的问题与症结,然后从职业教育治理的典型案例剖析中找准民族地区职业教育治理的现实困境及其深层原因;

第三,通过对民族地区职业教育治理的问题归因解析,拟构建民族地区职业教育融合治理的分析框架;

第四,深入探究民族地区职业教育与民族地区社会发展的共生逻辑,从而奠定民族地区职业教育现代化发展的理论逻辑;

第五,试图探究民族地区职业教育融合治理的行动路向,以指明民族地区职业教育现代化发展的行动方向与具体路线;

第六,探索推进民族地区职业教育在超系统中走向共生发展的协同机制与社会支持系统,最终实现民族地区职业教育在融合治理中与民族地区社会共生发展。

(二)研究假设

研究假设是研究者根据经验事实和一定理论,对所研究问题的提出、分析、解决做出的一种推测性判断或解释,是在研究之前预设的、暂定的前提、逻辑与目标。本研究的假设有前提假设、逻辑假设与目标假设三个方面。

1. 前提假设

本研究提出民族地区职业教育融合治理的前提假设有如下三个方面：第一，职业教育是社会发展系统中最为开放、最为活跃、最为复杂的全息融合性教育类型，它关涉社会发展的全系统、全领域、全过程，与社会政治、经济、文化相互依存并相互跨界融合，起着牵一发而动全身的全息性作用。这是本研究得以展开的基本前提。第二，在现代化发展进程中，民族地区职业教育服务新型农村需要通过培养技术型新职业农民彰显其价值理性，充分实现对新型农村与新型农民的技术增值与技术赋能，体现教育在培养自然人、学校人、职业人、社会人、生命人过程中的和谐统一，这就需要坚守职业教育的技术理性。这种对技术理性的坚守需要实现人、社会、职业、教育与技术的理性融合，充分体现工具性与人文性的统一。这种理性融合需要跨界的思维，即需要实现教育域、职业域、技术域与社会域的界域横跨与协同共生。换言之，职业教育的价值理性、跨界属性和治理本身蕴含的工具理性、价值理性均为融合治理提供了深入研究的契机和可能性。第三，民族地区职业教育的治理是一种从教育"自系统"横跨农村社会"他系统"最终形成"超系统"的跨界性融合行动。

2. 逻辑假设

职业教育是全息性、跨界性与共生性非常鲜明的教育类型，决定了民族地区职业教育必须横跨教育域、职业域、技术域与社会域四大界域，实现融合治理、共生发展。由此，民族地区职业教育有效治理的路径是：在跨界中协同；在跨界协同中融合治理；在融合治理中服务新型农村与新型农民；在服务新型农村与新型农民中加快民族地区治理现代化；在民族地区治理现代化过程中坚守技术理性；在坚守技术理性中实现对新型农村与新型农民的技术增值与技术赋能；在技术增值与技术赋能中充分实现民族地区职业教育对民族地区现代化发展进程的智力与技术支持，进而实现民族地区职业教育与民族地区农村社会的共生发展。

3. 目标假设

本研究的目标假设是：推进民族地区职业教育"自系统"在跨界协同农村社会"他系统"中实现融合治理，有效助推农村职业教育与农村社会

"超系统"的共生发展。具体体现在三个方面：一是民族地区职业教育融合治理能够促进农村职业教育现代化；二是民族地区职业教育融合治理能够有效助推国家乡村振兴战略的实施；三是民族地区职业教育融合治理能够有效支撑并加快学习型社会与终身教育体系的建设。

（三）研究方法

本研究主要采取理论演绎与案例佐证相结合的研究路径，结合教育学、技术哲学、社会学、管理学、经济学、文化生态学等多学科理论，展开对"民族地区职业教育"与"融合治理"的相关研究。研究中综合采用文献研究法、典型案例佐证法和国际经验比较法等研究方法。

一是文献研究法。文献分析与逻辑演绎贯穿研究的始终，是本研究最基础的方法。文献研究法主要解决四个层面的问题：第一，通过相关研究成果的全面梳理，挖掘关于民族地区、农村、农村教育、社会治理、教育治理、农村职业教育治理等领域的既有文献资料，在对文献资料进行全景性把握的基础上展开研究述评，寻找原型启发，从而确立研究的起点和方向，以及研究思路和逻辑框架；第二，通过对大量相关研究成果的深入分析，寻找民族地区职业教育发展和融合治理的理论基础，从而为本研究确定独特的研究视角和坚实的理论基石；第三，通过对已有研究成果的系统分析，探讨民族地区职业教育融合治理在共生逻辑上的理论框架以及在行动路向上的行动框架；第四，通过统计年鉴等原有数据文献分析，探寻我国民族地区教育与民族地区职业教育发展的实然样态，并对实然样态进行问题诊断与归因分析，在诊断、归因与反思中寻找民族地区职业教育融合治理的逻辑思路与具体框架。

二是典型案例佐证法。本研究选择C市作为整体观测点，重点围绕C市W县以及该县的一个乡和一个村为案例，探究县、乡、村三重场域在乡村建设、民族地区职业教育、教育扶贫、乡村振兴以及新型职业农民培训等方面的典型经验，并将其作为民族地区职业教育参与乡村建设的佐证材料，一方面进一步佐证民族地区职业教育的实然样态，有力揭示当前民族地区职业教育治理的症结所在；另一方面，呈现民族地区职业教育在融合治理层面的经验及其实践效能，佐证融合治理的可行性、必要性与针对性。

三是国际经验比较法。本研究围绕职业教育、农村教育、民族地区职业教育以及教育治理等主题,对美国、德国、英国、俄罗斯、澳大利亚、新加坡、日本、瑞士、芬兰等国家的实践经验与文献成果进行了比较分析与归纳,以便为我国民族地区职业教育融合治理研究提供经验借鉴与思路启发。本研究方法虽然不是严格按照国际比较研究的标准范式和分析框架进行规范性比较,但还是尽可能按照本研究的观照点与研究假设来搜寻有关信息,力求寻找我国民族地区职业教育融合治理研究的相关成果和实践经验的原型启发。

(四)研究思路与逻辑框架

1.研究思路

本研究遵循的逻辑理路是:在跨界中协同,在跨界协同中融合治理,在融合治理中共生发展。具体研究思路体现为:首先,对民族地区职业教育的应然愿景与实然样态进行理想和现实两个层面的构想与扫描,以探析民族地区职业教育发展的必然路向,从而为后续研究奠定逻辑基础;其次,深入探析民族地区职业教育治理涉及的界域和结构逻辑,遵循系统性思维的科学范式,以确立民族地区职业教育融合治理"五位一体"的逻辑框架,即从治理逻辑、治理体系、治理能力、治理成本和治理环境方面进行

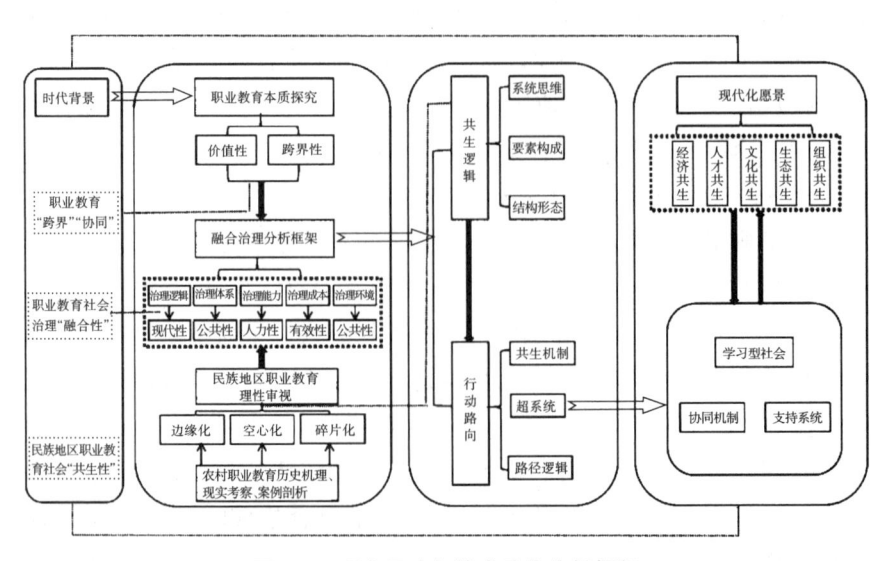

图1-2 研究思路与技术路线分析框架

整体性构建,以此观照其共生逻辑的理论命题;最后,围绕民族地区职业教育与民族地区农村社会发展的共生逻辑与行动路向,建立民族地区职业教育"GIFES"协同机制与社会支持系统,确保民族地区职业教育在跨界中协同,在跨界协同中融合治理,在融合治理中共生发展(见图1-2)。

2.逻辑框架

在遵循以上研究思路的基础上,本研究以"为何""如何""何为"三个核心问题为逻辑主线,进而围绕价值理性、跨界思维、逻辑框架、共生逻辑、超系统、融合治理与行动路向七个关键词之间的内在逻辑展开系统研究,旨在建立民族地区职业教育融合治理的共生逻辑,并指明其共生发展的现代化行动路向(见图1-3)。

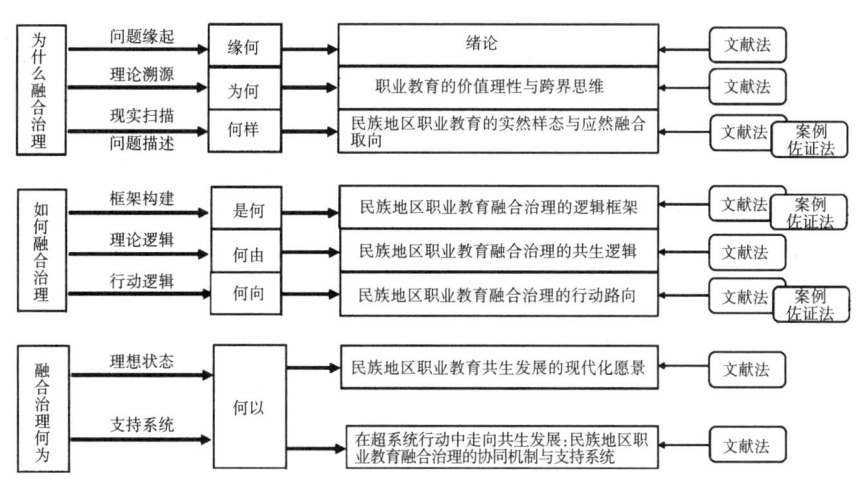

图1-3 研究逻辑框架

图第一部分回答"缘何""为何"与"何样"三个具体问题。这一部分构成了民族地区职业教育融合治理的本体论、方法论与价值论基石,从历史、现实、理论与方法四个层面论证了民族地区职业教育融合治理的合理性、必要性与可行性。这部分既探讨了职业教育应然的本质属性,阐述了职业教育的价值理性与跨界思维,提出了教育域、职业域、技术域与社会域的界域横跨与协同共生思想;也描述了民族地区职业教育发展的实然样态,通过典型案例和文献、数据的具体呈现,辅之以政策与理论支撑,分析了民族地区职业教育发展的问题症结与战略方向,从而明确了民族地区职业教育发展面临的痛点、难点以及挑战和机遇;还预设和指明了民族地区职业教育发展和融合治理的必然逻辑与路向,尤其是从方法论上对整个研究进行了思路与方法的设计,进一步论证了职业教育融合治理的可行性;最后基于应然愿景、实然样态与必然路向,着眼于教育参与贫困治理与乡村振兴,从逻辑上构建了"扶志""扶心""扶智""扶资"与"扶业"的理念框架,使之作为人才振兴与乡村振兴的基本遵循,由此构建了民族地区职业教育农科教统筹、产教研融通、普职成统整、校村户共进的发展模式,为民族地区职业教育融合治理提供了逻辑思路与实践路线。

第二部分回答"是何""何由"与"何向"三个具体问题。这一部分构成民族地区职业教育融合治理的实践论与认识论基石,以"逻辑框架""共生逻辑"与"行动路向"三个关键词为主线,从理论与实践层面分析与构建了民族地区职业教育融合治理的整体性逻辑框架。首先,按照治理理论系统构建了农村职业教育融合治理"五位一体"的框架体系,建立了治理逻辑、治理体系、治理能力、治理成本和治理环境的一体化治理结构;其次,在系统论思维观照下,根据共生理论剖析了民族地区职业教育与民族地区社会发展的共生单元、共生模式、共生界面和共生环境等结构体系,揭示了民族地区职业教育融合治理的共生机理,系统阐释了民族地区职业教育融合治理的共生逻辑;最后,基于共生机制的动态生成与有力构建,站在"超系统"境域立场指明了民族地区职业教育融合治理的行动路向,即通过"他治—自治""上治—下治""扶治—共治""外治—内治"四重维度的结构性统整,充分彰显民族地区职业教育融合治理的行动逻辑。

第三部分回答"何以"这一根本性问题,包括价值"何以"、愿景"何以"以及支持"何以"三个具体问题。这一部分构成民族地区职业教育融合治理的价值论、认识论与实践论基石,以共生发展的现代化愿景、"超系统"境域与社会支持系统为价值取向,从理论层面探讨了民族地区职业教育融合治理的发展愿景、协同机制和支持系统。首先,通过民族地区职业教育与乡村振兴有效衔接的耦合机理,系统论述了民族地区职业教育服务乡村"五大振兴"的现代化愿景,即民族地区职业教育治理体系和治理能力的现代化水平必须通过自系统的内生能力与教育功能体系、他系统的融合能力与社会支持体系、超系统的共生能力与共生发展体系来生动体现,基于这"三大能力"与"三大体系"的协同发展与同构融合,进而依靠"经济共生、人才共生、文化共生、生态共生、组织共生"五大体系的整体推进,共同构筑并努力追寻民族地区职业教育共生发展的美好蓝图与现代化愿景;然后,基于超系统境域构建民族地区职业教育融合治理的协同机制,在共生发展的现代化愿景和协同机制的基础上,探讨了民族地区职业教育融合治理的社会支持系统,包括国家层面的制度性支持、地方层面的投入性支持、环境层面的生态性支持、企业层面的合作性支持和家庭层面的主体性支持;最后,进一步深入明晰了民族地区职业教育融合治理与共生发展的进阶方向,即农村学习型社会与终身教育体系的建设。

(五)研究可能的创新

第一,提出了超系统境域的民族地区职业教育研究新视角。超系统是本研究的着力点,更是本研究的亮点,超越了一般系统理论的研究范式,将民族地区职业教育自系统和农村社会他系统既看作"部分-整体"的包含关系,又视为"系统-环境"的指涉关系,从而演绎出民族地区职业教育融合治理的"三大系统"(自系统、他系统、超系统)以及与之相应的"三大能力"(内生力、融合力、共生力)。

第二,构建了"跨界协同—融合治理—共生发展"的民族地区职业教育发展新思路。本研究基于职业教育的应然本质属性、民族地区职业教育的实然发展状态和乡村振兴战略下农村现代化的理想蓝图,合理预设了民族地区职业教育发展和治理的必然取向;通过"跨界""融合""共生"的内在逻辑关联,建立了民族地区职业教育发展与治理的一体化路径,即在跨界中协同,在跨界协同中融合治理,在融合治理中共生发展。

第三,拓展了融合治理的民族地区职业教育治理新领域。本研究把融合治理作为职业教育治理的新方法论与新实践论来思考,超越传统的本体论、认识论与价值论逻辑,旨在从理论和方法上重新审视和建构一种新型治理模式。本研究一方面遵从民族地区职业教育与农村经济社会的共生逻辑建立融合治理的逻辑框架,并且以共生机理为参照指明融合治理的行动逻辑;另一方面,系统性、全方位地构建了"五位一体"的融合治理逻辑框架,既拓展了以治理体系和治理能力为核心要素的治理结构,也观照了职业教育兼顾公平和效率的价值取向,还彰显了农村社会"绿色发展、生态文明"的发展理念。

第二章

职业教育的价值意蕴与跨界思维

当下,面对新技术时代数字化、网络化、智能化的现代性应然愿景与职业教育人才培养模式的传统性实然样态之间的冲突与博弈,人的全面发展诉求与职业教育课程僵化和资源不足的矛盾,职业院校人才供给质量与社会发展需求的差距等问题,都需要基于对职业教育技术理性的反思予以回答。

一、职业教育的价值表征

我们生活的时代,可以称之为"高技术时代"或"技术世界",因为构成我们生活的一切均是技术产物①。在技术型社会,现代技术已完全进入人们的生活、职业与教育,因此,职业教育与现代技术之间存在着相互依存的内在规定性。从技术逻辑的视角审视职业教育,是深入剖析职业教育价值表征的逻辑前提。职业教育的技术本质揭示出职业教育要通过实践活动,为技术型社会培养具有超越职业能力、追求技术精神的技术型人才,而技术型人才培养的内在逻辑是一种从自然人、学校人向职业人、生命人、社会人转变的生成逻辑。基于职业教育的技术本质与生命诉求,职业教育表征出技术与人、技术与社会、技术与教育、技术与职业深度融合的价值理性,由此凸显职业教育对技术理性的价值追求。

(一)实践—现代化—技术理性:职业教育的技术本质

高技术时代体现出技术定义生活、技术定义职业、技术定义教育的鲜

---

① 姜振寰.技术哲学概论[M].北京:人民出版社,2009:1.

明特征,因此,这是一个超越传统时空,让信息更加透明与"扁平化"的技术理性时代。技术作为人类文化世界的一个客观符号或者语言中的一个构成元素,已经成为世界性的概念[①]。何为"技术"？从本质主义到反本质主义,国内外学者对技术的认识从工具论、实体论转向批判理论视域下的社会建构论,从认识、本体、价值等多重维度剖析技术的属性与功能,进而对技术的精神与逻辑的认识发生了观念性转变。作为人工物的技术、作为过程的技术、作为知识的技术、作为意志的技术、作为意识形态的技术等视角刷新了人们认识技术、认识世界以及认识人类自己的维度[②]。

首先,技术是一种实践。人类在享受技术带来的便利的同时,也意识到技术隐藏的潜力,并担忧着不确定、不可控因素对人类自身生存所带来的危机。马克思认为,技术是人类的一种最基本、最重要的实践活动,是人的本质力量对象化的产物,社会实践活动中技术的异化会导致人的片面发展[③]。海德格尔(Heidegger M.)认为技术是一种解蔽,"构成我们时代最高的危险"[④]。因此,技术不仅深入整个社会的物质世界,也深入人们的精神世界,这都离不开职业教育的强力助推。职业教育以培养大规模的高素质劳动者与技术技能型人才为己任,直接服务于社会政治、经济与文化,快速推动着技术型社会的形成。

其次,技术为现代社会赋能。新技术的更迭与变革使其内涵与功能更加丰富与强大,使传统的实体型技术向现代的知识型技术以及信息型技术转型。技术的影响全面渗透到社会的各个领域,作用于社会的方方面面,进而形成相应的技术经济、技术文化、技术知识、技术精神等一系列社会性主题。可以说,现代社会是技术型社会,现代职业是技术型职业,现代教育是技术型教育。现代社会以新技术对人的赋能来凸显其现代性,新技术实现对人的赋能离不开职业教育。现代社会正值产业转型、技术升级时期,职业教育跟进现代社会转型与升级的关键在于人的现代化,以人的现代化实现社会的现代化,而人的现代化则需要教育的现代化实

[①] 倪钢.技术哲学新论[M].北京:中国环境科学出版社,2009:1.
[②] 顾建军.技术的现代维度与教育价值[J].华东师范大学学报(教育科学版),2018,36(6):1-8,154.
[③] 马克思.1844年经济学哲学手稿[M].中共中央马克思恩格斯列宁斯大林著作编译局,编译.北京:人民出版社,2018:48-51.
[④] 马丁·海德格尔.演讲与论文集[M].孙周兴,译.北京:生活·读书·新知三联书店,2005:37,11,12.

现新技术的赋能。因此,职业教育需要以跨界的思维充分彰显其技术逻辑,以培养具有超越职业能力、追求技术精神的技术型人才来体现其技术价值,以技术逻辑的体现和技术价值的实现推动技术型社会的形成。让技术定义职业,让技术定义教育,让技术深入物质世界与精神世界,进而使我们能够以积极的心态面对"新轴心时代"。

最后,技术内在地体现着技术理性。技术与人具有双向性的价值向度,从本质来看,技术体现出目的性与规律性的统一、主体尺度与客体尺度的统一,也就是工具理性和价值理性的统一。海德格尔指出,现代技术的本质是"座架",它虽然是一种解蔽,但其实是一种"促逼"着的解蔽,这种促逼之发生,乃由于自然界中遮蔽着的能量被开发,被开发出来的东西被改变,被改变的东西被贮藏,被贮藏的东西又被分配,被分配的东西又重新被转换[1]。在技术的本质中隐藏着某种支配人的东西,它迫使人应付各种挑战而丧失了生存的自由,但又促逼人获得新的自由与解放,让人在促逼与解蔽中超越工具性藩篱,获得技术所赋予的精神与力量,不断促进自身的发展与强大。因此,人是一种生存性存在,具有创造性和自觉性,能够以其个体的"生命性"与社会的"价值性"凸显自己的存在与生存。职业教育为技术型社会培养"学校人"与"职业人"彰显其工具性,培养"生命人"与"社会人"彰显其人文性。职业教育在科学主义与人文主义的双重价值逻辑中体现出技术型人才培养"五位一体"的逻辑路向,即将"自然人""学校人"转化为"职业人""生命人"和"社会人"。因此,工具性与人文性的统一使职业教育的价值理性充分彰显其技术理性,真正体现技术在人与社会融合发展中的时代精神与价值逻辑。

(二)职业人—生命人—社会人:职业教育的生命向度

教育的意义既是社会发展的意义,更是人生命存在的意义。职业教育以技术为载体与内容,但完全依赖技术而忽视人的生命意义,就会背离职业教育的初衷。技术不是在不改变人类目标的情况下就用于人类目标的简单方法或行动计划[2],换言之,技术的选择或使用都要以人为出发点

---

[1] 马丁·海德格尔.演讲与论文集[M].孙周兴,译.北京:生活·读书·新知三联书店,2005:37.
[2] WAELBERS K. Doing good with technologies: taking responsibility for the social role of emerging technologies[M]. Dordrecht: Springer, 2011:3.

与落脚点,忽视了人的生命意义的职业教育将失去立足之本。职业教育培养具有社会意义的"生命人",培养技术型社会所需的"职业人",培养具有生命存在价值的"社会人",充分彰显了职业教育基于社会价值的生命意义及其多维价值向度。

从生命发展的认识逻辑来看,职业教育中人的全面发展的实质是人的生命价值与社会价值相统一的过程。生命哲学的思想、马克思的人学思想为我们审视职业教育中人的生命向度提供了依据。柏格森(Bergson H.)认为生命的意义在于"绵延",他强调生命的精神价值与意识意义的绵延性,认为生命的本质就是实践,绵延着的实践构成了一切生物的灵魂,是它们实在性意义的所在[1]。西美尔(Simmel G.)也认为生命是一种"活力",是一种不可遏制的永恒的冲动。西美尔指出生命是"自身的超越",提出"生命—额外生命—超越生命"的公式。他用两种命题来说明生命,即"生命比生命更多"和"生命超越生命",前者指生命是不断创造的过程,是一种持续不断的运动;后者指生命又超越生命自身的能力,不断创造他物。同时,他还提出两个新概念:"增加的生命"和"提高的生命"。前者指生命在一定形式阶段的表现形式,后者指生命在精神阶段上所达到的高级实现[2]。尽管生命哲学的思想带有浓厚的主观唯心主义色彩,但是我们可以用其对生命的实践性价值与绵延性意义来理解"自然人""学校人"向"职业人""生命人""社会人"转变的价值逻辑。马克思将人从抽象的"自然人"转化到现实的、活生生的"生命人",以职业或实践活动为逻辑起点,认识人的存在方式、人的存在意义、人的价值实现,将人的实践意义和发展价值上升到社会发展意义与社会实践价值的高度,认为人的全面发展过程是通过社会实践活动构建其社会关系,进而体现人的生命价值与社会价值相统一的过程。这与生命哲学家所认为的人类实践的过程是生命不断创造、不断绵延的过程是基本一致的。人的存在价值与发展意义是在社会实践活动中,通过职业能力与完美人格、科学精神与人文底蕴、价值观与人生态度等来体现的。基于这一认识逻辑,职业教育的价值向度自然表现在生命价值与社会价值、科学价值与人文价值、工具价值与主体价值的统一上,不能简单地以价值二元论框架下的单向度"非此即彼"的思维方法来认识职业教育的价值理性与价值向度。价值理性的偏颇会导

---

[1] 柏格森.时间与自由意志[M].吴士栋,译.北京:商务印书馆,1958:84-85.
[2] 格奥尔格·西美尔.生命直观[M].刁承俊,译.北京:生活·读书·新知三联书店,2003:139.

致职业教育的价值逻辑紊乱与发展方向迷失,应当以"即此即彼"的辩证统一思维方式来理性构建其价值向度。

从教育的人性论来看,职业教育是"人的教育",是为了人的社会实践或职业活动的教育。对职业教育的价值向度形成理性统一认识,必须基于对教育人性论的理性思考,毕竟人的发展是教育始终关切的核心问题,也是理性认知教育的逻辑起点。哲学上对人的理解曾有三种理论——先天人性论、自然人性论和抽象人性论,这三种人性论是"非此即彼"的认识论,是不能简单照搬的教育人性论,应当以辩证统一的思维方式来看待人性,即人是先天的,也是自然的,还是抽象的。马克思从人的对象性活动、人的社会关系及人的需要三个方面对人的本质进行了探讨,将人类社会描述为三个阶段:人的依赖关系(起初完全是自然发生的),是最初的社会形态,在这种状态下,人的生产能力只是在狭窄的范围内和孤立的地点上发展着。以物的依赖性为基础的人的独立性是第二大状态,在这种状态下,才形成普遍的社会物质变换、全面的关系、多方面的需求以及全面的能力体系。建立在个人全面发展和共同的社会生产能力成为他们的社会财富这一基础上的自由个性,是第三个阶段[①]。按照马克思的人性论逻辑,职业教育永远是"人的教育",是为了人的社会实践或职业活动的教育。因此,职业教育需要关注人的社会实践活动与人的精神世界、关注人的发展需要与自由个性、关注人的科学素养与人文精神、关注人的生命意义与主体价值,以此体现职业教育对人的发展生涯的完整关怀。

技术型社会对人自身价值的内涵赋予新的社会意义。职业教育培养"自然人""学校人",使其成为"职业人""生命人"与"社会人"的价值诉求也要发生根本变化:需要培养兼具"软技能"与"硬技能"的高素质"职业人";需要培养具有超越职业能力、追求技术精神的完美人格的"生命人";需要培养德技双馨的高品质"社会人"。为了体现职业教育的技术理性和价值逻辑,职业教育需要面向人的价值、面向人的职业、面向人的生命,以教育的人性关怀为价值起点,充分彰显技术理性的多维价值向度,使其能够充分保持人本性与社会性、科学性与人文性、手段性与目的性、工具性与主体性之间应有的基本价值张力,以此实现其价值向度的理性统一与复归,重塑职业教育的价值品性。

---

① 陈桂生.人的全面发展理论与现时代[M].上海:华东师范大学出版社,2012:41.

(三)合社会—合教育—合人才:职业教育的价值属性

职业教育是给予准备从事或正在从事某种生产劳动的人所需要的职业知识和专门技术与技能的教育。遵从教育基本规律与职业教育的技术逻辑,培养具有超越职业能力、追求技术精神的"职业人"是职业教育的内在价值与本质属性;助推现代社会在技术经济、技术文化、技术教育、技术知识、技术精神等方面的融合发展是职业教育的外在功能与价值表现;培养人才与服务社会都要以职业技术为核心支撑。因此,职业教育据其本质与规律,主要表现出四重价值属性:指向社会发展的"人力性"、指向社会与人力发展的"职业性"、指向职业发展的"技术性"以及指向技术发展的"教育性"。这既是职业教育的内在规定性,也是职业教育的功能表征,更是集合社会发展的需要性、合教育发展的目的性与合人才发展的人本性于一体的职业教育内核价值属性。

首先,在社会发展的人力性上,在给定领域着重培养有能力、有技能的个人一直是改进现有教育系统以促进和增加与技术和职业领域有关的人力资源的催化剂[①]。职业教育不仅通过学校教育向社会输出各级各类技术技能型人才,还通过其功能外化的教育培训服务,为社会发展提供人力资源支持,这是职业教育公利性与公益性的充分体现。其次,在社会与人力发展的职业性上,由于职业教育主要面向社会职业,其专业覆盖社会职业的方方面面,并通过培养"职业人"直接为社会发展服务。再次,在职业发展的技术性上,职业的发展需要对应"职业人"的培养,"职业人"的养成必然需要相应技术与技能的支持,因而,职业离不开技术,职业发展更离不开职业教育所涵盖的技术教育的支撑。最后,在技术发展的教育性上,技术的外在更迭与传承需要职业教育的支持与实现,技术的内在理性也需要职业教育去挖掘和转换,为此,技术的发展需要职业教育的支持与实现。由此可见,职业教育的价值属性是公利性与公益性的集结,是全面厘清人、社会、职业与技术之间逻辑关系的基础,也是职业教育本质与属性的理性表征。

四重价值属性表征的前提是,职业、技术与教育三者之间是递进式概

---

① HASSAN A, ABIDDIN N Z, YEW S K. Philosophical thought in education as an approach across disciplines in all natures of knowledge [J]. Journal of Educational and Developmental Psychology, 2013, 3(2): 168-174.

念逻辑,是"职业技术教育"整体概念的一体化表达逻辑,即职业需要技术,技术需要教育,而并非把职业教育与技术教育视为两个平行概念的并列式逻辑。职业、技术与教育主要依赖人实现其功能,功能作用的对象又指向社会,因而,职业教育价值属性又在如下关系的厘定中得以充分彰显。

  从技术与人的关系看,任何对技术的理解都不能离开对人的理解。技术的原始含义是"制作",因其具身性被视为人类器官的延长。技术是人的根本存在方式,技术的产生缘于人的生物本能缺失。马克思最先提出"人体器官延长说",把作为工具的劳动资料比作生存的"骨骼系统"和"肌肉系统",把作为容器的劳动资料比作生存的"脉管系统"。卡普(Kapp E.)认为,人类创造的各种工具与其自身的器官之间有一种内在联系,并提出"器官投影说",认为大量的精神创造物突然从手、臂和牙齿中涌现出来。弯曲的手指变成了一只钩子,手的凹陷成为一只碗;人们从刀、矛、桨、铲、耙、犁和锹中看到了臂、手和手指的各种各样的姿势,很显然,它们适于打猎、捕鱼,从事园艺以及耕作[1]。齐默尔(Zschimmer E.)指出,技术的本质除了作为物质活动之外,也是人类精神的创造活动,其目的是通过驾驭物质,摆脱自然束缚而获得自由[2]。德韶尔(Dessauer F.)将技术视为通过目的性导向以及对自然物的加工而出现的理念的现实存在,是人类的生存途径,主张人通过技术可以实现对"物自体"的接触[3]。海德格尔对技术本质进行现象学分析,认为现代技术是一种"去蔽"的方式,但在这一过程中,技术又反过来"促逼"着人去做事,技术成为"座架",任意安置着人的生存[4]。可见,对技术的认识过程也是人类自我认识的过程,定义技术即是定义人。一方面,技术搭建起人与自然关系的桥梁,伊德(Ihde D.)提出"人—技"关系的四种模式,即具身关系、解释关系、他者关系和背景关系,认为不存在纯粹的技术本身,技术是一种关系性存在,技术体现其与人和实践的相关性[5];另一方面,技术推动人类向更高一级进化,使人类凭借劳动实践实现从"能人"向"智人"的进化。富兰克林(Franklin B.)

---

[1] 刘则渊.马克思和卡普:工程学传统的技术哲学比较[J].哲学研究,2002(2):21-27,59.
[2] ZSCHIMMER E.Philosophies der Technik:Einfuhrung in die technischeIdeenwelt[M].Stuttgart:F.Enke,1993:176.
[3] DESSAUER F.Streit um die Technik[M].Frankfurt:Verlag Josef Knecht,1956:234.
[4] 马丁·海德格尔.演讲与论文集[M].孙周兴,译.北京:生活·读书·新知三联书店,2005:37.
[5] 曹继东.伊德技术哲学解析[M].沈阳:东北大学出版社,2013:24.

以"人是一个会使用工具的动物"来区分人类与动物。由此可以说,技术与人互为依存,技术需要人来发明创造,人需要技术来智慧地把握物质世界与精神世界,新技术让人越来越智慧,让人的社会实践和职业活动越来越高级,让人越来越成为真正具有生命的智慧型职业人才。从技术与人的关系看,职业教育培养新型技术型人才是遵从教育的价值逻辑,充分体现人的职业性、职业的技术性。

从技术与社会的关系看,社会的每一次跨越式发展均离不开技术的革新。马克思认为,火药、指南针、印刷术是预告资产阶级社会到来的三大发明,预示着社会发展的实质性跨越,即火药能粉碎骑士阶层,指南针能打开世界市场建立殖民地,印刷术能变成宣传新教的工具[1]。社会每一次巨大变迁都以技术的重大变革为标志,技术进步推动生产力发展,随着生产力的发展,出现了剩余劳动产品,进而出现社会分工,导致职业分化。一方面,科学性的流水线生产使职业分工越来越专业化,生产效率也越来越高,劳动者的闲暇时间也越来越多,进而使劳动者有更多的时间从事其他社会实践活动;但另一方面,福特模式、泰罗模式以及科层制的管理模式,使劳动者与劳动产品脱离,劳动者沦为机器的奴隶,造成劳动异化。劳动异化导致人同产品相异化、人同生产活动相异化、人同人的类本质相异化、人同人相异化[2]。最终,劳动异化导致社会的异化。由此,技术与社会也互为依存,社会发展需要技术革新,技术革新需要社会发展支撑。但是,技术作为一种手段,也存在改变意愿或背离目的的危险。用拉图尔的话来说,通过采用技术,人们绕道而行,并且不会达到其最初的目标[3]。可见,新技术对社会发展的影响有正向积极性,也有负向异化性,积极性与异化性都体现在社会劳动与职业活动中,需要社会环境或教育力量的干预与引导。因此,从技术与社会的关系看,职业教育服务技术型社会就是充分体现社会的职业性、职业的技术性,让新技术真正通过职业教育为社会发展正向赋能,让社会越来越技术化,越来越现代化,越来越智慧化。

从职业与人力和社会发展的关系看,社会发展的根本动力在人力资

---

[1] 马克思,恩格斯.马克思恩格斯全集(第42卷)[M].中共中央马克思恩格斯列宁斯大林著作编译局,译.北京:人民出版社,1979:219-220.
[2] 马克思.1844年经济学哲学手稿[M].中共中央马克思恩格斯列宁斯大林著作编译局,编译.北京:人民出版社,2018:92-93.
[3] LATOUR B.Morality and technology: the end of the means[J]. Theory, Culture&Society, 2002, 19(5/6):247-260.

源的"大"与"强",人力和社会发展的主要载体是职业活动。在马克思看来,职业活动应当是满足社会发展和人力发展需要的人类创造性实践活动,人类社会是在这种创造性实践活动或职业劳动中不断向前发展的[①]。可以说,是职业活动创造了人类社会的文明与进步,人力资源不断走向"大"与"强",社会发展不断走向文明与进步均离不开职业。因此,职业教育的价值与逻辑属性应当充分体现个人发展与社会发展的统一,即人力性、社会性与职业性的统一。

从人、社会、职业、技术与教育的关系看,人具有自然与社会双重属性。社会活动包括物质世界与精神世界两大实践活动。职业活动具有个体性与社会性,技术也包括物质和精神两个层面。教育既是指向人的教育,也是指向社会的教育,更是指向人类社会物质与精神世界的教育。因此,职业、技术与教育具有内在耦合性,通过人与社会、物质与精神世界实现内在价值与外在功能的耦合。一方面,技术是推动社会发展的核心生产力,人类社会经历了农本主义技术观、工业主义技术观再到信息主义技术观的不断转变[②],与之相适应的人才知识结构也随之发生根本性变化;另一方面,技术的发明和发展依靠物质、精神、知识和人力的推动和积累。职业教育在人才培养和社会服务环节中,既要整合社会资源与人力资源,也要满足经济社会发展需求与个体发展需要。在培养技术技能型人才以发挥其社会功能的过程中,必然要防止功利主义。回归人本性与社会性的教育本真,必然要充分服务技术型社会的需要,充分体现教育与人、教育与社会、教育与职业以及教育与技术在工具理性与价值理性上的统一,遵循科学主义与人文主义的双重价值逻辑,进而彰显教育与职业技术在人与社会发展上的时代精神与理性逻辑。因此,澄清职业教育的技术理性,分析工具性与人文性之间的逻辑关系,为职业教育处理好人、社会、职业与技术之间的价值逻辑,平衡价值性、公益性与功利性的关系,充分彰显职业教育的价值理性,这正是职业教育本质的理性表征。

[①] 马克思,恩格斯.马克思恩格斯全集(第42卷)[M].中共中央马克思恩格斯列宁斯大林著作编译局,编译.北京:人民出版社,1979:427.

[②] 姜振寰.技术哲学概论[M].北京:人民出版社,2009:85.

二、职业教育的技术理性:价值理性的诠释

职业教育的全称为"职业技术教育",话语逻辑表征为"职业需要技术,技术需要教育",因此,职业教育本质上可谓技术教育,职业教育的价值理性关键在技术理性。职业教育技术理性表征出一种工具性与人文性高度统一的价值向度,通过对新技术时代的技术技能适应与跟进而彰显出工具理性,又能体现基于职业与技术本身的价值影响人性自由、生存感受、生命价值、社会文化、时代意义与人文精神的价值理性。因此,职业教育的技术理性表征为一种超越非此即彼低级形态的价值理性。

(一)技术发展与职业教育技术理性的关联

人类社会的每一次巨大变迁均以技术变革为标志。美国技术哲学家弗雷(Ferre F.)把技术按发展阶段划分为前现代技术、现代技术、后现代技术,认为前现代技术高度依赖于个体的经验、技能,具有实用性智慧,以实用理性为指向。因此,技术的产生是从试验和错误中偶然获得的;现代技术体现理论性智慧,实证性、系统化的理论和数学方法开始广泛应用于技术实践;后现代技术是体现返魅性的技术,以有机生态论为指向,具有系统性、有机性和非线性的技术属性[1]。可见,技术的内部要素结构和本质特征会发生根本改变,而这种改变会引发社会对人才需求结构和类型的改变。由此,职业教育技术理性必将随之发生价值逻辑的转化。具体来说,技术的历史变迁与职业教育技术理性的关联逻辑体现在四个阶段性的价值逻辑演变上。

第一,经验性技术与传统学徒制在工具向度与人文价值向度上的初期融合。在前工业社会,生产方式以手工劳动为主,技术同劳动者紧密结合。这一时期,技术具有实用性和经验性,源于人的生存性需要而发展。社会分工尚处于初级阶段,以家庭为基本生产方式和生活单位,劳动技术教育与学校教育相分离,技术传递以父传子、师傅带徒弟的方式进行。这一过程中,传递的是传统经验性技术,与波兰尼(Polanyi M.)所提出的默会知识有相似性,具有缄默、内隐的特征,镶嵌于实践活动中。与此同时,传

---

[1] 吴致远.技术的后现代诠释[M].沈阳:东北大学出版社,2007:163.

统技术体现出手对技术的高度依赖,技能附着在劳动者身体之上,技术技能的习得是通过观察、模仿以及反复试错而积累起来的,表现出高强度的具身性。因此,以经验性技术为主的前工业社会时期,技术理性表征出一种生存的本能性与劳动的体验性,既体现出为了生活的需要而彰显的工具价值向度,又在一定程度上体现出由于人获得精神感受和体验而彰显的人文价值向度。

第二,实体性技术与早期职业学校偏重工具理性的价值失衡。在大机器生产时代,蒸汽机、内燃机、电动机取代了大部分的传统手工业,人类的技术从具身技术发展为机械技术,满足人的发展性需求。这一时期的技术从手工技术发展为机械技术,从经验性技术发展为知识性技术,从无形性技术发展为有形性技术,使技术有了物化形态和知识形态。这个时候,职业教育以学校教育的形式出现,取代了传统学徒制并逐步规模化和制度化,技术技能的培训与培养以学校为场域展开。机器大工业的出现和发展使生产力得到了极大提高,内部专业分工和泰罗管理模式使劳动者不需要掌握生产的全过程,而通常只需负责生产的一个环节即可。机械技术既是劳动对资本的从属和社会异化的根源,也是使人从片面、不自由的状态走向自由、解放的途径。这一阶段的技术理性以技术决定论为特征,表征为大机器生产的适应性与体验性,体现为对机械化技术、知识形态技术的工具化掌握。在大机器生产过程中,要强化劳动者的职业体验,避免陷入工具理性的泥淖。

第三,科学性技术与多元化职业教育在工具性、价值性上的再生统一。随着科学与技术的共进发展,现代技术逐步超越了传统技术的内涵与外延。新技术不单是一种方法性、工具性与工序性的知识经验,而且是一种具有现代性、先进性与智慧性的思想境界的符号表征。现代技术与科学知识融合共生,内容更加丰富与生动,满足了现代人自主化发展和个性化的需求。技术的知识性、科学性与高效性促使职业教育发展越来越多元化,并推动了技术理性在价值逻辑上的根本性变革。职业教育越来越强调培养具有科学知识的高素质技术技能型人才,并与社会产业发展相适应,主动跟进现代科学技术的高速发展,通过推行科教统筹、校企合作、工学结合、产教融合等多元化路径,培养知行合一的技术技能型人才,实现职业教育的"四个统一",即学生与员工的统一、教师与师傅的统一、教学与生产的统一、作品与产品的统一。这一阶段的技术理性表征出与科学技术同步发展的促逼性与时代性,既体现出由培养满足现代科技发展需要的、具有科学素养的技术型"职业人"而彰显的工具性,又体现出由培养具有科学精神、社会文化、人生价值与生存意义的"生命人"而彰显的人文性,工具理性与价值理性实现了再生统一。

第四,后现代性技术与职业教育跨界融合,使技术理性的价值得以升华。随着现代技术高速发展,以云计算、机器人、大数据为代表的新技术助力教育信息化,智能技术与机械技术并驾齐驱,国家之间、社会各领域之间的沟通更便捷,联系更紧密,并逐渐形成共生互促的整体。经济朝服务导向型组织转型的总体结构变化以及新技术(数字化)对未来工作流程的影响,已改变了社会对人才的技能要求[①]。职业教育为适应这种变化,也必然走向多领域的跨界融合,培养全面发展与智慧型人才的技术结构也随之发生根本性变化,将全面涵盖方法型技术、理论型技术、实体型技术和经验型技术。数字化、智能化、信息化时代对人才具有个性化订制的需求,这一阶段的技术理性表现出对人的发展的全面性与终身性、社会发展的现代性与智慧性的充分彰显,既体现出培养满足技术型社会所需的技术型人才的工具性,又体现出从培养能造物的"职业工具人"向培养具有创新意识和实践能力的"社会生命人"转变的价值逻辑。"社会生命人"是具有新时代批判精神与创新意识的人,是具有生命自由和智慧的人,是具有技术精神和人文底蕴的人,是具有完美个性和追求人生幸福的人。对这种"社会生命人"的创新性培养,自然表现出职业教育技术理性的生动人文性。

纵观技术的历史演进与职业教育的生动实践,技术的表现形态从具身到离身再到人机融合,从实体型技术到知识型、理论型技术的不断变迁,与之匹配的职业教育实践则从行为主义的行动性范式到认知主义的心理性范式再到建构主义的社会性范式不断演化与转型,映射出职业教育技术理性从工具性向工具性与人文性结合的发展演进和价值转化。

[①] WILD S, HEULING L S. How do the digital competences of students in vocational schools differ from those of students in cooperative higher education institutions in Germany?[J]. Empirical Research in Vocational Education and Training, 2020, 12:5.

(二)充分体现人与社会、科学与人文的理性融合

职业教育是终身学习系统的关键要素,旨在为人们提供劳动力市场所需的技术知识、专业知识、技能和能力,同时为其未来的社会生活提供个人技能[①]。依据四重价值属性,职业教育需要遵从社会发展的人力性、社会与人力发展的职业性,充分彰显其固有特征与内在属性;遵从职业发展的技术性、技术发展的教育性,充分体现为技术型社会培养技术技能型人才的基本功能与价值逻辑,让职业教育在功能与价值逻辑上更加彰显其技术理性,即实现工具理性与价值理性在职业教育不同阶段的相互观照与融合。然而,在职业教育现实场域中,一方面是"效率至上""就业唯一"等理念使职业教育陷入工具理性的泥淖;另一方面,片面强调摒弃和超越工具理性、回归价值理性使职业教育走向低能与低效。工具性与价值性的失衡始终隐藏在职业教育的发展过程之中,非此即彼的二元论逻辑思维始终影响着职业教育的价值取向。是适应产业结构调整培养"职业人",还是关注健全人格培养"生命人"?是社会本位取向还是个体本位取向?是重动作技能还是重心智技能?这些问题在职业教育的发展过程中始终表现出"钟摆现象",而解决"钟摆现象"的关键在于对职业教育工具理性、价值理性和技术理性的逻辑澄清。

理性是一个整体性的概念,包括两层含义:一是指向人具有独立思考、逻辑演绎、明智选择能力的启蒙理性;二是追问宇宙本源和世界起源的本体论意义上的传统理性。近代启蒙运动以后,随着实证科学的发展,科学被冠以"理性"的称号来对抗神学,但又陷入了工具理性的桎梏。自此,认为"手段与目的、形式与实质具有内在统一性"的启蒙理性分裂为对立的两极,即技术理性与人文理性。韦伯(Weber M.)将理性分为价值理性和工具理性。价值理性强调人的理念与行动在文化与道德规范上的合理性,工具理性则强调工具手段对于目的实现的有效性和经济性。继而,韦伯提出"合理性"命题,认为"合理性"包括"形式合理性(目的合理性)"与"实质合理性(价值合理性)"。只有当两种理性结合起来,才是完全能实现的启蒙理性。伴随功利主义倾向的发展,"理性"逐渐被工具化,在西

---

① CALERO LÓPEZ I, RODRÍGUEZ LÓPEZ B. The relevance of transversal competences in vocational education and training: a bibliometric analysis[J]. Empirical Research in Vocational Education and Training, 2020, 12:12.

方社会中处于支配地位。法兰克福学派的霍克海默(Horkheimer M.)和阿多诺(Adorno W.)将理性划分为主观理性和客观理性,指出理性走向了反面,前者关心手段的适切性,后者指向人和事物的终极意义和价值即目的[1]。马尔库塞(Marcuse M.)最早提出"技术理性"并将其与工具理性等同,他认为技术合理性已经变成了支配合理性,即技术理性就是工具理性。在发达的工业社会中,技术与统治结合,技术理性取代价值理性成为统治理性。这是理性工具化的结果,人类丧失了自由与幸福,压抑了个性,被塑造成为"单向度"的人[2]。后现代主义哲学进行经验转向,从更微观层面探讨技术,以独特的视角开启了对技术理性的批判与反思,进一步将技术的外延扩大。海德格尔认为,现代技术除具有技术的一般本质外,还具有与古代技术显然不同的新特征,在现代技术中起支配作用的解蔽乃是一种促逼,此种促逼向自然提出蛮横要求,要求自然提高本身能够被开采和贮藏的能量,所以现代技术的本质就是"座架"[3]。福柯(Foucault M.)的"知识—权力"理论指出,权力构造技术,技术支撑权力[4]。波德里亚(Baudrillard J.)的"消费社会的技术",拉图尔(Latour B.)的"行动者网络理论",哈拉维(Haraway D.)的"赛博格技术",都对技术本质和技术理性进行了讨论与反思。

在我国,也有学者对技术理性进行过探讨,指出不应该将技术理性与价值理性割裂开来[5]。有学者认为,在现代社会进程中,不是技术理性发展过头,而恰恰是技术理性发展不足,处在低水平的工具理性阶段。技术理性不是工具理性,技术理性涵盖技术活动本身的价值和巨大的社会意义。技术理性高于工具理性和价值理性,工具理性和价值理性既是对立的两极,也是技术理性化发展的低级和高级阶段。工具理性是初始阶段的价值理性,而价值理性则完成了对工具理性的超越[6]。因此,基于当前社会背景,技术的进步、技术与人的和谐发展迫切需要技术理性价值回归,回归人的理性,即一种进阶形态的价值理性。职业教育面临的现实挑

---

[1] 赵建军.超越"技术理性批判"[J].哲学研究,2006(5):107-113.
[2] 赫伯特·马尔库塞.单向度的人——发达工业社会意识形态研究[M].刘继,译.上海:上海译文出版社,2014:11.
[3] 马丁·海德格尔.演讲与论文集[M].孙周兴,译.北京:生活·读书·新知三联书店,2005:11.
[4] 米歇尔·福柯.规训与惩罚[M].刘北成,杨远婴,译.北京:生活·读书·新知三联书店,1999:348.
[5] 赵建军.技术理性的现代展现及其未来命运[J].自然辩证法研究,2004,20(10):48-51.
[6] 朱葆伟,赵建军,高亮华.技术的哲学追问[M].北京:中国社会科学出版社,2012:221-223.

战是如何大力弘扬和积极推进技术理性,实现工具理性向价值理性的转变和提升,以及价值理性在工具理性基础上对人的理性的回归,让技术深入物质世界与精神世界,让技术既是一种物质性存在,更是一种精神性存在,通过培养具有超越职业能力、追求技术精神的技术型人才,推进技术型社会的形成,来充分彰显其丰富而生动的技术理性。

技术理性是一种追求合理性、规范性、有效性、功能性、理想性和条件性的人类智慧和能力,是一种扎根于人类物质需求及人对自然界永恒依赖的实践理性和技术精神[1]。职业教育的技术理性具体表征为职业导向、实践价值与技术精神。职业导向即注重培养社会需要的"职业人",表征为一种技术的职业理性;实践价值即体现"理实一体、知行合一"的价值逻辑,表征为一种技术的实践理性;技术精神,即重视技术的社会意义、时代精神与人文价值,体现工具性与人文性的统一,表征为一种技术的人文理性。技术理性涉及人与社会在实践和精神两个层面上的智慧与情意,人与社会通过技术能够智慧地把握物质世界与精神世界。在把握物质世界与精神世界的过程中,技术又强化一种情意价值和精神力量,强调人与社会对价值和意义的追寻,新时代呼唤的"工匠精神"就是技术理性的精神表征和文化表达。技术理性基于技术客体的价值和意义,在社会实践中主体化为人自身的价值和意义,充分体现人与社会、科学与人文、手段与目的、客体与主体的理性融合。因此,职业教育要以科学主义与人文主义的双重价值逻辑为指向,融职业、技术、教育、经济、文化、精神于一体,以跨界的思维为手段,超越职业技术的工具理性,追求技术的精神力量与价值逻辑,最终通过为技术型社会培养技术型人才,实现人、社会、职业、技术与教育在物质与精神世界中跨界融合、和谐共生。

(三)在教育功能系统的全面渗透中彰显技术精神

这是一个技术定义社会、技术进入生活、技术改变职业、技术融入教育的技术型时代,同时也是一个超越传统时空,让社会信息更加扁平化的技术理性时代。技术不仅以其工具性的物质样态而存在,而且以其人文性的精神样态而存在,技术随时随地进入人们的生活、工作与学习空间,改变着人们的思想、意识与行为方式。当技术总是在影响人类的行为时,

---

[1] 朱葆伟,赵建军,高亮华.技术的哲学追问[M].北京:中国社会科学出版社,2012:226.

我们最好尝试使这种影响成为一种理想的形式[①]，这就需要技术精神的引领。因为技术不仅已经进入人们的物质生活世界，还进入了人们的精神生活世界，以其高级形态即技术精神影响人们的工作、学习与生活。技术精神对人与社会的影响，完全超越了技术本身所带来的影响。具体而言，其一，技术精神是由技术本质决定并贯穿于技术行为的思维方式、意识状态、理念信仰与精神面貌，是人们在长期的技术发明创造与技术实践过程中形成的世界观、方法论；其二，技术精神以其求真、务实、创新、协作、开拓的精神而存在，既以功利取向重效果，又以时空取向重效率，更以价值取向重效益；其三，技术精神对技术本身的发明创造、伦理规范与认知创新有潜移默化的影响，对人与社会发展的影响更是深入意识深层。技术精神既是一种思想境界，更是一种行为力量，能让技术与人们的生活、工作、学习深度融合。技术型社会既需要具有先进技术水平与丰富技术经验的技术型人才，更需要拥有开拓创新、求真务实、团结协作等技术精神的技术领袖型人才。

职业教育技术理性追求的最高境界不是职业能力，而是技术精神。新时代所倡导的"工匠精神"是技术精神的文化表征，职业教育应当培养具有超越职业能力、追求"工匠精神"的技术技能型人才和技术领袖型人才，让技术精神深入社会生活、职业活动和教育实践，这正是职业教育价值逻辑在技术理性上的灵魂所在。职业教育对技术精神的追求需要在对教育功能系统的全面渗透中彰显其力量，主要体现在以下四个方面。

一是体现在教育理念系统上，职业教育办学理念的顶层设计要以技术精神为境界，唤醒教育者与受教育者的精神力量，使其能够超越工具理性的功利性取向，转向对技术理性的价值性追求，让职业教育既有时代精神，更有未来的超前境界；二是体现在教育条件系统上，职业教育办学条件的改善要以转变观念为前提，追求技术精神的思想境界与行为力量的同时，全方位融入新技术，增加新技术的时代元素，让新技术与办学条件深度融合，以教育现代化引领教育智能化，以教育智能化引领教育专业化，以教育专业化提升职业教育办学的实效性；三是体现在教育过程系统上，职业教育办学过程要以技术理性为准绳，无论是课程与教学，还是文化建设与基地建设，以及工学结合与产教融合等，都要以技术精神来引领

---

① VERDEEK P. Materializing morality: design ethics and technological mediation[J]. Science, Technology and Human Values, 2006, 31(3):361-380.

教育实践行为,让职业教育办学过程真正体现技术精神的求真务实性与开拓创新性;四是体现在教育质量系统上,职业教育要以培养具有超越职业能力、追求技术精神的技术技能型人才和技术领袖型人才为追求,真正培养具有技术精神与文化品格的"职业人""生命人"与"社会人",超越被动适应社会产业发展需要的功利性追求,让教育质量观更具价值理性。

职业教育在人才培养与社会服务上需要始终坚持工具性与人文性相统一的价值理性,以追求技术精神为境界,以培养具有职业精神、创新意识、团结协作、求真务实、健全人格的高素质劳动者与技术技能型人才为己任,以顺应新时代社会经济结构、产业结构对人才结构、专业结构的需求为导向,以技术精神融入职业、融入教育、融入生活的思想观念为行动纲领,让技术精神引领职业精神、教育精神与学习精神,让职业教育通过技术精神真正引领人与社会的发展。

三、职业教育的跨界思维

职业教育技术理性追求的最高境界是技术精神,而技术精神的全面渗透需要跨界思维。职业教育的跨界思维既彰显其科学主义与人文主义的价值逻辑,这种价值逻辑充分体现人与社会、科学与人文、手段与目的、客体与主体的理性融合;又反映出职业教育要在横跨其他界域的过程中彰显其技术的价值逻辑和时代精神,为技术型社会培养具有时代精神和社会价值的技术型人才。虽然职业教育是一种横跨职业域、技术域、教育域与社会域的融合型教育,但职业教育人才培养过程却很难真正做到跨界融合。单一向度的人才培养与职业教育的逻辑属性背道而驰,要真正走出工具理性的人才培养定向思维,需要新技术时代的跨界思维。职业教育作为一种跨界融合型教育,其本身发展就应该体现跨界思维。这种跨界思维涵盖三大核心理念,即改革创新、全域融合与协同共生。

(一)"三维一体"的技术驱动

改革创新是职业教育跨界思维的存续动力。技术与人、技术与社会之间的紧密联系揭示出职业教育在横跨其他界域的过程中依赖于技术的正向驱动作用。一方面,技术与人相互依存。任何对技术的认识与理解,都建立在对人的理解上。技术的本质包含物质性与精神性双重内涵,因而人不仅仅使用技术,还借由自身的能动性与创造性,在实践劳动中不断发明新技术,这是职业教育对智慧型人才的培养结果。另一方面,技术与社会相互依存。新技术变革着生产力,通过职业教育推动社会发展,发挥出对社会的正向驱动作用。

现代技术对职业教育实践的驱动作用体现在宏观、中观与微观三种横向助推关系上。首先,在宏观上,体现为现代技术与职业教育的适应、融合与引领三重逻辑:适应逻辑即职业教育对新技术发展的主动跟进;融合逻辑即职业教育与新技术的理性融合;引领逻辑即职业教育表现出"走在现代技术发展前面"的先行性与前瞻性特征。其次,在中观上,体现为现代技术与职业教育学习空间的深度融合逻辑。其具体表现是,职业教育通过信息化与数字化手段,增强学习平台、实训平台与课程资源的智能化和现代化,使学习平台、实训平台与课程资源建设向数据仓库化建设和智慧化建设方向发展,以虚拟现实和增强现实的技术思维提高其生动性和有效性,使学生的个性化自主性学习和实践技能智慧化训练能够成为生动的现实,进而以新技术拓展职业教育的学习空间,让职业教育的学习空间能够智慧运行。最后,在微观上,体现为现代技术与职业教育课堂教学的整合逻辑,通过整合实现教学手段多媒体化、教学资源共享化、教学过程个性化、学习方式自主化、教学管理灵活化、教学环境虚拟化、教学场景生动化、教学评价智慧化,进而让职业教育课堂教学超越时间与空间的限制,增强教学形态的多样性与实效性。

(二)"全息融合"的社会渗透

相关研究表明,学生的学习更多地转向了工作场所[1],而学校和工作机构之间的相互交流,能够促进学生的学习[2],由此揭示出职业教育是一种横跨其他界域的教育类型,是一种典型的跨界融合型教育。职业教育

---

[1] VIRTANEN A, TYNJÄLÄ P, ETELÄPELTO A. Factors promoting vocational students's learning at work: study on student experiences[J]. Journal of Education and Work, 2014, 27(1): 43-70.
[2] AKKERMAN S F, BAKKER A. Crossing boundaries between school and work during apprenticeships[J]. Vocations and Learning, 2012, 5(2): 153-173.

要与社会其他领域理性融合、和谐共生,在横跨职业域、技术域、教育域与社会域中彰显开放性与全息性。开放性体现在职业教育关涉社会发展的方方面面,要与社会其他领域开放融合;全息性体现在职业教育能够在社会发展系统中起牵一发而动全身的辐射作用。技术也时时处处全息渗透在社会的各个领域,与社会各个领域生动融合,并在生动融合中形成技术经济、技术文化、技术教育、技术知识、技术精神等新型的社会主题性领域,使现代社会成为完全意义上的技术型社会。因此,在跨界过程中,职业教育生动揭示出全域融合的跨界理念。这一理念既体现职业教育在其跨界领域上的技术适应和技术改造,又体现职业教育在跨界互动中能彰显人的生命价值和社会的时代精神,使职业教育在为技术型社会培养技术型人才的过程中超越工具理性,追求工具性与人文性的完美统一,以跨界的思维充分体现职业教育在技术理性道路上遵从科学主义和人文主义的双重价值逻辑。

一是横跨职业域体现其导向性。这是技术理性的合目的性表征,即指向职业、面向就业永远是职业教育的功能指向,这就需要实现学校与行业、企业的横跨融合,进而生动体现产教融合、工学结合与知行合一。二是横跨技术域体现其本体性。职业的导向性需要技术本体作为内容与手段载体来支撑和体现,为技术型社会培养技术型人才是职业教育的目标取向。职业教育需要跨界新技术的广阔领域来充分彰显其技术理性,以培养具有超越职业能力、追求技术精神的技术型人才来体现其技术理性,以教育的技术理性推动技术型社会的形成,这就需要实现教育全系统与技术多领域的深度融合。三是横跨教育域体现其主体性。培养"职业人"充分体现了职业教育的主体价值。职业教育培养"职业人"要从工具理性转向价值理性,实现工具性与人文性的统一,要以科学主义与人文主义的双重价值逻辑为指向,跳出职业教育培养就业者的单一界域,追求普通教育、成人教育、终身教育与社区教育的渗透融合,最终实现由"小教育"向"大教育"的跨界融合与和谐共生。四是横跨社会域体现其场域性。职业教育是社会系统中最为开放、最为复杂、最为活跃的全息性教育类型,与社会政治、经济、文化直接关联,可以牵一发而动全身。自身系统的发展,既要全息性影响到其他社会系统的发展,也要受到社会其他系统的制约与影响,社会大系统永远是职业教育发展离不开的生态场域。这就需要整合教育系统与劳动力系统,并将适当的工作经验以及与政府部门、企业雇主的互动作为职业教育的重要补充内容[①]，进而推进职业教育与社会政治、经济、文化等系统的理性融合，并在全境域的跨界融合过程中，和谐共生地推进社会大系统的整体发展。

（三）"四域共生"的生态形构

职业教育作为一种横跨职业域、技术域、教育域与社会域的开放性教育系统，既强调内部系统与外部系统的交互融合，也强调内外系统整体生态场域的和谐共生。布尔迪厄（Bourdieu P.）将"场域"界定为位置间的客观关系的一个网络或一个形构，这些位置是经过客观限定的[②]。教育、社会、技术、职业四大场域各自在一定的场域中展开，并受到不同场域的作用和影响，进而形成"四域共生"的网络式生态。因此，职业教育是不同场域交互的网络式形构，是由不同"链体"构成的"链式联通体"，即在"四域共生"的网络式生态中，形成了生动鲜活的教育生态链、职业市场链、技术创新链、社会产业链的"链式联通体"。在"四域共生"的网络式生态中，职业教育能生动实现专业和产业、课程和岗位、教学和生产、学校和企业的精准对接。

职业教育作为一种跨界的教育类型，在其关涉的全境域、全过程、全方位中都要充分体现跨界的教育思维方式，并在跨界中实现融合发展与协同共生。一是在人才培养模式上，要形成产教融通、校企合作、校校协作的多元化、集团化办学格局；二是在专业建设上，必须注重产业群、职业群、岗位群与课程群的集群化建设，注重专业对产业的广阔性适应和有效性对接；三是在培养目标上，既要注重对学生职业能力与科学素养的培养，又要强调对学生人文素养、职业情怀与技术精神的培育，真正培养技术型社会所需要的活生生的"职业人""生命人"与"社会人"；四是在教育场境上，要注重教育场与工作场的"双场并进"，强调理实一体、工学结合与知行合一，构建充分体现教室即车间、学习即工作、学生即员工、教师即师傅、教学即生产、学业即产品的立体式、开放性教育场境；五是在教育体

[①] HOLZER H J. Good workers for good jobs: improving education and workforce systems in the US [J]. IZA Journal of Labor Policy, 2012, 1:5.
[②] 皮埃尔·布迪厄,华康德.实践与反思——反思社会学导引[M].李猛,李康,译.北京:中央编译出版社,1998:133-134.

制机制上,必须注重办学主体的协同创新,形成政府统筹管理、社会多元办学的格局,和社会、行业、政府、企业、学校多方力量同抓共管、深度合作的协同育人机制;六是在教育的理念追求上,要融职业、技术、教育、经济、文化、精神于一体,充分体现科学主义与人文主义的双重价值逻辑,超越技术的工具理性,追求技术的精神力量与价值逻辑,让人、社会、职业、技术与教育在物质与精神世界中跨界融合、和谐共生,充分彰显职业教育在跨界道路上应有的价值理性。

四、跨界—融合—共生:民族地区职业教育发展的理性逻辑框架

基于以上有关职业教育价值理性与跨界思维的观点,职业教育具有教育域、职业域、社会域、技术域之间的跨界融合性,因而职业教育发展的逻辑起点是跨界,逻辑终点是共生。本研究遵循教育的一般性特征,结合职业教育的特殊性,探寻职业教育价值理性的生成逻辑,构建起民族地区职业教育从"跨界"到"共生"的理性发展逻辑(如图2-1所示),为后续分析农村职业教育发展现状提供参照。

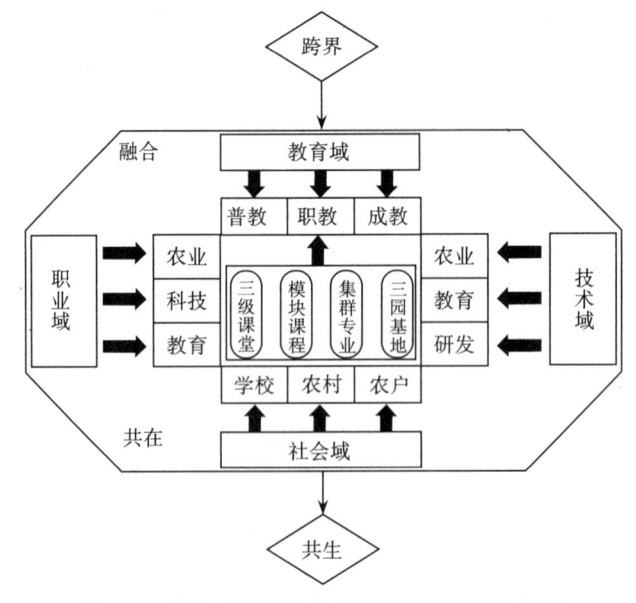

图2-1 民族地区职业教育发展的理性逻辑框架

如图 2-1 所示,民族地区职业教育发展的理性逻辑框架包括三大核心理念:跨界、融合与共生。一是外部跨界,强调与外界环境的物质、信息和能量实现有机交换;二是内部融合,提升民族地区职业教育系统的全息性功能,实现要素、功能与结构的耦合优化;三是内外共生,指向民族地区职业教育外在与内在的和谐发展,实现资源、成果与文化的场域协同。

(一)外部跨界:物质、信息与能量的有机交换

民族地区职业教育发展首先需要打破自系统的内卷式发展,与外界环境实现有机交换,进行跨界融合。一是横跨教育域、职业域、社会域、技术域,拓宽民族地区职业教育的跨界场域,实现物质共享。一方面,民族地区职业教育发展立足于民族地区,面向社会开放,既观照民族地区社会的各方面,又在民族地区社会系统中发挥辐射作用,要与民族地区社会的政治、经济、文化、生态等各领域融合,有效挖掘与利用民族地区社会的物质资源,充分彰显民族地区职业教育的公利性与公益性;另一方面,民族地区职业教育以为民族地区社会培养各级各类技术技能型人才为目标,要通过自身的技术适应与技术创造,促使技术与民族地区社会各领域进行融合,将技术知识、技术文化、技术教育融入民族地区,推进民族地区形成技术技能型社会。

二是建立民族地区职业教育融合治理的行动关系,实现信息互通。民族地区职业教育兼具教育与农村社会发展的双重属性,因而必须跳出职业看职业,跳出民族地区看民族地区,跳出教育看教育,将民族地区职业教育置于民族地区社会发展之中进行审视。民族地区职业教育包含多元治理主体,如政府、行业、企业、学校、家庭以及受教育者等。融合治理的本质是沟通关系的建立,包含三重关系:一是民族地区职业教育与农村社会发展的关系;二是政府、行业、企业、学校等多元治理主体之间的关系;三是政府、行业、企业、学校等治理主体各自与民族地区社会的关系。

三是构建民族地区职业教育超系统进行能量转换。职业教育是一个自系统,农村社会是一个他系统,民族地区职业教育则是一个融合性的超系统。作为一个超系统,民族地区职业教育的实质是共生关系体,指向学校与民族地区农业发展的共生、教育与民族地区社会发展的共生,具体表征为:第　,横跨教育域、职业域、社会域与技术域;第二,融合政府、行业、

企业、社会、学校与家庭等治理主体；第三，涵盖"农科教""校地企""产教研""教劳用"与"家校村"等各种民族地区社会领域。民族地区职业教育要通过跨界系统与融合治理，激活职业教育自系统的内生力与民族地区社会他系统的外推力，进而生成民族地区职业教育超系统的共生合力，最终推进民族地区职业教育与民族地区经济社会的共生发展。

（二）内部融合：要素、功能与结构的耦合优化

在民族地区职业教育发展的内部，还应关注要素、功能与结构的耦合优化。具体而言，要不断提升职业教育系统全息性功能，实现民族地区职业教育系统要素与功能的耦合，以应对外界的复杂性。全息，意指部分是整体的缩影，也就是说子系统与系统、系统与外界之间在物质、结构、能量、信息、功能与精神等要素上具有较大程度的对应关系，所以职业教育系统应与社会系统在要素、功能、结构上具有较大程度的全息性耦合关系，具体体现在三个方面。

第一，全息要素的耦合优化。民族地区职业教育发展的全息要素包括课堂、课程、专业与基地。一是三级课堂，集课表第一课堂、兴趣第二课堂和实践第三课堂于一体，具有跨时空的特性；二是模块课程，包括学科文化课程与综合实践课程两大模块，分别体现让学生"升学有基础"和"务农有技术"的课程理念；三是集群专业，关键在于课程群与教师群的建设与发展，其中民族地区职业教育课程群建设的思路是遵从"宽基础、活模块"的理念，构建集群模块式立体课程体系；教师群发展的思路是建设一种"双师型"复合式教师队伍结构体系；四是"三园"基地，包括以学校为主体的校园基地、以农户为主体的庭园基地和以村寨为主体的田园基地。

第二，全息功能的耦合优化。民族地区职业教育发展的全息功能表征为四个方面：一是"三教统筹"，指普通教育、职业教育、成人教育要统筹规划，适应民族地区教育综合改革，强调三种教育类型之间的资源共享、风险共担与发展共赢，进而促进民族地区职业教育的功能优化与水平提升；二是"农科教结合"，指在农业发展和农村经济建设中，围绕农村经济建设的中心任务，以先进科学技术为动力，以开展教育培训、提高农民文化技术素质为手段，将经济发展、科技推广、人才培养紧密结合起来，服务于新型农民、新型农村与新型农业的发展；三是"产教研融合"，指政府、农

村职业学校、企业等主体在人员选聘、人才培养以及研发平台共建等方面的合作;四是"校村户合作",指农村职业学校通过建立乡村振兴分院和教育实践基地等途径,与农村、村民建立合作关系,串联起民族地区职业教育的教育链、人才链、市场链与职业链。

第三,全息结构的耦合优化。民族地区职业教育发展的全息结构包括四个界域:一是教育域,既要为民族地区农村社会培养和培训人才,也要实现与普通教育、成人教育、社区教育的融合,从"小教育"走向"大教育";二是技术域,发挥好技术的载体作用与动力作用,培养农村技术技能型人才,同时推进民族地区走向技术技能型社会;三是职业域,明确农村职业教育的服务导向与职业面向,强调产教融合、工学结合与知行合一的理念;四是社会域,要求民族地区职业教育要与农村社会系统融合并进,与民族地区社会的政治、经济、文化、生态等系统实现理性融合,并在跨界融合的过程中推进民族地区社会大系统的整体发展。四个界域之间要相互耦合,职业需要技术,技术需要教育,职业、技术与教育又服务于社会。民族地区职业教育要在融合发展中,有效发挥技术的正向驱动作用,推进民族地区经济社会发展。

(三)内外共生:资源、成果与文化的场域协同

民族地区职业教育实现理性发展,先要实现外部跨界与内部融合,实际上,它本身就是一个跨界融合的组织。因此,民族地区职业教育必须在外部跨界与内部融合的基础上,实现内外共生,才能向理性发展。教育的公共性和职业教育本身的跨界性规定了职业教育多元主体的利益指向必然是超越各方利益的公共利益。公共利益存在于与私人领域相对的公共领域这一外在世界,指向多元主体间公共精神和公共理性的内在世界。外在与内在的和谐发展,即为共生。具体而言,这种共生是要实现两大场域的协同。

一是要构建"资源整合—治理过程—成果分配"的关系性共生场域。关系性共生场域遵循关系性思维,而基于关系性思维来审视,民族地区职业教育是一个跨界协同的超系统。在这一超系统中,存在政府、行业、企业、学校、家庭等利益共同体,这些主体之间的关系牵涉到资源整合、发展治理与成果分配等要素。基于此,构建关系性共生场域的实质是考量与

协调民族地区职业教育利益共同体在资源整合、治理过程与成果分配上的平衡。其中,资源整合包括教育资源、人力资源、产业资源的整合;治理过程指多元主体责权利结构化的过程,要求建立权益共享、责任共担的多中心治理体系,以"共治"求"善治";成果分配强调多元利益主体的教育诉求与利益获得,追求各方参与下的治理成果共享。在这一关系性共生场域内,一方面,民族地区职业教育对已有资源进行整合,推进民族地区职业教育治理结构的优化,实现政府、行业、企业、学校、社区与家庭对治理成果的共治共享;另一方面,在实现治理成本最小化、治理过程最优化和治理绩效最大化的基础上,进一步提升资源整合利用的水平,彰显民族地区职业教育在跨界融合治理中的共生逻辑。

二是要超越"共在"关系,形塑"共生"文化的价值性场域。作为全息融合性教育类型,民族地区职业教育与民族地区社会天然具有共在关系,要与民族地区的政治、经济、文化、社会、生态文明系统实现跨界协同和共生发展,走向融合治理。在这一过程中,要形成一个具有共生文化的价值性场域,推进民族地区职业教育与农村社会的共生发展。共生文化的价值性场域包括共生价值思维、共生治理关系与共生发展方式。其中,共生价值思维强调农村职业教育的可持续发展理念与统筹规划的战略思想,注重经济利益与社会效益的统一、科学价值与人文精神的统一、近期利益与长远价值的统一、团队绩效与个体利益的统一;共生治理关系追求治理主体关系性的整体发展,强调多元主体在接纳、碰撞、理解的互动过程中形成一个互利、平衡、发展的整体,这种整体或团体是文化自觉的生命共同体;共生发展方式是超越了生物层面而指向文化传承与创新的一种组织方式,表现为民族地区职业教育、民族地区文化与民族地区社会的跨界协同与融合治理。在民族地区职业教育中超越共在关系形塑共生文化的价值性场域,最终目标是构建具有人文精神、人文关怀与乡土文化的文化治理场域,彰显民族地区职业教育治理中价值主体的社会价值和人文价值。

第三章

民族地区职业教育的实然样态与应然融合取向

民族地区职业教育是跨界融合性教育,这是一个不争的社会共识。因其直接面向农村、对接农业、服务农民,为民族地区农民提供普通文化教育和技术技能培训,是有效解决贫困问题的关键力量,能够为乡村振兴战略提供重要支撑。在不同的历史时期,我国农村职业教育的历史使命随社会经济发展的主题而转移,并与农村社会深度融合。为此,以新中国成立为时间起点,根据民族地区职业教育与社会发展的关系以及民族地区职业教育自身体系建设的进展,可将其分为探索期、转型期、改革期、稳定期。目前,我国民族地区职业教育体系正在逐步完善,但同时也暴露出办学规模缩小、办学模式有待创新、特色功能有待挖掘等问题。基于此,本章将以C市为案例依据,对民族地区职业教育发展状况进行概述,并归纳出C市职业教育在乡村建设过程中的具体举措。在此基础上,选择C市的一县、一乡、一村三重场域作为核心案例,对民族地区职业教育与乡村建设现状进行更深层的探讨,总结当前民族地区职业教育发展的经验与不足。

一、民族地区职业教育发展的历史演进

在不同的历史发展阶段,民族地区职业教育的办学目标、价值诉求、办学形式、组织形式、教育内容呈现出不同的特征。笔者从民族地区职业教育的目标指向和办学模式两个方面,对新中国成立以来农村职业教育和民族地区职业教育的发展历程进行了整理,通过梳理民族地区职业教育服务目标的变化,厘清民族地区职业教育与民族地区社会发展的关系;

通过梳理民族地区职业教育多元化办学模式,厘清民族地区职业教育体系建设情况。

(一)民族地区职业教育促进农村农业发展的探索期

1949年以后,党中央、国务院高度重视民族地区职业教育的发展。1951年,我国召开了新中国成立后第一次全国民族教育工作会议,设立民族教育管理机构,负责少数民族地区的教育事业。此后,1956年、1981年、1992年又分别召开第二次、第三次、第四次全国民族教育工作会议,根据不同时期的社会发展目标制定了不同时期的教育发展任务和培养目标。从新中国成立到改革开放前,国家以调整生产关系和改变意识形态为主要任务,尤其强调农村农业发展。这一时期,民族地区职业教育的主要任务是促进民族地区农业增产、培养农工技术人才。由于新中国成立初期,农村还没有形成正规的职业教育,因此农村职业教育的重心在于农民文化扫盲、农民政治教育、社会教育以及普及农村基础教育。这一阶段,农村职业教育主要有四种发展模式。其一,由农村地区政府组织领导,其他人民团体协助,以不耽误农业生产、以民教民为原则,以冬学、短训班、农民夜校等形式举办的农村业余教育模式。该模式的培养对象以青壮年农民为主,重视对贫下中农和干部的教育,教学内容包括政治、文化和技术。其二,以中等农业学校为主力,为农村人民公社培养农业技术人才,这一模式的特点是从公社招生,毕业后仍回公社,是当时最重要的培养长期扎根农村、服务农村的人才的办学模式。其三,有别于全日制学校教育和工厂劳动的半工半读模式,这是我国教育事业的一次重要的制度创新。其四,三年制农业中学模式,以招收高小毕业生或相当于高小文化程度的年龄20岁以下的青少年为主,教授政治、语文、数学、农业知识课程。总体而言,这一时期的农村职业教育以服务农村、服务农民为宗旨,根据农村社会发展需要,举办形式多样的农村职业教育,强调农村职业教育的社会服务功能,重视办学规模,忽视个体发展的需求和办学质量的提升。

(二)民族地区职业教育服务农村经济全面发展的转型期

改革开放以后,我国逐步进入以经济建设为中心的发展时期。农村实行家庭联产承包责任制,开始大力发展第二、第三产业。农村职业教育的服务目标不再仅仅是服务农业发展,而是转向服务农村经济的全面发展。1996年颁布的《中华人民共和国职业教育法》第七条明确规定,国家采取措施,发展农村职业教育,扶持少数民族地区、边远贫困地区职业教育的发展。2000年,为加快民族地区的发展,落实西部大开发战略与科教兴国战略,国家民族事务委员会和教育部印发了《关于加快少数民族和民族地区职业教育改革和发展的意见》,强调要充分认识职业教育对民族地区经济建设、社会发展的重要作用。少数民族和民族地区的职业教育有了长足发展,出现一批成效显著、示范性强的骨干职业学校,促进了当地经济社会发展和少数民族群众脱贫致富。在规模上,逐步形成了农村各类职业技术学校和普通高中大体相当,覆盖从业前和从业期间一贯制的多层次、多种形式的农村职业教育基本样态。这一时期出现了"三教统筹""农科教结合"这两种典型模式。其中,普通教育、职业教育、成人教育"三教统筹"是为适应农村教育综合改革而提出的一种管理模式,强调职业的共享与相互利用,通过对师资、校舍、设备、基地和教材的统筹,促进三种教育类型相互补充,协调发展,提高投资效益水平。农科教结合是指在农业发展和农村经济建设中,以振兴农村为中心,以促进农村经济建设为目标,以推广先进的科学技术应用为动力,以开展教育培训、提高农民文化技术素质为手段,将经济发展、科技推广、人才培训紧密结合起来。两种典型模式体现了农村职业院校更加因地制宜地探索农村职业教育发展与农村地方经济社会发展的良性互动。20世纪90年代以后,农村职业教育关注的重心转向促进和服务地方经济社会发展。例如,河北省提出的县级职业技术教育中心,是在县域内将各类职业学校集于一体的综合性、多功能的县级职教中心;山东省提出的专业产业一体化模式,即学校利用精品专业的品牌优势,大力开办校内培训机构。除此以外,在经济和职业教育比较发达的地区,例如苏州等地实施的是中心辐射模式,充分发挥一所或几所骨干学校资源优势,对乡(镇)各办学点、班、校进行辐射指导。还有"公司+学校+农户"模式,将农业院校、农村职业教育基地、农户、涉农企业、生产基地、农民培训联系起来,围绕农业产业化项目设置专业、建设基地、培养人才、开展教育培训服务。

（三）民族地区职业教育服务乡村振兴和推动城乡一体化发展的改革期

教育扶贫始于《中国农村扶贫开发纲要（2001—2010年）》，其中明确了教育扶贫的总体目标、行动方略、责任体系等。进入21世纪以来，国家站在经济社会长远发展、城乡统筹发展的战略高度，颁布了《农村劳动力转移培训计划》《关于实施农村实用技术培训计划的意见》《关于加快发展中等职业教育的意见》等一系列文件，科学引导和大力支持农村职业教育发展，旨在通过职业教育开展民族地区农村劳动力技能培训和劳动力转移。2018年，《乡村振兴战略规划（2018—2022年）》明确提出"培育新型职业农民"。国家民委、教育部2000年印发的《关于加快少数民族和民族地区职业教育改革和发展的意见》提出了系列扶持措施，涉及改善中等职业学校办学条件、提升高等职业院校基础能力、改革人才培养模式。党的十八大以来，党中央实施精准扶贫、精准脱贫方略，加强民族地区、农村地区职业教育发展，同时也深入探索职业教育阻断贫困代际传递的长效机制和实践路径。2014年颁布的《国务院关于加快发展现代职业教育的决定》提出加大对农村和贫困地区职业教育支持力度，加强民族地区职业教育，改善民族地区职业院校办学条件，继续办好内地西藏、新疆中职班，建设一批民族文化传承创新示范专业点。2015年颁布的《国务院关于加快发展民族教育的决定》提出加快发展中等职业教育。2016年颁布的《国务院办公厅关于加快中西部教育发展的指导意见》，2019年颁布的《国家职业教育改革实施方案》《关于办好深度贫困地区职业教育助力脱贫攻坚的指导意见》为2020年民族地区消除绝对贫困提供了重要支持。2020年，我国绝对贫困被消除，民族地区职业教育发挥了不可磨灭的作用。2020年颁布的《职业教育提质培优行动计划（2020—2023年）》、2021年颁布的《关于推动现代职业教育高质量发展的意见》进一步加强对民族地区、贫困地区的扶持力度，支持办好面向农村的职业教育，加快培育乡村振兴人才。新时期民族地区职业教育应以培养学生的文化素质、职业技能，传承民族文化、开展共同价值观教育为基本定位。农村职业教育以培养新型职业农民为己任，大力开展农民技术培训和农村劳动力转移培训。此外，农村职业教育与精准扶贫对接起来，充分发挥农村职业教育在扶贫开发中的重要作用。农村职业教育办学模式也更加多元化，表现出城乡一体化发展趋势,包括城乡联合办学模式、集团化办学模式、城乡一体化办学模式。

党的十九大报告中旗帜鲜明地提出了实施乡村振兴战略,要求坚持农业农村优先发展,按照产业兴旺、生态宜居、乡风文明、治理有效、生活富裕的总要求,建立健全城乡融合发展体制机制和政策体系,加快推进农业农村现代化。这是我国全面建设社会主义现代化国家的重大历史任务。随着我国全面建成小康社会和新型城镇化进程加快,提高农民生活水平和生活质量,实现农业现代化和实现乡村振兴成为当前时期的主要任务。农村职业教育在推动农村社会经济发展、促进劳动力转移、消除贫困、维护农村社会稳定、建设农村精神文明等方面都发挥了显著作用。民族地区职业教育办学模式主要有校校联合办学模式、校企联合办学模式、学校封闭办学模式,此外还有各种技能培训、民族文化传承模式。当前民族地区职业教育发展既要强调发展规模、结构优化、统筹规划,落实"工业反哺农业,城市支持乡村"的方针,也要努力创建"以服务为宗旨,以就业为导向,面向市场办学"的农村职业教育新体制。由于地理位置局限、自然条件恶劣、产业不发达、办学条件有限、观念落后等因素的制约,民族地区职业教育与东部发达地区职业教育相比差距很大,"空、小、散、弱"现象普遍存在,层次结构、学校布局、办学体制、运行机制等有待进一步深化改革。

(四)民族地区职业教育服务各民族实现共同富裕和学习型社会建设的稳定期

共同富裕是社会主义的本质要求,是中国式现代化的重要特征。党的二十大报告提出以中国式现代化全面推进中华民族伟大复兴。铸牢中华民族共同体意识教育、加强民族团结进步教育是新时期党的民族工作的主线。《中共中央、国务院关于实施乡村振兴战略的意见》《中华人民共和国乡村振兴促进法》的发布,让民族地区迎来了职业教育发展的新阶段,为乡村振兴提供了人力资源支撑。职业教育的目标从精准扶贫转向促进发展,服务范围从帮扶个体转向支持整体,服务内容从提升生存能力转向提高发展能力,服务时段从阶段性突击转向终身支持服务[1]。2022年

---

[1] 赵学斌,黄胜利.从精准扶贫到乡村振兴:民族地区职业教育的角色变迁及其优化路径[J].教育与职业,2021(15):26-33.

4月,新修订的《中华人民共和国职业教育法》明确规定,国家采取措施,扶持革命老区、民族地区、边远地区、欠发达地区职业教育的发展,为促进民族地区职业教育高质量发展提供了更加完备的法律保障。中共中央办公厅、国务院办公厅印发的《关于深化现代职业教育体系建设改革的意见》指出,把推动现代职业教育高质量发展摆在更加突出的位置,坚持服务学生全面发展和经济社会发展,培养更多高素质技术技能人才、能工巧匠、大国工匠。"十四五"时期,职业教育进入高质量发展时期,到2025年将基本建成现代职业教育体系,技能型社会建设全面推进。在中央民族工作会议上,习近平总书记强调要推动各民族共同走向社会主义现代化,为推动民族地区共同富裕提供了遵循。面向共同富裕的时代要求,职业教育转向高质量发展,为社会经济建设、产业转型提供高素质技术技能人才,为民族地区乡村振兴培养各类实用人才。但是,民族地区职业教育仍面临办学主体有限、体系结构不健全、类型特征不鲜明、资源保障不充足等困境,阻碍了职业教育的高质量发展。因此,民族地区职业教育要牢牢把握铸牢中华民族共同体意识这条主线,结合民族地区自身发展潜力,提升服务能力、吸引力和适应力,在类型地位、关键能力、制度体系、产教融合、职普融通、社会服务等方面改革创新。进入社会经济高质量发展阶段后,加快推动民族地区职业教育更好地赋能乡村振兴是新时期职业教育的重要议题。一方面,应更加注重增强职业教育的适应性,探索出一条具有民族特色的民族地区现代职业教育发展模式,因地制宜找到促进共同富裕的发力点和切入点;另一方面,要持续优化职业教育布局、提高职业教育质量,立足民族地区经济社会发展实际,助推民族地区经济转型和产业升级,激发民族地区乡村振兴的内生发展能力。

二、民族地区职业教育发展的现状和困境

民族地区如期完成了新时代脱贫攻坚目标任务,在巩固拓展脱贫攻坚成果的基础上将工作重心转到实施乡村振兴战略上来,但是,在推动乡村振兴进程中还面临着一些问题和挑战,存在一些难点和痛点。一是巩固和发展的问题。绝对贫困消除后,我国进入相对贫困治理阶段。由于相对贫困具有长期性,一些民族地区由于自然条件恶劣、基础设施条件

差、公共服务不足等问题,脱贫基础脆弱,存在返贫、新致贫的风险。因此,防止返贫、新致贫,巩固脱贫成果同乡村振兴有效衔接成为新时期乡村社会发展的最重要议题。二是激发内生动力的问题。农业农村发展不充分,要素配置较低,基础设施建设薄弱,资金和劳动力城乡间流动不畅,民族地区小农户与大市场衔接不畅,内生动力有待进一步激发,再加上民族地区乡村治理体系尚不完善,村民参与自治的积极性有限,其内生发展动力更需要持续激发。三是协调与融合的问题。从乡村内部来看,"五大振兴"缺一不可,并且要协调、协同发展。从乡村外部来看,要推动城乡之间、区域之间的融合发展,进一步缩小差距,迈向共同富裕。

(一)体系逐步完善,结构有待优化

民族地区职业教育是我国职业教育体系的重要组成部分,既承担着庞大农业人口的技能培养和技术培训任务,又担负着中国最庞大、最弱势群体的教育和培训任务,肩负着把数以亿计农村人口转化为高素质劳动者和技能型人才的重任[①]。

到目前为止,民族地区职业教育体系基本健全,形成了以中等职业教育为主体,初、中、高三个层次协调发展,学历教育与技术培训相结合的现代职业教育体系。截至2022年,我国少数民族八省区高职院校共计243所。其中,西藏自治区有3所,新疆维吾尔自治区有37所,广西壮族自治区有49所,内蒙古自治区有37所,宁夏回族自治区有12所,贵州省有47所,青海省有8所,云南省有50所。这些民族地区中,仅有广西、贵州、新疆三省有本科层次职业学校。中等职业学校方面,西藏自治区有13所,新疆维吾尔自治区有130所,广西壮族自治区有256所,内蒙古自治区有231所,宁夏回族自治区有52所,贵州省有224所,青海省有33所,云南省有316所,大部分民族地区普职比低于职普大体相当的要求。

构建面向民族地区的新型职业教育体系是有效发挥职业教育功能的必然要求。当前民族地区职业教育发展面临着三方面要求:一是满足民族地区从业人员的技术培训要求;二是满足转移劳动力的技术培训要求;三是满足民族地区学生接受高等教育进一步深造的要求。中国高等职业

---

① 房风文.构建现代职业教育体系下的农村职业教育建设路径探索[J].中国农村教育,2014(5):37-39.

院校招收中等职业学校毕业生的比例还不高,民族地区职业教育体系很难满足民族地区农业科技进步和民族地区产业结构调整对不同层次应用型人才的需求。因此,建立健全和完善多种形式、多层次的民族地区现代职业教育体系十分重要,必须进一步完善以县级职教中心(社区学院)为中心、乡(镇)成人学校(社区教育中心)为基地、村级培训机构为培训点的县域三级职业教育与培训网络,实现农村职业教育全覆盖。除此之外,民族地区职业教育的层次结构不应仅限于高等专科,而应积极探索举办应用型本科甚至研究生层次的职业学院,以使具有中等职业教育文凭者有更多机会进入高等职业院校学习。

(二)规模逐年减小,质量有待提升

民族地区职业教育体系正在建设过程中,但整体而言在很大程度上亟须优化改进。

以西藏自治区的职业教育为例,截至2021年底①,在学生规模方面,西藏自治区高等职业院校在校生共有11750人,比2020年增加了854人。2021年,高职高专招生3429人,完成招生计划的99%。在师资队伍方面,全区高等职业院校共有教职工1018人(不包含兼职教师),生师比达到13.7∶1;其中专任教师757人,专任教师中正高级职称31人,副高级职称163人;具有研究生学历教师共有278人,占专任教师的36.72%;"双师型"教师共有202人,占专任教师的比例为26.69%。在专业设置方面,2021年西藏3所高职高专学校拟招生专业共有46个,涵盖12个专业大类。其中,农林牧渔类8个专业、财经商贸类4个专业、能源动力与材料类2个专业、电子与信息类3个专业、土木建筑类3个专业、交通运输类2个专业、旅游类3个专业、文化艺术类3个专业、医药卫生类1个专业、新闻传播类1个专业、教育与体育类12个专业、公安与司法类4个专业。在就业方面,形成了企业就业、基层就业、返乡创业、参军入伍、直招士官、专升本、公招入职等多元化的就业渠道。但仍存在一些问题,包括师资队伍、专业结构、实践教学等方面有待进一步强化。西藏自治区中等职业学校共有13所,在校生33196人。全区中职学校教职工共有2645人,其中专任教师2526

---

① 数据来源于《西藏自治区职业教育质量年度报告》(2021年度)。

人;高级专业技术职务专任教师占比为10.55%;研究生以上专任教师占比为6.96%,本科生以上专任教师占比为98%。职业教育与普通教育的比例仅为3∶7,低于职普大体相当的要求。中职学校发展问题主要包括"双师型"教师比例较低、专业雷同、特色不足、就业政策供给不足等。

总体上看,民族地区职业教育无论是在人力、物力、财力方面都存在严重不足,继而导致人才培养质量不高,职业教育吸引力不足,供需结构性矛盾明显等问题。在民族地区现代化进程中,职业教育唯有进行高质量、内涵式发展才能有效提升社会服务能力,完成提高民族地区居民生活品质、促进技能转移和培养新型职业农民等多重任务。

(三)办学效益逐步扩大,模式有待创新

民族地区职业教育承担着"安民""育民""富民"等多重任务,既包括在民族地区举办的职业教育,也包括民族地区农业技能人才培养和民族地区相关职业培训。民族地区职业教育助力职业技能培训和农村劳动力转移效果显著。2021年,贵州省全年开展各类职业技能培训140.87万人次,新疆全年开展各类职业技能培训221.4万人次,西藏全年开展各类职业技能培训1.4万人次,云南全年开展各类职业技能培训106.22万人次,内蒙古全年开展各类职业技能培训39.83万人次,广西全年开展各类职业技能培训65.51万人次,青海全年开展各类职业技能培训14.8万人次,宁夏全年开展各类职业技能培训1.31万人次。

民族地区职业教育助力脱贫攻坚和推进乡村振兴成效显著。2018年颁布的《中共中央、国务院关于实施乡村振兴战略的意见》要求到2050年,乡村全面振兴,农业强、农村美、农民富全面实现;同时指出,实施乡村振兴战略,必须破解人才瓶颈制约,要把人力资本开发放在首要位置。职业教育要按照《乡村振兴战略规划(2018—2022年)》的精神和要求,依据农村一二三产业融合发展而出现的新产业、新业态、新模式,以及城乡人民群众自身发展和提升生活品质的诉求进行全面改革,以成为乡村振兴的核心支持力量。我国职业教育最大的亮点就是在服务脱贫攻坚中发挥了重要作用。门槛更低、成本更低、就业通道更为直接的职业教育,能够实现"职教一人,就业一人,脱贫一家"。调研发现,一些贫困户之所以发展动力不足,缺乏职业技能是重要原因。让贫困人口通过职业教育掌握一

技之长、拥有安身立命本领的"造血式"扶贫,更有助于帮助贫困人口稳定脱贫,从根本上拔除"穷根"。我国脱贫攻坚的实践充分证明,作为教育扶贫的"排头兵",职业教育扶贫是见效快、成效显著的扶贫方式之一。

新时期经济社会发展方式转变要求实现产业和就业的双重转型,发展民族地区职业教育是持续推进民族地区新产业、新业态发展的关键。2017年,农业农村部印发的《"十三五"全国新型职业农民培育发展规划》提出,创新培育机制,健全完善"一主多元"新型职业农民教育培训体系。《中共中央、国务院关于实施乡村振兴战略的意见》提出全面建立职业农民制度,完善配套政策体系;创新培训机制,支持农民专业合作社、专业技术协会、龙头企业等主体承担培训;创新人才培养模式,为乡村振兴培养专业化人才。民族地区职业教育应当因地制宜,积极探索不同的发展模式。

(四)发展导向基本明确,特色功能有待挖掘

我国欠发达地区发展职业教育起步于20世纪50年代的扫盲教育工作,历经"为农业发展服务"到"为经济服务"再到"面向农村"和"以人为本"的过程,逐步呈现出多样化的形式。在价值取向上,职业教育经历了"为农"与"离农"之争,在70多年的不断探索和实践中确立了价值取向。当前,在乡村振兴背景下,农村地区、民族地区职业教育的价值取向聚焦于服务"三农"问题,将促进"农业强、农村美、农民富"作为办学目标,同时为乡村振兴"三步走"目标的全面实现和后扶贫时代贫困的有效治理提供人力和技术支撑。

当前,农村职业教育更加注重对农民文化素质的培养。2016年,中共中央、国务院发布《关于落实发展新理念加快农业现代化实现全面小康目标的若干意见》,把坚持农民主体地位、增进农民福祉作为农村一切工作的出发点和落脚点。这就要求通过农村职业教育积极培育各级各类农村实用人才,从关注基层农技推广人员的培训到关注新型农业经营主体领办人的教育培训,到进一步关注专业大户、家庭农场经营者、农民合作社带头人、农业企业经营管理人员、农业社会化服务人员和返乡农民工的培养培训,再到关注现代青年农场主、林场主和新型农业经营主体带头人的

培训[①]。《中共中央、国务院关于实施乡村振兴战略的意见》进一步强调要扶持培养一批农业职业经理人、经纪人、乡村工匠、文化能人、非遗传承人等。

随着乡村振兴战略的提出,职业教育有了新的使命,而其中最鲜明的就是全方位服务"三农"。乡村振兴战略提出"产业兴旺、生态宜居、乡风文明、治理有效、生活富裕"的总体要求,落实这一愿景的关键在于振兴和发展农村职业教育。农村职业教育以中等职业学校为主,既能够帮助部分学业困难学生按规定在职业学校完成义务教育,并接受部分职业技能学习,也能为广大农村培养以新型职业农民为主体的农村实用人才,更能全面支持、有效对接乡村振兴工作。

总之,乡村振兴事关我国现代化全局。党的十九届五中全会审议通过的《中共中央关于制定国民经济和社会发展第十四个五年规划和二〇三五年远景目标的建议》,明确了"优先发展农业农村,全面推进乡村振兴"的政策导向和重点要求。站在新的起点,农村职业教育应当加快自身体系的完善和能力的提升,保持可持续发展能力。在功能方面,拓宽农村职业教育办学功能,增强农村职业教育服务社会的适应性。在特色方面,利用农村资源禀赋,围绕新农村建设,凸显农村职业教育的"新农"底色和特色。各省市相继颁布了一系列有关职业教育服务乡村振兴的行动计划,例如陕西省教育厅、农业农村厅发布了《陕西省职业教育服务乡村振兴战略三年行动计划(2020—2022年)》,以产教融合为原则,以"四计划、一工程"为抓手,力争经过三年努力,形成职业教育服务"产业兴旺、生态宜居、乡风文明、治理有效、生活富裕"的全链条,实现职业教育与乡村振兴同频互动、高质量发展。

三、进入后扶贫时代的民族地区职业教育融合模式与乡村振兴战略

2020年全面消除绝对贫困、全面建成小康社会后,我国进入了以相对贫困、精神贫困为特征的后精准扶贫时代,由于贫困韧性和迁移性导致出

[①] 丁红玲,李珍珍.改革开放以来我国农村职业教育政策:历史回顾、价值逻辑及未来展望[J].河北大学成人教育学院学报,2018,20(4):88-95.

现绝对贫困向相对贫困、一维贫困向多维贫困、生存性贫困向发展性贫困、原发性贫困向次生性贫困转变[1]。贫困是一个永恒性、常态性的话题，绝对贫困的消除并不意味着我国的贫困问题就一劳永逸地彻底解决了，而是更加需要经济、教育、社会等方面协同精准扶贫[2]。相对贫困和精神贫困成为后扶贫时代亟待解决的问题。我国广大民族地区、农村地区劳动力素质整体偏低，"贫"与"愚"的恶性循环严重阻碍了农业现代化和美丽新农村建设。职业教育作为推进农村发展的重要力量和阻断贫困代际传递见效最快的方式，特别是与农村社会经济发展关系密切的农村职业教育，一方面因自身的故步自封与程式化运作，出现办学模式单一、发展路向不清晰、课程设置不合理、教学实践脱离农村实际、所培养的对象"升学无基础，务农无技术"等现实问题；另一方面，农村职业教育割裂了与普通教育、职业教育、成人教育系统之间的关联，导致其自身无法适应城镇化进程中人口职业转变、产业结构调整、农村土地及地域空间变化等复杂情况，同时可能会造成农村资源配置要素结构性失衡、"离农"与"农民荒"等问题。由此观之，当前民族地区职业教育自身存在着诸多病症，不但无法有效阻断贫困代际传递、防止返贫新致贫和助力精准扶贫成果与乡村振兴深度衔接，而且可能会对民族地区经济社会的发展形成一定阻碍，以至于成为限制我国乡村振兴与农村可持续发展的绊脚石。

事实上，作为民族教育、职业与成人教育的重要组成部分与统整力量，民族地区职业教育直接面向农村、对接农业、服务农民，为民族地区农村、农民提供普通文化教育和技术技能培训，是有效解决农村问题的关键力量，能够为国家乡村振兴战略提供重要支撑。民族地区职业教育在促进民族地区社会发展和教育扶贫工作中扮演了三重角色：一是为农村学生的生涯发展服务，即提供相应的专业文化与技能教育，让农村学生升学有基础，务农有技术；二是为农村经济的可持续发展服务，即提供相应的职业教育服务，为农村经济发展提供丰富的人力资源，从而为乡村全面振兴提供有效的产业经济支撑；三是为农村家庭脱贫服务，即"职教一人，就

---

[1] 唐任伍,肖彦博,唐常.后精准扶贫时代的贫困治理——制度安排和路径选择[J].北京师范大学学报(社会科学版),2020(1):133-139.

[2] 马建富,刘颖,王婧.后扶贫时代职业教育贫困治理:分析框架与策略选择[J].苏州大学学报(教育科学版),2021,9(1):48-55.

业一个,脱贫一家",为农村家庭提供相应的成人教育与实用技术技能培训,从而培养一批"懂技术、会经营、有文化"的新型职业农民,为我国的乡村振兴战略提供智力支持。

由于民族地区职业教育是一种横跨农村职业域与教育域,关涉普职成等多领域要素、结构体系极为复杂的关系系统,推进民族地区职业教育的发展变革,需要充分利用民族地区职业教育的跨界融合优势,有效统整各领域关系要素,一方面推进供需结构要素之间的整体性调整与匹配,通过推进民族地区职业教育供给与民族地区发展需求之间的精准对接,实现农村职业教育的精准扶贫;另一方面,根据不同民族地区环境、不同农户状况,科学调整教育与培养培训模式,对扶贫对象实施精确帮扶以实现精准脱贫。然而,这种整体性变革需要一种能够有效协调各要素关系的具体模式作支撑。为此,推进民族地区职业教育发展变革,需要立足于民族地区的问题、现状与发展需求,整体推进各系统要素的重组,以民族地区职业教育办学模式改革为契机和突破口,建构能够有效统整农村普通教育、职业教育与成人教育,并集职业教育普通化、普通教育职业化、中学教育综合化与职业教育终身化于一体的综合性融合模式。通过建构"普职成统整"的农村职业教育融合模式,培养"升学有基础,务农有技术"的复合型人才,培养"懂技术、会经营、有文化"的新型职业农民,培养"懂农业、爱农村、爱农民"的"三农"队伍,在解决相对贫困与乡村振兴同步推进的同时,也有效实现民族地区职业教育与民族地区农村经济社会的共生发展。

(一)民族地区职业教育融合模式的理论设计

民族地区职业教育精准扶贫融合模式(以下简称"民族地区职业教育融合模式"),应立足于后扶贫时代农村贫困问题,以持续巩固脱贫攻坚成果、防止返贫、全面推进乡村振兴、加快民族地区农业农村现代化为目标,以民族地区职业教育精准扶贫为手段,以扶志、扶心、扶智、扶资与扶业为逻辑框架,在课程设计上统整普职成教学内容,在教学上实现理实一体。

1. 理念与目标

在"学而优则仕"观念的影响下,普通教育是实现阶层流动的重要途径,教育资源都聚集在重点学校。民族地区的教育是"亏本"的教育,一方面,民族地区升入高一级学校的学生千方百计留在城市,远离农村;另一方面,考不上高一级学校的农村学生,由于缺乏农业实用技术,不能也不愿务农,也去了城市。故此,民族地区职业教育融合模式要坚持"以农为本"与"以生为本"的价值取向,在教育扶贫目标上定位要"准",才能保障扶贫手段的"精";不仅要满足学生自身发展需求,也要为当地经济社会服务,这是民族地区职业教育切实服务农村经济社会发展的战略选择。基于此,高质量的民族地区职业教育融合模式应体现让农村学生"升学有基础,务农有技术""不求人人升学,但求个个成才"的教育理念[①]。这充分考虑了我国民族地区经济社会发展的实际状况,并指明了我国民族地区职业教育发展的新时代战略路向,既能为农村学生升入高一级学校打下科学文化基础,又能让农村学生获得最基本的实用技术,也能让农民接受农业生产技术与技能的培训。

基于以上理念,民族地区职业教育融合模式始终坚持以乡村振兴与精准扶贫为目标,以形成"以教促智""以智促富"和"以富促教"的良性循环为根本任务,建构扶志、扶心、扶智、扶资、扶业的扶贫目标框架,具体表现在三大行动任务上:一是建立民族地区特色教育资源库,为精准扶贫与乡村振兴提供基础保障;二是建立民族地区职业教育扶贫实验"示范田",为精准扶贫提供经验借鉴;三是施行"普职成统整"的职业教育模式,为改革实验提供行动框架。

民族地区职业教育融合模式在框架构建上,应充分借助有针对性的教育理论。一是马克思关于人的全面发展的理论,尤其是劳动教育思想。马克思认为,全面发展的人是精神和身体、个体性和社会性都得到普遍、充分而自由发展的人;教育与生产劳动相结合是实现人的全面发展的唯一办法[②]。马克思的劳动教育思想充分表现出在劳动中教育,在教育中劳动,在劳动中培养自由、和谐、充分、全面发展的人的精神内涵。因此,民族地区职业教育应该培养符合民族地区社会经济发展需求的劳动人才。

---

① 朱德全.农村中学"三位一体"课程与教学模式创新的行动研究[J].西南大学学报(社会科学版),2015(1):80-86,190.
② 靳希斌.马克思恩格斯教育原理简述[M].北京:北京师范大学出版社,1992:109.

二是教育民主化理论。教育民主化理论强调既要追求教育机会的均等，也要追求教育的自由与民主，以学生的差异为基，以学生的需求为本。民族地区职业教育融合模式充分照顾学生个体差异、能力差异和需求差异，是真正意义上的素质教育。三是学习型社会建设与终身职业教育理论。西德尼·马兰提出，所谓终身职业教育就是把劳动力所体现的各种社会价值统一于个人的人格价值的结构之中，使劳动成为人人享有的、富有意义的，并且能够使人得到满足的教育[①]。学习型社会建设与终身职业教育理论认为，每一个社会劳动者也应是终身学习者，人人在劳动中教育，在劳动中学习，在劳动中发展，在劳动中形成人格价值。劳动与教育贯穿人的终身发展之中。"普职成统整"的民族地区职业教育融合模式包括成人教育，教育对象自然涵盖广大农民。因此，"升学有基础，务农有技术""不求人人升学，但求个个成才"的教育理念和通过"普职成统整"助推农村精准扶贫与乡村振兴的教育目标，是学习型社会建设与终身职业教育理论在民族地区职业教育融合模式上的生动体现。

民族地区职业教育融合模式的教育理念与教育目标力求寻找到三个层面的结合点：一是在宏观层面寻求农业科技与农村职业教育的结合点，真正体现"农科教统筹"的国家战略；二是在中观层面寻求普通教育与职成教育的结合点，真正体现"普职成统整"的融合思路；三是在微观层面寻求课程模式与教学模式的结合点，真正体现"课程、课堂、课题"的"三课整合"教研行动思维。

2.价值表征

就当今我国的实际情况来看，由于城乡二元结构仍比较突出，民族地区职业教育尤其是中等职业教育仍存在教育职能偏失、简单套用城市教育模式、学科教育取向一味偏重文化知识等问题，因此，探寻"普职成统整"的民族地区职业教育融合模式是民族地区职业教育寻求外推与内生共进式改革的有效路径，可以凸显民族地区职业教育在人才培养、资源整合与乡村建设方面的多重价值。

首先，民族地区职业教育融合模式的推行，一是让学校教师在教学中研究、在研究中教学，在教学中劳动、劳动中教学，打造出一支专业化的服务于农村脱贫和教育扶贫的"双师型"队伍，使民族地区职业教育教师的

[①] 王璐.西德尼·马兰关于终身职业教育的设想[J].外国教育动态，1985(2)：62-63.

专业化发展成为现实;二是为民族地区学生提供了丰富的学习资源和多元化的成才路径,让学生在学习中劳动、在劳动中学习,在学习中探究、在探究中学习,既能为高一级学校输送优质生源,也能为新农村建设输送大量优秀的技术人才,使学校真正回归培养人的教育本真;三是为培养培训"有文化、懂技术、会经营"的新型职业农民提供了服务平台,让农民在生产中学习、在学习中生产,在劳动中致富、在致富中劳动,改变"贫、愚、惰"的不良状态和"等、靠、要"的依赖心态。因此,民族地区职业教育融合模式的推行,能够真正凸显教育扶贫与服务农村脱贫的价值理念,体现了民族地区职业教育在发展农村教师、培养农村学生以及培训新型职业农民上的人力资本供给价值。

其次,民族地区职业教育融合模式的推行,能够整合民族地区基础教育、职业教育和成人教育多方资源,一方面,多元力量的有机统整有助于加大农村职业学校基础设施建设力度,实现民族地区职业教育资源利用效率与效益的最大化;另一方面,在农科教结合的教育体系中,推进民族地区职业教育"三中心"(即农村文化教育中心、农技培训推广中心、创业指导培训中心)在资源平台上的统整,使有限的教育资源通过农村整体资源共享,持续为民族地区脱贫致富提供支持与服务,把文化教育、技术教育与产业开发相结合,推动民族地区经济向产业化、集约化、现代化方向发展。

再次,民族地区职业教育融合模式的推行,能够助推乡村建设的可持续发展。该模式始终以基地为主线,让学校、农户与产业有机联系起来,通过农产品的开发、生产、加工、推广、销售,催生民族地区农村发展的产业经济链,这种经济链在校企合作、校农合作的过程中能产生大规模经济效益。以市场为导向,通过学校的技术指导和市场信息共享帮助农民脱贫致富,能使民族地区职业教育在新农村建设中焕发强大活力,为农村精准扶贫和乡村振兴提供切实可行的平台保障。从理论上讲,民族地区职业教育要注重从人力资本提升角度出发,完善人力资源供给机制,优化人力资源供给结构,提升职业教育服务经济社会发展的能力[1]。西奥多·W.舒尔茨认为,个人收入的增长和个人收入差别缩小的根本原因是人们受教育水平普遍提高,是人力资本投资的结果[2]。依据人力资本理论,对农

---

[1] 李政.职业教育供给侧结构性改革的现实之需[J].教育发展研究,2016(9):65-70.
[2] 西奥多·W.舒尔茨.论人力资本投资[M].吴珠华,等,译.北京:北京经济学院出版社,1990:25.

村学生与广大农民进行职业教育、职业培训将增强农村社会的人力资源开发力度,优化农村社会的人力资源供给结构,提高农村教育的服务能力,强化农村社会的智力支撑,增加农户和农村社会的经济收入,促进农村社会的经济增长。因此,通过以教促智、以智促富的扶贫思路推动民族地区经济社会的可持续发展,是民族地区职业教育融合模式在农村精准扶贫和乡村振兴道路上凸显的社会价值。

3.理论逻辑和运行机制

民族地区职业教育的融合始终是全系统、全过程、全方位的整体性融合。这种整体性融合的理论逻辑体现出教育内部系统与外部系统相关联的宏观逻辑、教育系统内部各结构互相依存的中观逻辑以及教育系统内部要素优化整合的微观逻辑。体现在宏观层面,即是产教融通与农科教统筹;体现在中观层面,即是教劳结合与普职成统整;体现在微观层面,即是课程教学统合与课堂基地对接。产教融通与农科教统筹属于民族地区职业教育的结构性与综合性改革,主要指向民族地区职业教育内外关系的联动与协同;教劳结合与普职成统整属于学校办学思路与办学模式的整体性改革,主要指向学校教育内容与教育途径的路向性与结构性调整,力求通过普通教育培养德智体美劳全面发展的社会主义建设者与接班人,通过职业教育培养高素质的技术技能人才,通过成人教育培养新农村建设的新型职业农民,充分体现在劳动中教学、在教学中劳动,在学习中劳动、在劳动中学习,在生产中学习、在学习中生产的农村职业教育多元化发展路向;课程教学统合与课堂基地对接属于学校教育内部要素与培养路径的统筹性改革,主要指向学校课程结构与教学模式的匹配性创新,以及课堂内与课堂外的理实一体对接。

民族地区职业教育融合模式在运行机制上,力求体现以上三大理论逻辑的协同与优化,在运行过程中实现系统功能的最优化与教育效益的最大化。要实现系统功能的最优化与教育效益的最大化,必须把握好教育内外系统的关键要素,这便涉及六个关键环节,即课程、课堂、基地、产业、农校、高校。融合模式的运行就必须在六大关键环节上体现出动态性、一体化的联动机制。在课程设置环节,要将国家、地方与校本三级课程调整为学科文化课程与综合实践课程两大模块,前一模块集中体现让学生升学有基础,后一模块集中体现让学生务农有技术;在课堂教学环节,要推行三级课堂立体式教学实践改革,即第一课堂让学生必修国家文化课程,第二课堂让学生弹性选修兴趣课程,第三课堂让学生在实训基地学习种植、养殖、加工、运销等实用技术并参与社会实践活动;在基地实训环节,要全方位调动学生与农户的积极性,使专家、教师、学生与农民形成实践共同体,充分推行"三园基地"一体化实训模式①,即以学校为主体的校园基地、以农户为主体的庭园基地、以村寨为主体的田园基地;在产业开发环节,要助推学校、农户、村社三级实体的有效开发,并能做大、做强实体,使其能对乡村建设起到示范引领作用;在农校建设环节,要整合农村成人教育的多元化教育资源,让农村职业教育"三中心"职能与"普职"教育职能共同为新农村建设与乡村振兴服务;在高校引智环节,要体现高等学校、地方政府、农村学校的三方联动机制,利用高校专家做好课程开发,让农村学校得到技术指导,获得切实有效的智力支持。

4.职业教育与乡村建设的耦合逻辑框架

民族地区职业教育融合模式立足于我国当今民族地区职业教育的应然愿景与实然样态,着眼于后扶贫时代贫困治理的国家战略,力求构建扶志、扶心、扶智、扶资与扶业的逻辑框架,助推教育精准扶贫战略。

(1)扶志:以新农村建设的美好愿景激发人生志趣与乡土情怀

民族地区精准扶贫首先必须精准扶志,要尽可能让民族地区农民与农村学生有脱贫致富的理想与抱负,转变其思想观念的城市化倾向。当前,民族地区条件落后,环境较差,社会对农村与农业生产缺乏认同,广大农民与农村学生一心只想跳"农门",向往城市生活,不愿务农,也不能务农。这主要是由于长期以来,我国的教育模式与教育内容均存在城市化倾向,忽视了农村与城市的差异性,缺乏农村特色,缺乏乡土气息,缺乏农业生产知识的教育意识,培养出来的学生普遍存在思想、知识与能力不适应农村发展实际与需要的问题。美国学者菲利普·库姆斯(Coombs P.H.)曾指出,学校中的学术性、城市化和现代化地区导向的课程不能适应大多数农村青年的学习需求与生活需要。而且,这些引进的教育模式刺激了最聪明、有很强学习动机的儿童脱离他们的农村环境、移入城市的愿望,

---

① 朱德全.农村中学"三位一体"课程与教学模式创新的行动研究[J].西南大学学报(社会科学版),2015(1):80-86,190.

而不是促进他们留在农村发展自己的社区①。因此,民族地区职业教育融合模式重在培养广大农民与农村学生发展美丽新农村、建设自己美好家园的社会使命感与责任担当,强化"就在农村"与"到农村去""农村也有广阔天地,农村也大有作为"的就业思想与意识,让新农村建设的美好愿景唤醒他们脱贫致富的志趣与志向。

(2)扶心:以真情与真心感化依赖与懒惰之心

国家对农村精准扶贫的人性化政策也有可能让部分农民产生等待、依赖的思想,所以,精准扶贫必须"扶心",要在情感上感化广大农民与农村学生,让他们具有自力更生的主体意识,以自己的努力与实力来摆脱贫困,激发奋进之心,实现农村精准扶贫在外推与内生两条路径上的共进式发展。民族地区职业教育融合模式在教育内容与途径上,既注重增加反映农村特色与乡土气息的素材,让农村美丽的自然与人文景观充分展现在大众眼前;又能把劳动教育体现在职业教育的各个环节之中,让广大农民与农村学生热爱劳动,热爱劳动人民,热爱农村,热爱农业生产,并具有良好的劳动习惯和浓厚的靠劳动致富的意识;还能把工匠精神融入农村职业教育的方方面面,使广大农民与农村学生具有匠心、匠艺与匠魂,充分激发其追求真、善、美的思想信念与精神品质。

(3)扶智:以学习型农村与终身教育理念培养"懂技术、会经营、有文化"的新型职业农民

精准扶贫的关键在扶智,必须通过民族地区职业教育的育人与服务功能,在人力资源建设与文化建设两个方面为社会主义新农村建设提供智力支撑。在民族地区人力资源建设方面,必须根据民族地区社会发展的实际需要,培养不同层次、不同类型的实用技术专门人才,全面提升民族地区人力资本水平,优化民族地区从业者人力结构,使乡村振兴有人才支撑,脱贫致富有中坚力量。而民族地区文化建设必须超越农村客观条件的限制,构建有农村特色、有优良传统、有自然气息、有人文精神的民族地区乡土文化。因此,民族地区职业教育融合模式基于民族地区环境文化、精神文化、制度文化、行为文化的建设,凸显民族地区文化的生命力、创造力与感召力,让广大农民与农村学生能够从这种自然淳朴、人与自然和谐相处的文化生态中汲取营养。民族地区扶智始终指向学习型社会与

---

① 菲利普·库姆斯.世界教育危机[M].赵宝恒,李环,等,译.北京:人民教育出版社,2001:16.

终身教育体系的建设,让民族地区成为可持续发展和具有生命活力的学习型社会组织,让广大民族地区学生具有"活到老、学到老"的终身教育理念与精神境界,让广阔农村成为浓厚的文化场域,让民族地区居民成为新时代的文化人。

(4)扶资:以多种经费来源"雪中送炭",以"星星之火"点燃"燎原"之势

民族地区职业教育要实现精准扶贫,必须建立健全相关的经费保障机制,强化政府投入的长效机制,确保民族地区职业教育发展的基本条件,促进民族地区职业学校、县级职教中心、乡镇成人文化技术学校等的标准化建设,建立多元化的经费投资渠道,让有限的扶贫资金与民族地区职业教育基本经费能够取得"星星之火,可以燎原"的效果。民族地区职业教育融合模式的推行,需要基于普职成统整的办学理念,整合民族地区职业教育资源,集聚有限的职业教育经费,发挥它的最大功效。尤其是校园基地、庭园基地、田园基地建设,可以统整国家各种扶贫资金与民族地区职业教育经费,也可自行筹措实体产业的收益,让民族地区职业教育经费得到多方力量的协同支持。民族地区职业教育融合模式的推行也需要国家与地方政府投入专项教育扶贫改革与试验经费,使该模式在民族地区能够产生效益,进而提升该模式的外在效度,使教育扶贫这一先导性、基础性国家战略在中国广大农村落地生效,真正实现"拔穷根,阻断代际贫困"[1]。

(5)扶业:以"产教融通"基地建设平台搭建"产业致富"的发展舞台

民族地区职业教育精准扶贫,必须建立与企业的深度合作,以产业与市场为导向,建立校企协同育人的办学机制,使育人更有针对性与实效性。通过产教融通,开展订单式培养与实训式培训,让民族地区学生全面掌握农业生产的实用技术,也让广大农民接受农村实用技术的专题培训,进而提升民族地区青少年的就业与创业竞争能力,让其能够以自身能力与实力摆脱贫困。通过构建"三园基地"的产教融通实训平台和产业平台,既能够为新农村建设搭建产业致富的发展舞台,为农教企协作模式的创新与"三农"教育集团的构建开辟一条切实可行的改革新路;也能够促

---

[1] 姚松,曹远航.教育精准扶贫的区域响应与创新:表现、问题及优化策略——政策文本分析的视角[J].现代教育管理,2018(6):53-58.

进民族地区人才从城市回流,确保形成民族地区农村人才真正在民族地区建设中发挥中坚力量的良性格局,从而带动民族地区经济的可持续发展。因此,民族地区职业教育的精准扶贫离不开教育的扶业,以扶业来实现教育的社会服务职能,也为新时代民族地区职业教育的发展指明了切实可行的道路。

(二)民族地区职业教育与乡村振兴战略愿景

民族地区职业教育精准扶贫与乡村振兴着手于农业人口智力结构的优化和农村劳动者整体素质的提升;着力于基于"普职成统整""农科教统筹"等思想的整体性、综合性改革探索;着眼于民族地区职业教育优质均衡发展以及社会主义新农村建设美好愿景的实现。这一美好战略愿景的实现,必须以民族地区职业教育社会治理系统的良性循环为前提,以民族地区职业教育发展社会支持系统的良性支撑为保障,外推与内生并进,推进民族地区职业教育能力建设与良性发展。

1.民族地区职业教育精准扶贫与乡村振兴的社会治理

民族地区职业教育是一个牵一发而动全身的全息性复杂系统,它涉及社会政治、经济、文化等诸多系统。要通过民族地区职业教育来实现精准扶贫与实施乡村振兴战略,就必须构建好内外协同的社会治理逻辑系统。社会治理的逻辑系统包括四大治理范畴,即治理成本、治理逻辑、治理体系和治理能力。其一,治理成本是民族地区职业教育社会治理的特殊前提,民族地区职业教育资源匮乏、办学条件弱,因此,要以最低的成本获得最大的效益,就必须在社会治理中遵循效率取向的原则。民族地区职业教育融合模式需要有效整合各类教育资源,让有限的教育资源发挥最大的效用,这是对治理成本的具体考量。其二,治理逻辑是民族地区职业教育社会治理的关键,缺乏逻辑的治理是不成组织的治理。治理逻辑涉及四个具体层面,一是国家层面的逻辑,即"两个一百年"奋斗目标的驱动式逻辑;二是地方层面的逻辑,即民族地区职业教育融合模式助推地方产业发展、地方产业发展助推民族地区经济发展的推进式逻辑;三是社会层面的逻辑,即学习型社会与终身教育体系建设的生态式逻辑;四是家校层面的逻辑,即民族地区学校为地方服务、促进民族地区家庭脱贫致富的行动式逻辑。其三,治理体系是民族地区职业教育社会治理的根本,治理体系的构建必须在治理成本与治理逻辑框架下才能成为良性互动的系统。社会治理体系是基于"五位一体"(即政治建设、经济建设、文化建设、社会建设、生态文明建设)整体系统构建的体系,是民族地区职业教育能够有效发展的社会治理保障体系。其四,治理能力是民族地区职业教育社会治理的核心,能力建设的好坏直接关系到社会治理作用的大小。民族地区职业教育社会治理能力的关键要素体现在人力资本与文化生态两个方面,这是民族地区职业教育助推美丽新农村建设的精髓与灵魂,没有强大的人力资本与智力资源作支撑,没有浓郁的乡土文化品格与农村文化生态作保障,新农村建设就缺乏应有的品位,就不可能走向欣欣向荣的美丽景象。

2.民族地区职业教育能力建设的社会支持系统

民族地区职业教育既要加强教育系统自身的能力建设,注重内涵式发展,又要借助社会支持系统的外力保障与推动,通过社会支持系统提供强大的外推力作支撑,催生教育精准扶贫与乡村振兴的内生力。国家乡村振兴战略的总体目标是产业兴旺、生态宜居、乡风文明、治理有效、生活富裕,民族地区职业教育必须围绕这一目标,在经济、环境、文化、组织与服务建设方面实现精准人才培养、精准社会服务、精准智力支持。民族地区职业教育能力建设的社会支持系统涉及四大范畴:一是国家层面的制度设计,民族地区职业教育既需要国家制度作保障,也需要完善的法律法规作支撑,真正让办学有法可依、有章可循,因此,应制定针对民族地区职业教育的国家优惠政策和优先发展战略作支撑;二是地方层面的投入机制,民族地区职业教育必须强化政府推动与投入的主体责任,建立健全经费保障机制,明确民族地区职业教育最低生均经费标准,提高民族地区职业教育的教育附加费投入比例,建立多元化的经费投入机制,尤其是要完善民族地区职业教育的运行机制,让民族地区职业教育从短效的"输血"机制变为长效的、可持续发展的"造血"机制;三是企业层面的合作模式,民族地区职业教育必须深化产教融通与校企合作,推进校企双元联动、双赢互惠的协同育人模式,可以通过构建"双招"(招生与招工)、"双聘"(校聘与企聘)、"双证"(毕业证与资格证)、"双培"(培养与培训)、"双师"(教师与技师)与"双办"(校办企与企办校)的合作模式,让校企共同参与到民族地区职业教育中来,真正成为办学的双重主体;四是家庭层面的基地建设,民族地区职业教育融合模式必须依靠校园基地、庭园基地、田园基地的建设来实现产教融通、工学结合。"三园基地"的建设需要家庭即农户的参与和支持,农户既是民族地区职业教育的受教育者,也是农村学生参与农业生产与劳动实践的教育者。因此,民族地区职业教育也需要家校合作,共建家校协同育人模式。

3.民族地区职业教育融合模式与乡村振兴的美好愿景

民族地区职业教育融合模式是农村教育改革与发展的核心载体,体现了农科教统筹、普职成统整、产教融通、教劳结合等融合逻辑,着眼点是民族地区职业教育的精准扶贫。精准扶贫的愿景即是乡村振兴,这是民族地区职业教育改革与发展的战略思维与社会使命。民族地区职业教育在融合逻辑框架下必须体现协同育人与协同服务的特色职能,必须为民族地区培养实用人才,强化为民族地区产业发展与经济建设服务的职能意识。这些职能的实现,需要以民族地区职业教育融合模式为桥梁,在精准扶贫与乡村振兴行动上聚焦于文化兴村、人才强村、产业助村与生态建村。

一是文化兴村。新农村建设美丽景象的实现在于文化品格的提升。民族地区职业教育融合模式通过统整民族地区基础教育、职业教育和成人教育,加强学校基础设施建设,使民族地区职业教育真正面向农村人,面向民族地区社会,增强全面性与全息性服务功能。民族地区职业教育融合模式还需要在民族地区社会环境、社区活动、文明风尚与法律法规等方面充分统整学校教育、家庭教育与社区教育,通过"四位一体"(即环境文化、行为文化、精神文化与制度文化)的民族地区文化体系建设,以教育促文化,以文化促发展,提升民族地区社会的文化治理能力,让农村焕发出有乡土文化气息、有文化生态活力、有淳朴乡土风情的生机勃勃的新风貌。

二是人才强村。精准扶贫与乡村振兴的实质是实现农业现代化,农业现代化的根本在农村教育的现代化,而教育现代化归根结底在于人的现代化,因此,民族地区新农村建设的根本保障是人才培养。民族地区职业教育融合模式充分遵循"升学有基础,务农有技术""不求人人升学,但求人人成功"的教育理念,坚持德智体美劳全面发展的教育方向,通过综合性课程的设置,有效助推产教融合,并以"工学结合"为具体手段,使理实一体化得以实现。基于此,民族地区学生既能学习农业生产技术,又能学习升学所需的普通文化知识,从而成长为有文化、懂技术的高素质的新型职业农民。民族地区职业教育融合模式精准培养人才、精准服务社会,能够实现真正意义上的教育精准扶贫,为乡村振兴提供强有力的人力资源与智力支持。

三是产业助村。精准扶贫与乡村振兴的命脉在于农村产业发展,产业助村是建设新农村的关键环节。没有农村产业的兴旺繁荣,就不可能有乡村振兴的全面实现。民族地区职业教育融合模式通过课程、课堂、基地、产业、农校、高校联动的运行机制,为学校带来社会效益与经济效益,对农民脱贫致富和企业良性经济链的形成起到了最坚实的支撑作用。从学校来看,最直接的经济效益是校园基地种植与养殖等校办产业的经济收入,最明显的社会效益是由此带动民族地区产业发展所产生的广泛影响;从农户来看,学校的技术指导和市场信息共享成为农民增收的重要因素,技术改良和农产品销售的市场导向也能为农户脱贫致富提供智力支持;从企业来看,校企合作、校农合作的运行过程可以形成稳固的农产品"开发—生产—加工—销售—推广"的农业经济链,由此推动民族地区经济向产业化、集约化、现代化方向发展,提高了民族地区新农村建设与发展的速度。

四是生态建村。社会主义新农村建设必须体现乡风文明、村容整洁、管理民主的生态美景,这需要文化生态、环境生态和政治生态的整体建设与协同发展来支撑。首先,民族地区职业教育融合模式通过农科教统筹、"三园基地"建设以及学校、家庭与社区教育功能的协同整合,能够引领新农村文明风尚的形成,弘扬地域文化精华,传承优良民俗文化,让民族地区文化生态呈现欣欣向荣的景象;其次,民族地区职业教育融合模式通过普职成统整与"三园基地"建设,能够整合农村教育资源,做好民族地区新农村基础设施建设的整体设计,加强新农村田园风貌建设的系统规划,凸显新农村生态环境之美,让基础设施建设成为美丽新农村的生态名片;最后,民族地区职业教育融合模式并没有忽视新农村灵魂工程的建设,通过普职成统整以及学校、家庭与社区教育功能的协同推进,在普通教育的思想政治课程、职业教育的政治思想与职业道德课程、成人教育的时政学习课程以及家庭社区公民道德教育课程的齐抓共管中,民族地区政治生态建设紧跟乡村振兴的整体步伐,为社会主义新农村建设提供了先进的理论指导与思想启迪,确保社会主义新农村建设的思想灵魂之美。因此,民族地区职业教育走生态建村之路,协同推进文化生态、环境生态和政治生态建设,有助于实现民族地区职业教育精准扶贫与乡村振兴战略愿景。

四、来自案例的启示:一个典型的"县—乡—村"农村职业教育场域

整体而言,我国民族地区职业教育体系初步完善,但教育结构有待进一步优化;高中阶段教育普职比大体相当,但教育质量有待提升;办学效益逐步扩大,但发展模式有待创新;功能定位基本明确,但乡土特色有待挖掘。上文通过文献分析、数据统计、图表分析等形式,对民族地区职业教育发展现状做了一个全景式扫描。职业教育与经济社会联系最为活跃、最为紧密。以下将以案例研究为主,对C市的职业教育与乡村建设现状进行更深层的探讨。首先,分别描述案例(C市、W县、T乡、Q村)的概貌、经济发展与教育事业发展基本情况,以便对民族地区职业教育所置身的场域有一个基本认知;其次,以W县为核心案例,详细阐述在县域、乡域、村域三重场域中,民族地区职业教育参与乡村建设的情况,进一步了解民族地区职业教育内部结构、办学规模、办学效益、社会服务等情况;最后,基于核心案例揭示民族地区职业教育问题表征、实际困境,从而指出民族地区职业教育发展的症结所在。

(一)C市、W县、T乡、Q村的概貌

本书选取C市作为一个整体观测点,探究近年来C市农村职业教育的整体发展情况,总结C市职业教育在乡村建设上的主要举措。在此基

础上,选择C市的一个贫困县W县作为核心案例,其中包含W县、T乡和Q村三个案例。三个案例之间具有行政隶属关系,即T乡隶属于W县,Q村隶属于T乡。三个案例能够作为农村职业教育研究的重要依据,主要原因有三方面:第一,W县、T乡和Q村构成了农村基层体系的一个分析单元,并且分别位于"县—乡—村"三级体系的三个节点上,其区域特征、地理位置、人口数量、经济水平、产业结构、教育情况能够作为分析农村职业教育场域的前置性要素;第二,W县、T乡和Q村曾是C市的深度贫困地区,是国家扶贫开发工作重点对象之一,2020年实现全部脱贫摘帽,其脱贫攻坚、乡村振兴的成果正是农村职业教育育人和社会服务功能的真实写照;第三,W县、T乡和Q村的劳动力整体文化程度偏低、教育水平还比较落后,教育资源比较匮乏,职业教育办学效益不高,农村职业教育体系薄弱,这些问题正是本研究的着力点。

三个案例的基本情况十分相似,例如:位置偏远,W县距离C市主城446.8千米,T乡距县城90千米,离C市主城514.8千米,Q村距离W县86千米,离C市主城527.5千米。T乡没有农牧产品种养或加工龙头企业,Q村主要经济来源靠劳务输出。居民受教育程度低,教育资源有限,W县有1所职业教育学校,T乡2015年开始有零星的职业能力培训,Q村村内无学校。

由此可见,城乡二元的社会结构是导致农村边缘化的历史性根源,农村职业教育所面临的困境是一种典型的依赖型困境,受农村经济发展水平制约。当前,农村职业教育的发展依然与城市经济发展难以协调,未能形成同频共振局面。

1.案例陈述

案例1:C市地处中国内陆西南部,是长江上游地区的经济、金融、科创、航运和商贸物流中心,国家物流枢纽,总面积8.24万平方千米,辖26个区、8个县、4个自治县,常住人口3124.32万人,城镇人口2086.99万人,常住外来人口达167.65万人。C市是典型的山地地貌,城市建设是组团式发展。

该市基本特征:第一,C市具有悠久且丰富的历史文化。首先,C市是长江上游巴渝文化的发源地。巴人一直生活在大山大川之间,大自然的熏陶,练就他们顽强、坚韧和剽悍的性格,因此巴人以勇猛、善战而著称。

其次，C市拥有山、水、林、泉、瀑、峡、洞等自然景色，共有自然、人文景点300余处，其中有世界文化遗产1个，世界自然遗产2个，国家重点风景名胜区6个，国家森林公园24个，国家地质公园6个，国家级自然保护区4个，全国重点文物保护单位20个。

第二，C市具有良好的经济基础，经济建设基本形成大农业、大工业、大交通、大流通并存的格局，是西南地区和长江上游地区最大的经济中心城市。2020年全市实现地区生产总值25002.79亿元，比上年增长3.9%。其中，第一产业实现增加值1803.33亿元，比上年增长4.7%；第二产业实现增加值9992.21亿元，增长4.9%；第三产业实现增加值13207.25亿元，增长2.9%。

第三，在教育事业方面，截至2019年，全市有各级各类学校9751所，其中普通高校65所，普通中学1127所，小学2860所，特殊学校39所，幼儿园5660所；在校学生人数高达646.48万人，教职工32.70万人。2018年教育经费总支出1094.05亿，地方学校生均经费支出分别为大学生27674.36元，普通高中生21207.63元，中职生18098.00元，初中生16161.57元，小学生15577.29元。

案例2：W县位于C市东北部，处于大巴山东段南麓，是典型的山区农业县。地处三省交界处，辖区面积4030平方千米，辖32个乡镇（街道），289个建制村、41个社区，总人口54万人，其中农业人口36万人。曾是国家扶贫开发工作重点县、国家重点生态功能县、三峡库区移民县。2020年2月22日，W县退出国家扶贫开发工作重点县。

该县基本特征包括：其一，历史悠久，人文厚重，始建于210年，孕育了悠久璀璨的盐巫文化；其二，自然资源富集，森林覆盖率达68.33%，有国家4A级景区、首批市级旅游度假区和国家级自然保护区，风能、太阳能等清洁能源蕴藏量丰富；其三，发展潜力巨大，近年来，以交通为重点的重大基础设施不断改善，生态、旅游、农业优势更加凸显。

经济方面，一、二、三产业结构比为21.0:37.3:41.7。2020年，全年接待国内外游客800万人次，实现旅游综合收入38亿元；农村电商发展持续增效，全年电子商务交易额约22.2亿元；农业增加值同比增长4.6%，达到23.2亿元；全县工业产值达到9.6亿元，同比增长10.3%。

教育事业方面，截至2019年，全县有各级各类学校166所（不含村级校点），含村级校点共218所。在校学生76903人，教职工6869人，学校占地204.32万平方米,校舍建筑面积95.05万平方米。2019年教育经费总收入135790.23万元,同比增加21173.13万元,增长13.78%;总支出135790.23万元,同比增加21173.13万元,增长13.78%。全县现有普通高中学校4所,教职工809名,在校学生10255人。职业教育学校1所,教职工189人,在校学生3239人。全县岗位结构占比小学98.7%、初中95%。

案例3:T乡隶属于C市W县,地处W县西北部,辖区面积213.29平方千米,距县城90千米,离C市主城600千米。乡内最低海拔625米,最高海拔2650米,是典型的立体高寒山区。辖9个建制村,29个社,2313户,总人口8302人,其中农业人口1926户,7198人。境内山大坡陡,沟壑纵横,土地分散零碎,素有"九山微水一分田"之说。T乡曾是全市18个深度贫困乡镇之一,2014年,全乡有6个建档立卡贫困村,建卡贫困户612户、2212人,贫困发生率28.58%,经动态调整,精准识别,2018年有建卡贫困户793户2931人,贫困发生率40.71%。截至2020年,T乡完成脱贫摘帽。该乡水利资源丰富,现有水电站5个;旅游资源富集,有国家级森林公园和历史遗迹;森林资源丰富,覆盖率为81.6%,还有国家一级保护植物——红豆杉。辖区立体气候明显,适宜发展中药材、中蜂等种植、养殖业。

经济方面,2016年全乡工农业总产值1.52亿元,农民人均可支配收入6120元。乡内没有形成有规模的主导产业,辐射带动力弱;中药材种植品种多而杂,规模小而乱;乡村旅游受交通限制,还处于起步阶段;林果业短期难以显现经济效益。现阶段增收产业主要靠传统的种植、养殖业支撑,管理粗放且科技含量不高,农产品大多用于自食和饲料,未能转化为商品。外出务工仍是增收的主要渠道,常年外出务工人员达2900余人。全乡没有农牧产品种养或加工龙头企业。村级集体经济薄弱,合作社组织化程度低。

教育事业方面,全乡有中心小学2所,村小2所。全乡居民受教育程度较低,文盲、半文盲较多,高中以上文化不到10%。脱贫攻坚前乡村职业教育为零,2015年开始有零星的职业能力培训。

案例4:Q村隶属于C市W县T乡,距离W新县城100多千米。辖区面积21.36平方千米,最低海拔850米,最高海拔2650米,是典型的立体高寒山区。全村有山林28883亩,耕地面积3392亩,森林覆盖率达88.3%。辖3个村民小组,307户1091人,基本劳动力522个,常年外出务工有380余人,占总人口的37%。有低保户25户52人,有五保户14人,残疾人57户60人,有建卡贫困户109户396人,贫困发生率36.29%。

主要经济来源靠劳务输出。主要作物有玉米、红薯、土豆、中药材,养殖业主要有中蜂、生猪养殖。2014年农民人均纯收入6540.22元。Q村河流量大,是Q村电能储量之源,沿河有5个电站,Q村也是T乡电能储量最大的村。

教育方面,该村有小学生86人,初中生39人,高中或中职学生23人,大学及以上学历学生18人。村内无学校,邻村有1所高楼中心小学,在校学生260余人。最近的初中距离村委会约有45千米,最近的高中W县中学距离村委会约有105千米。教育资源差,长居在村里的居民文化水平普遍较低,文盲、半文盲比例大,发展观念和意识不足,知识严重匮乏。

2.农村职业教育与乡村建设参与情况

上文已经对C市整体的教育事业作了概述,教育水平在全国而言处于中等偏上水平。"十三五"时期,C市不断深化改革,重视职业教育的发展,在专业设置、学校布局、办学体制、师资力量和办学环境等方面,示范建设成效突出,在很大程度上推进了农村职业教育的发展。从职业教育的层次来看,中等职业教育在学校区位、服务范围、招生群体上,与面向"三农"的农村职业教育具有更高吻合度,是农村职业教育的主要力量。与此同时,C市城市规划是组团式建设,因而所有区县的中等职业教育都能够辐射到本区县的农村地区。因此,选择C市中等职业教育来考察农村职业教育发展趋势具有较大的可行性。

(1)市域农村职业教育与乡村建设参与情况

截至2019年,C市中等职业学校数量总计为180所,全面覆盖C市的所有区县。如图3-3所示,2010—2019年,C市中等职业学校数量在逐渐减少,减幅为32.84%。通过对比C市历年中等职业学校招生目录可以发现,停办的学校大部分是C市教委和相关行业部门审核不合格的学校,其中以技工学校居多,以及一些存在招生问题的农村职业高中。

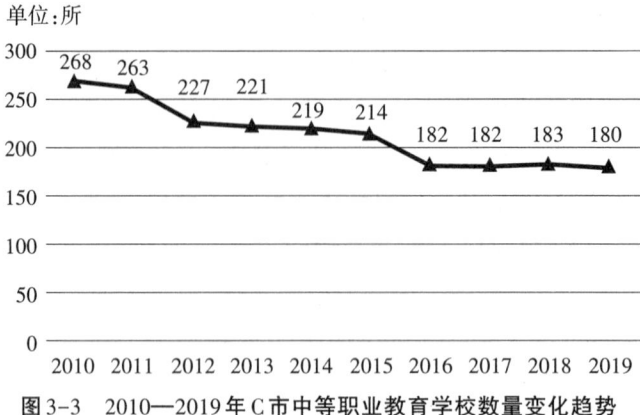

单位：所

图3-3 2010—2019年C市中等职业教育学校数量变化趋势

从学校学生规模来看，如图3-4所示，2010—2019年，C市中等职业学校在校生人数和招生人数整体处于减少阶段。其中，在校生人数从515295人减少到414203人，减幅19.62%。从图中可以看出2013—2016年间学生规模减小明显，2016年后学生规模趋于平缓，且出现回升趋势。在招生人数上，从165702人降到153645人，减幅为7.28%，整体趋于平稳，且2017年以后明显出现上升趋势。

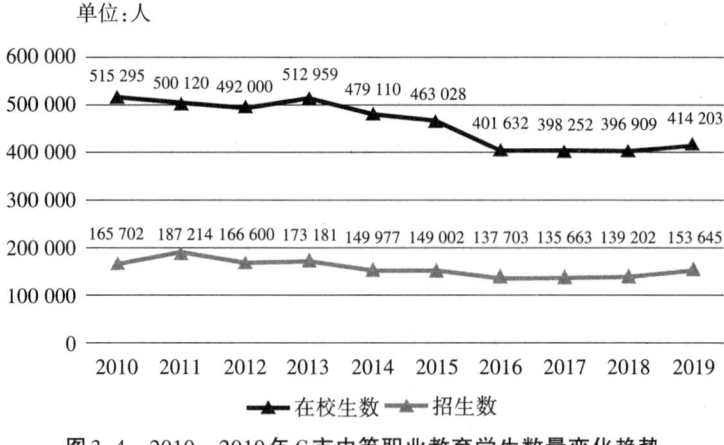

单位：人

图3-4 2010—2019年C市中等职业教育学生数量变化趋势

在专业设置上，C市中等职业学校建成市级重点(特色)专业119个、高水平骨干专业90个、紧缺骨干专业75个。职业教育专业设置与重点产业匹配度达到86%。但从涉农专业来看，C市中等职业教育涉农专业在办学规模上不断缩小，如图3-5所示，2011—2019年，农林专业每年招生人数由10651人锐减到2495人，减幅高达76.57%。虽然农林专业招生人数不断下降,但C市在电子商务、物流服务与管理等专业建设过程中,积极与脱贫攻坚、乡村振兴战略相融合。

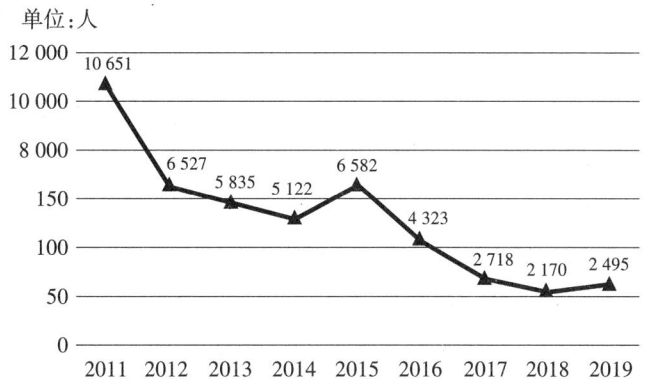

图3-5 2010—2019年C市中等职业学校农业专业学生数量变化趋势

师资队伍建设上,师生结构不断优化,教学水平不断提高。如图3-6所示,2010—2018年,C市中等职业学校专任教师数量不断增加,由13911人增长为15114人,增幅为8.65%,而此时C市中等职业学校和中职生在校规模都不断下降,因此,专任教师的生师比由37.04∶1降到了26.26∶1,意味着每个学生都能够得到老师更多的实质性关注和指导。与此同时,C市还不断提升中职教师专业发展能力,2018年全国职业院校技能大赛教师教学能力大赛中,获奖总数排名全国第一。

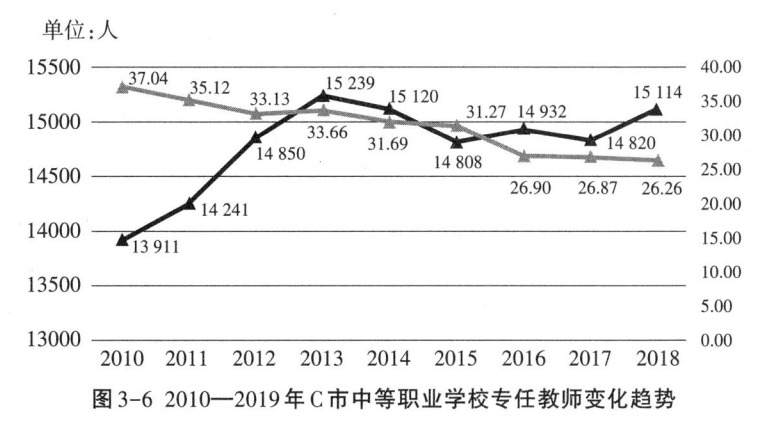

图3-6 2010—2019年C市中等职业学校专任教师变化趋势

在办学条件上,学校硬件质量得到快速提升。全市职业教育财政投入由2012年的61.5亿元提高到2019年的94.1亿元,年均增长5%以上。中职生均公用经费拨款水平由2012年的750元提高到目前的1500元,每年投入近16亿元资助职业院校学生,惠及学生超过60万人。具体而言,如表3-1所示,2010—2018年,C市中等职业学校人均建筑面积由19.83m²增长到25.69m²,增幅29.55%;人均图书从12.52册增长到19.04册,增幅为52.08%;人均计算机由0.11台增长至0.19台,增幅为72.73%;人均教学仪器值由1709.37元,增长至5366.82元,增幅高达213.96%。

表3-1 2010—2018年C市中等职业学校办学条件变化趋势

	2010	2012	2014	2016	2018
人均建筑面积/m²	19.83	22.67	23.73	22.02	25.69
人均图书/册	12.52	15.67	15.57	15.02	19.04
人均教学计算机/台	0.11	0.12	0.15	0.14	0.19
人均教学仪器值/元	1709.37	2822.75	3558.78	3882.91	5366.82

总体来看,C市中等职业教育在办学规模上呈现出缩减的趋势,但从招生规模来看,缩减幅度明显低于全国平均水平。从办学条件和办学水平来看,C市中等职业教育明显出现了质的飞跃,例如全市职业院校与超过6000家企业开展校企合作,校企共建10个公共实训基地,共建120个学生培养、教师实践和企业生产、员工培训"双基地",共建16个职教园区和20个示范性职教集团。中职毕业生初次就业率达到98.6%,超过90%的中职毕业生选择在西部地区就业,用人单位满意度保持在90%以上。

在乡村建设上,C市职业教育也积累了丰富的实践经验,促进了C市农村地区脱贫致富。总体而言,可以分为以下模式:

第一,发挥县域职教中心核心作用,通过优化培训体系、完善社会公共平台、开发培训资源,增强职业教育服务经济社会发展的能力。C市县域职教中心积极将精准扶贫、乡村振兴战略融入教育教学改革中,并以此为指导深度挖掘乡土文化。例如,X县职业教育中心持续实施"XX花灯"育人创新实践项目,促进学校内涵式发展,助推旅游与文化深度融合。又如,在县域当中大力开展"雨露计划",赋能农民实用技能,提振脱贫精气神。例如,Z县职业教育中心举办线上与线下相结合培训,学员可以边打工边学习,开设建筑工程、机械制造和服务类三个专业,工种包含钢筋工、架子工、抹灰工、混凝土工、钳工、铣工、车工、焊工、家政服务员、养老护理员和保育员等。学员可结合自身需求选择专业和工种。

第二,结对帮扶,通过将C市主城区重点中等职业学校与贫困县域的职教中心进行结对帮扶,提升县域职教中心办学水平,提升服务乡村振兴的能力。例如，C市一所重点中职学校帮助贫困县X县的职教中心申报了7个市级项目，包括全国首届民族教育优秀教学成果、第四批中等职业教育公共实训基地、中职骨干专业建设项目、中等职业教育双基地建设项目、中等职业学校（含虚拟仿真）实训基地建设项目、1+X证书制度试点；还承担起X县职教中心"雨露计划"部分任务，为X县农村劳动力转移提供技术指导，通过培训进一步增强贫困群众脱贫的信心。

第三，驻村帮扶，把大学办到乡村里，把干部派到村民中。县域职教中心是职业教育服务乡村振兴的第一哨所，但乡村振兴是乡村地区的全面振兴，涉及乡村社会发展的各个领域，县域职教中心在实践过程中必然存在辐射盲区与技术难题。为此，由C市教委牵头，许多职业院校自发担任乡村振兴的社会任务，深入广大乡村地区。例如，W县是C市贫困县之一，在C市教委的牵头下，有两所高职院校常年深入W县T乡基层，通过建立乡村振兴学院的形式把大学办到乡村中去。通过技能培训、产业建设、直播带货等形式，实现了当地村民的快速脱贫。为巩固脱贫成果，职业院校与当地政府深入合作，签署了校地战略合作计划，建立信息互通的校地联动工作机制，保障合作渠道通畅，促进帮扶事项有效落实，开启了"职业教育+精准扶贫"之路。

第四，教育扶贫。当前，我国职业院校70%以上的生源都来自农村。职业院校通过建立贫困学生入学绿色通道，保障贫困学生能够顺利完成学业。近年来，C市不断完善学生资助体系，年均投入近16亿元资助职业院校学生，惠及学生超过60万人。公办中职学生全部免学费，补助国家助学金，家庭经济困难学生免住宿费。高职教育阶段，建档立卡贫困家庭学生的学费、住宿费由生源地信用贷款和生源地补充信用贷款解决。与此同时，高职院校还针对国家特困地区及被C市扶贫办认定的贫困县户籍的学生，所有专业的学费由学院资助50%，学生自己缴纳50%。2020年，C市中职毕业生初次就业率达到98.6%，为千千万万农村家庭培养了第一代大学生，实现一人就业全家脱贫。

(2)县域农村职业教育与乡村建设参与情况

W县现有职业教育学校1所，即W县职业教育中心。该校为三年学制，是该县仅有的全日制公办中等职业学校，也是C市重点中等职业学校、中等职业教育改革发展示范学校、职业教育服务乡村振兴试点学校、老年教育试点单位、教育信息化试点学校、智慧校园示范学校、国家级残疾人职业技能培训基地、三级安全生产标准化培训机构、县微型企业创业培训基地、县扶贫创业培训基地和县安全生产技术考试中心。

在办学规模上,学校校舍面积51461平方米。近三年招生3300人,毕业3300人。教职工189人,在校学生3239人。2019年,中职毕业学生889人,《国家职业资格目录》对接专业的毕业学生双证获取685人,双证率90.6%。毕业生中9人直接就业,63人升入本科院校,817人升入高职专科院校。

在办学条件上,学校现有实训设备总值1000万元,实训工位3000余个,其中大型设备1000余套,生均实训设备值3500余元。2019年全年投资1026万元用于改善办学条件,其中维修维护普通购置投入672万元,市级现代学徒制(建筑专业)硬件建设投入30万元,市级实训基地(旅游专业)建设投入100万元,市级高水平骨干专业(会计专业)投入100万元,其他专业设备购置投入124万元。

在师资队伍上,W县职业教育中心现有教职工189人,兼职教师6人,其中有市级骨干教师19人,县级骨干教师78人,市级名师工作室学员4人,县级名师工作室学员20人,中、高级双师型教师23人。

在专业设置上,根据区域经济发展要求,W县职业教育中心开设了计算机应用(农村电子商务)、电子电讯与应用、工业与民用建筑、汽车运用与维修、数控技术、会计、旅游管理、学前教育(保育员方向)、工业机器人应用、增材制造(3D打印技术)、现代农艺技术、农业机械化应用、服装设计与制作、家政服务与管理等专业。

在组织架构上,W县职业教育中心既是一个实体性的职业教育与培训机构,包括全日制的职业学历教育、非全日制的职业培训和技能推广培训,也是一个典型的农村职业教育机构:以县级职教中心为主体,农业实用技术培训、职业能力培训开展至各个乡镇,基本形成了职业培训与技术推广的网络。

在培养模式上,W县以"政府主导,部门合作,依托学校,乡镇联动,城乡统筹"为运作模式,以县职业教育中心为职业教育和培训的主体,整合全县各类职业教育和技能培训资源,形成了"行校政企"高度结合的专业建设机制,初步构建了"工学结合,校企共培"人才培养模式。

在社会服务上,一是广泛开展社会培训,近三年累计开展各类社会培训12000余人次,组织特种作业资格认证,累计进行技能鉴定3000余人次。学校建立了三级网络培训平台,开发了15门课程的数字化资源,将培训送到百姓身边,融入日常生活。二是积极实践产教融合,与W县的农业科技开发有限公司等企业深入合作,建立了现代农业示范基地,进行产教融合实践活动,并在基地内开展职业农民培训活动;依托学校人力资源优势,开展了蔬菜种植技术、农村电气技术等技术下乡活动,解决农民身边的技术问题,近三年累计开展技术下乡活动32次,服务群众1000余人次;积极助力脱贫攻坚,通过基层政府协调,学校与企业联合行动,为贫困户提供种苗等农资,全程指导农户生产,并协助农户销售农产品,近三年累计协助25个贫困户,户均增收5000元。

(3)乡(村)域农村职业教育与乡村建设参与

W县职业教育中心在学历教育和社会服务工作上,力争满足全县各地区的教育与培训需求,招收来自农村的学生的比例高达90%,同时,在专业建设上对接农村产业发展,多方联动助推精准扶贫。但仅仅依靠一所县级中等职业学校支撑起各乡镇的社会经济全面振兴是不切实际的。为此,自2017年起,由C市教委牵头,C市一所入选"双高计划"的高职院校结对帮扶T乡,积极开展实用技术培训,重点开展特色农业产业等项目培训,做到愿训尽训、应训尽训。

一是推动成立×××职业学院乡村振兴学院T乡分院,组织学校农学、兽医等专家开展农业技术专项培训17场次,共计培训900余人次,有效提高了当地农民的农业科技水平。帮助Q村找准"两扩大一减少,一适度一特色"产业发展思路,即扩大中药材、特色水果两大产业,减少"三大坨",适度发展中蜂,以腊肉加工产业为特色。到目前为止,粮经比由原来的8:2调整为1:9,基本完成产业结构调整。

二是根据当地产业发展需要,推动学校在T乡万春腊肉加工扶贫车间成立×××职业学院教学实践基地,由优秀的食品加工专业教师开展培训指导12次,有效提升了腊肉加工水平;指导建设1200平方米的标准化生产车间,具备日产2000斤腊肉的能力,并于2019年11月5日顺利获得市场监督管理局颁发的食品生产许可证。2019年生产腊肉、香肠约10万斤,截至目前销售额达608万元,基本实现一年拿回所有成本。带动养殖户500余户,带动务工59人,带动61户贫困户脱贫致富,脱贫效果突出。

三是结合国家高职院校扩招的政策,把大学办到田坎上,鼓励当地村民提升学历。×××职业学院在T乡大专学历教学点正式开课,首个大专班(食品加工类)学生人数为39人,助力脱贫攻坚与乡村振兴的有效衔接,推动农村人才的培养。2019年,T乡村民考取×××职业学院的有43人,其中39人报考的是食品加工类专业,这些学生正是该学院在T乡设置的大专学历教学点的学生。2020年,T乡又有11名农民通过考试成为在读的大学生。

(二)W县职业教育的实践样态和主要经验

从上述对W县职业教育情况的描述来看,W县农村职业教育在机构设置、管理架构、体系建设、专业设置、社会服务等方面形成了鲜明的特征,具体体现在以下几方面:

1.推行资源统整,融合发展

W县职业教育发展理念的突出特征是资源统整,融合发展,形成农村经济、农村产业、农民教育的共同发展。一是将脱贫摘帽和社会民生统筹起来,形成共建共享格局。比如,W县一方面全面推进脱贫攻坚,聚焦2个深度贫困乡镇、16个深度贫困村、35个相对贫困村,一方面积极促进民生福祉,资助贫困学生达6.9万人次,城镇新增就业达4123人。近三年,通过基层政府协调,学校与企业联合行动,为贫困户提供种苗等农资,全程指导农户生产,并协助农户销售农产品,累计开展技术下乡活动32次,服务群众1000余人次;累计开展各类社会培训12000余人次,组织特种作业资格认证;累计进行技能鉴定3000余人次。二是统筹发展服务业、农业、工业,以三产融合反哺职业教育发展。W县通过动态调整职业教育布局和专业结构,建设多渠道、立体开放的服务农村产业融合的职业教育培训网络,构建区域协调的紧密型农村产业融合联结机制,推动农村产业和职业教育的互补与融合发展。三是统筹实施乡村振兴,绿色本底和改革创新同步发展。比如,W县大力开展2个乡镇和6个村的乡村振兴试点工作,全面启动3个大美乡村示范村和6个美丽宜居村庄建设,还着力推进重点领域改革,深化"放管服",推进供给侧结构性改革,统筹推进教育、民生、生态、农业农村等领域综合改革。四是城乡统筹发展，W县确立了"城乡一体，以城带乡，着力农村，推动城乡教育均衡发展"的基本思路，积极融入全市开放大局，全面融入共建"一带一路"，对外开放水平不断提升。

2.重视政府统筹功能，跨地域协同

W县能够进行资源统整，实现综合发展，自然离不开政府的统筹能力。W县充分发挥政府的统筹功能，具体体现为：一是重视对职业教育办学机构的统筹，建立县级领导联系学校制度，全县34名县级领导，分别联系全县各级各类学校机构，并明确每位联系领导督促乡镇履行发展教育的职责，指导学校加强管理，协调各种社会关系。二是重视职业教育资源的统整，以政府为主导，结合全县的经济社会总体发展水平来统整县域内职业教育资源，形成以县域职教学校为中心向外辐射的三级职业教育培训网络。三是重视县内各类教育协调发展，根据"因地制宜，相对集中，科学规划，稳步推进"的原则，结合新农村建设、城镇扩容以及人口变动趋势，大力调整农村边远中心校、村级校和城镇中小学布局，推进高中阶段普职融通，强调职业教育内涵式发展。与此同时，在C市教委的牵头下，T乡还与C市双高院校建立了对口帮扶的关系，并在T乡建立了乡村振兴学院，积极探索适合T乡的发展模式，建成腊肉生产车间，脱贫效果突出。

3.双轨发展职业教育，构建完善的农村职业教育体系

W县坚持就业与高职高考并重，近三年，累计安置就业700余人，对口就业率99%；累计升入对口高职本科200余人，本科升学率10%；升入对口高职专业2000余人，专科升学率98%。双轨发展的前提是构建了比较完善的农村职业教育体系，主要体现为：一是多元主体协同，如W县构建了政府主导、家校联动、部门合作、社会参与的协同机制，致力于构建互助、共建、合作、共赢的职业教育共同体；二是"行校政企"密切合作，学校形成"行校政企"高度结合的专业建设机制，初步构建了"工学结合，校企共培"人才培养模式，结合《职业教育改革实施方案》等文件要求，构建了相关专业的"岗课证融合"的模块化课程体系，制定了农村电商实务等11门课程标准，编写了《天麻栽培技术》等11本教材，开发了花卉生产技术等6门课程的数字化资源，与W县薯光农业科技开发有限公司等35家企业建立校企深度合作关系，进行产教融合的初步实践。此外，W县纵深推进

职业教育校企合作、产教融合、双基地建设、联合办学,打造电子专业紧缺骨干专项、旅游专业实训项目和建筑专业现代学徒制项目,建立了现代农业示范基地,并在基地内开展职业农民培训活动;三是体系结构网络化,W县不断完善职业教育三级网络培训体系;四是"校、村、户"共同参与,W县推进实施"校村、校户、校社"合作模式,将生产示范和现场培训结合起来;五是理实一体化,比如W县打造"三实"教育,将实验、实践、实作融入教学中;六是开放办学,W县借力全国各地教育资源,与高职院校开展合作,实施了"走进大巴山,教育断穷根"教育助推工程。

4.强化保障,建立了相关配套制度和政策

为了保障职业学校有效运行,持续发挥相应的功能,W县在经费、人员、管理等方面形成了相应的政策和制度,包括经费保障政策、资源统筹政策、招生与就业政策等。近三年来,W县共计发放中职学生资助资金2900余万元,惠及学生40000余人次。例如,学生资助管理上,在学费全免的情况下,农村建卡贫困户学生、低保户学生、特困学生和其他经济困难生免收住宿费1250元;农村建卡贫困户学生、低保户学生、特困学生免收书本费1000元;农村建卡贫困户学生可享受生活补助6000元。在师资队伍建设过程中,严格按照教育部和C市教委要求,坚持教师队伍建设分类施策,并专门就双师型教师队伍建设如何抓质量、怎样强管理、定目标、提举措等做出规定,涉及双师型教师素质提升计划、校企联合培养、教师资格标准及认定、用人自主权、兼职任教、考核评价等内容,力争做到跨职业学校和行业企业"双元育师"。

(三)基于W县对民族地区职业教育问题的讨论和反思

通过对C市W县T乡Q村的观察、讨论与反思,可以发现,它们作为一种典型的民族地区职业教育场域,一方面在其自系统层面不断促进各要素融通,不断优化内部结构,以增强发展的内生力;另一方面,根据区域经济社会特征,结合农村发展优势,促进职业教育跨界他系统,推动民族地区职业教育与农村社会共生发展。笔者基于对以上案例的分析和反思,形成了以下几个方面的思考:

1.民族地区农村职业教育发展的阻力何在？

职业教育是与经济社会联系最为密切的具有鲜明跨界性的教育类型。职业教育与区域经济的这种天然联系，使得职业教育的发展水平一定会受当地经济社会发展的影响。这样就能够解释为什么农村职业教育在我国发展依然艰难，为什么越是落后的地区职业教育发展越是困难重重。

职业教育是一个复杂的系统，关涉社会方方面面，其发展阻力自然是多方因素综合作用的结果。当前农村职业教育发展的问题，主要集中在以下几个方面：

一是传统教育观念对职业教育的冲击，认为职业教育是"次等教育""二流教育"。尤其是在经济欠发达地区，职业教育的吸引力远不如经济发达地区，并且"普高热"在很大程度上限制了职业教育的发展。如图3-6所示，自2008年起，中等职业教育在高中阶段的招生人数占比整体呈下降趋势，极差为11.03%。这一时期，国家多次强调高中阶段要实现"普职比"大体相当，虽然国家层面未进行严格规定，但中等职业教育招生人数不断下降必然导致中等职业教育存量不足，人才供应链存在割裂的隐患[1]。这一情况在县域及以下的农村地区表现得更为明显，例如W县现有普通高中学校4所，在校学生有10255人，而职业学校仅有1所，在校学生总计3239人。也就是说，在高中阶段，中等职业学校在校生数占比仅为24%，严重低于普职比大体相当的要求。与此同时，就读于中等职业学校的学生是那些在中考中失利的生源，没有被普通高中录取，这在很大程度上固化了职业教育是"二流教育"的观念。因此，许多未考上普通高中的农村学生宁愿选择留级或外出打工，也不愿就读职业学校。

---

[1] 杨磊,朱德全.我国现代职业教育体系建设:新业态、新问题、新路向[J].云南师范大学学报(哲学社会科学版),2020,52(6):142-152.

图 3-6 2008—2019 年我国中等职业教育在高中阶段招生占比

二是县域中等职业学校辐射范围越大，越容易导致辐射力度不均匀。W县职业教育中心服务全县32个乡镇（街道）、289个建制村、41个社区，辐射人口54万人。在如此大的服务范围下，每个乡镇的辐射力度必然存在差异。例如，T乡在践行脱贫攻坚前，乡村职业教育基本为零，2015年才开始有零星的职业能力培训，而Q村村内无学校，受到职业教育中心的辐射更是可以忽略不计。而且，W县职业教育中心涉农专业较少，在精准扶贫和乡村振兴过程中，无法依靠自身解决现实问题。

三是经济社会与职业教育发展之间尚未形成良性的互动机制，在一定程度上削弱了农村职业教育对经济社会发展的作用力。原因之一是W县经济社会发展水平不高，缺乏对高素质应用型人才的需求，同时，W县又未能为农村职业教育提供强有力的物质基础，限制了职业教育人才培养质量的提高。原因之二是就全县农村职业教育自身而言，未能为W县提供有效的、高质量的职业教育供给，不能有效对接农村社会发展的需求。原因之三是职业教育内生动力不足，这是阻碍农村职业教育发展的根本原因。从W县的职业教育系统内部来看，无论是教育观念、办学取向、发展定位、办学条件、管理体制，还是专业结构、实训基地、课程设置、师资队伍、教学形式等等，各要素、各功能都未能达到最优匹配，不能实现职业教育系统的自主运行。总之，农村职业教育发展的最大阻力来自教育内部。

2.新时代民族地区农村职业教育发展何为？

纵观W县、T乡和Q村的乡村建设和职业教育现状，尤其是W县职业教育参与农村经济社会建设的情况，可以发现县级政府和相关部门在农村职业教育发展中具有重要作用。根据现实经验可知，充分发挥政府的统筹功能，能够促进职业教育资源利用和农村职业教育体系功能的最大化。因此，未来农村职业教育的第一个发展趋势是以县域经济发展为依托，实现农村职业教育与县域经济发展深度融合，以县域职教中心为龙头，逐步完善农村职业教育体系建设。第二个发展趋势是，农村职业教育的价值取向不再是片面强调"离农"教育或者"为农"教育，而是转向面向新农村建设的职业教育改革和发展。城乡关系在政策上经历了由城乡均衡到城乡统筹再到城乡一体化，其最终目标是实现城乡融合发展。因此，唯有将农村职业教育上升至城乡融合发展这一必然趋势中，才能最终实现农村职业教育现代化与农村社会现代化的共生共荣。第三个趋势，面向农村的职业教育发展定位使得农村职业教育必须积极拓宽其办学功能。比如，W县坚持就业与高职高考并重，在脱贫攻坚中发挥了职业教育扶智、扶志、扶业等功能，在巩固脱贫成果中，将继续发挥职业教育的安民、育民、富民等功能。第四个趋势是，面向农村的职业教育可以采用跨地域协同融合的发展模式。我国大部分农村地区的职业教育都是以县域职教中心为辐射中心。相关数据显示，当前全国职教中心生源的90%都是来自本县的农村地区，可以说在人才培养过程中，县域职教中心起着决定性作用。但县域职教中心在办学层次上属于中等职业教育，在对农村地区乡村建设进行指导时，在技术水平和辐射范围上都会存在一定的盲区。因此，各政府部门可以带领不同层次的职业院校结对帮扶乡（村）域开展职业培训，农村地区也可以为职业院校提供广泛的实验、实践场域，实现二者的融合发展。

3.民族地区农村职业教育如何走向现代化？

从W县、T乡和Q村的发展现状而言，虽然农村职业教育在规模和质量上取得了一些进步，但是其发展仍然困难重重。困难和问题主要表现在：一是农村"空心化"现象越来越严重，尚未得到有效缓解。随着高山移民和城镇化建设以及老百姓对优质教育的需求，大量学生进入中心乡镇和城区学校就读，出现城镇挤、边远乡镇农村学校"空心化"的现象。二是农村学校教师队伍整体素质不高。县域内优秀乡村教师通过多种渠道考调进城，一些边远农村学校教师整体素质较差，招来的新教师留不住，办学水平提升较难。三是教育资源匮乏，布局结构不尽完善，虽然在数量上达到了每个县至少建一所公办职业学校的要求，但是其教育质量较低。

  从长远来看，民族地区职业教育的发展不能单单依靠内生或者外推单向发展，而是要形成合力，实现共进式发展。首先，民族地区职业教育要在"大职业教育观"指导下，坚持普职成统整，既注重就业，也注重升学；同时，民族地区职业教育也是终身学习体系的重要组成部分，还要注重农村职业教育终身化发展和农村学习型社会构建。其次，民族地区职业教育要树立服务乡村、振兴乡村的理想情怀，整个农村社会要形成推动乡村振兴的教育合力，培养能够为乡村建设建功立业的新型职业农民和专门人才。最后，民族地区职业教育还要积极拓宽社会服务功能，有效对接乡村振兴"五大任务"和"六大行动"。

第四章

民族地区职业教育融合治理的逻辑框架

民族地区职业教育是最为开放、最为活跃、最为复杂的全息融合性教育,它涉及社会发展的全系统、全领域、全过程,与社会政治、经济、文化相互依存并相互融合,起着牵一发而动全身的全息性作用,是横跨多种界域的复杂系统。推动民族地区职业教育的变革与发展,需要跨界融合的治理逻辑与战略思维。融合治理能充分体现民族地区职业教育的跨界思维与治理理性,更能凸显民族地区社会发展的一体化统整战略。在跨界中融合,在融合中治理,在治理中共生,是民族地区职业教育发展的逻辑理路与行动路向。

一、治理逻辑:现代性表征

治理逻辑是民族地区职业教育融合治理的关键,位居民族地区职业教育融合治理"五位一体"行动体系的首位。治理逻辑所秉持的思想主线是要通达农村职业教育治理的现代性,以现代性的标准实现农村物、人与境的现代化,具体表征为职业教育的现代性、教育治理的现代性和农村社会发展的现代性。

(一)何谓现代性

生产发展、生活富裕、乡风文明、村容整洁、管理民主是乡村振兴与新农村建设的美好图景,推进乡村振兴与新农村建设的关键在于物、人与境的齐头并进。当前,农村经济社会发展历程是在现代性语境下朝现代化方向不断发展的过程。现代性是农村社会结构或运行模式在政治、经济、文化、教育等各个方面的一种过程性映射。对标现代性,农村经济社会发展表现出物、人与境的时空断裂性。正如吉登斯(Giddens A.)所言,断裂性是现代性最显要的特征,也就是说,现代社会的发展不同于前现代社会的路径依赖式过渡,现代社会在变迁速度、变迁广度和制度特殊性上与前现代社会有着明显差异。同时,他认为时空分离、脱域机制和反思性监控是现代社会发展的三大重要动力源[1]。时空分离意味着在现代社会发展中,由于各种因素的缺场,一些社会活动脱离地域限制而自由延伸,生产劳动、交换物品、人际交谈的地点可以分离;脱域机制意味着社会关系从彼此面对面互动的地域性关联中脱离出来;反思性监控意味着在具有反思性的现代社会,人们更愿意、更能够与其他社会体系保持一种开放的关系[2]。

(二)民族地区职业教育治理如何实现现代性

新农村建设已进入重要时期。"新"体现为以工业化和城市化为核心的现代化进程中,我国体制、制度的改革与转型。民族地区农村经济形态由传统的自给自足式自然经济转型为现代市场经济,农村生产结构由小农经济发展为家庭联产承包责任制和统分结合的双层经营体制。在空间维度上,农民是农村社会发展的主体,农业生产活动不受农民"缺场"因素的影响。农业活动不再局限于地域性界限,农民生活和生产活动的场景和空间得以拓展。农村教育活动也不再局限于学校教育,还包括更加开放的教学场景和多元的教学形式。农村受教育者即使在农村接受教育,其工作场所、就业场地也会出现明显的跨区域性。在社会结构上,通过人们对知识的反思性运用,农村社会结构不断被重构。农村人民在对新认识的检验与改造中,不断重塑农村社会结构,打破过去传统的科层制管理结构,形成了开放、灵活、民主、扁平化的管理层级结构体系。

民族地区农村治理现代化,就是以技术理性为方法论表征,通过培养技术型新型职业农民服务于新农村,充分彰显其现代性,这也是物的现代

---

[1] 安东尼·吉登斯.现代性的后果[M].田禾,译.南京:译林出版社,2000:24.
[2] 安东尼·吉登斯,郭忠华.第三条道路的政治[J].中山大学学报(社会科学版),2009,49(2):1-6.

化、人的现代化与境的现代化的有机统一。民族地区职业教育能够有效黏合技术与人,扩大农村社会资本和人力资本,通过教育现代化与治理现代化,促进农村现代化;民族地区职业教育能够有效黏合技术与物,通过智能化生产与产品开发,提升产品的技术含量,使农业生产在物上达到现代化水平;民族地区职业教育还能有效黏合技术与境,将新技术融入农产品的开发、生产、加工与销售等过程,使农业生产过程在智慧运行中彰显其现代性,尤其是在农村环境治理、生态宜居与生活条件改善方面,更能体现新技术在环境上的有效黏合。

民族地区职业教育治理现代化,必须有开阔的胸怀、开放的视野,跳出职业教育看职业教育,跳出农村发展看农村发展,跳出教育治理看教育治理。由此,民族地区职业教育融合治理的逻辑路向表现为:在跨界协同中实现融合治理;在融合治理中共生发展;在共生发展中服务新型农村与新型农民;在服务新型农村与新型农民中坚守技术理性;在坚守技术理性中加快农村治理现代化;在民族地区治理现代化过程中实现对新型农村与新型农民的技术增值与技术赋能;在技术增值与技术赋能中充分实现民族地区职业教育对农村现代化进程的融合推进。

二、治理体系:公共理性的建构

治理体系是民族地区职业教育融合治理的根本,而公共理性则是立体、开放且交互的治理体系得以构建的前提。在跨界融合治理视域下,以"善治"为终极目的的治理体系必须建立一个基于公共理性规则的权威空间,在充分考虑治理场域中各参与主体的行动逻辑的基础上,形成一个拥有共同价值追求、共同规则遵循以及共同兴趣指向的良性互动治理体系。

(一)何谓公共理性

以协商共信为基础,以公共规则为主导,以协同共生为动力,设计一套符合社会公共秩序的规则体系,并且参与规则制定的主体须多元化,这就是制定规则的公共理性。

设定规则是一系列权力制度自由博弈的过程,需要刚性与柔性标准的共同约束。融合治理体系的构建必然涉及跨界中权力与利益的博弈和规则边界的确立,因此,要制定符合各个跨界系统权益的公共理性规则及制度体系,必须注重规则与制度体系表达的规范性与执行的公平性。这必然涉及跨界系统的界域问题。

首先,跨界融合治理是界域的治理。界域是跨界系统边界模糊化的场境,是脱域化的境域。民族地区职业教育要跳出民族地区场域来参与治理,关注"不在场"因素对民族地区职业教育治理的影响,如进城务工农民的返乡创业需求、城市对农用产品的生产、城市对农村产业的开发等因素。其次,跨界融合治理是角色的治理,融合的目的是实现跨界功能的有效整合。民族地区职业教育在跨界融合治理中必须理顺各跨界系统的角色与作用,充分发挥各跨界系统的融合能力,发挥各跨界系统对整体系统的全息功能。再次,跨界融合治理是规则的治理。跨界融合对民族地区职业教育提出的挑战在于,在多方利益诉求的博弈下,办学主体如何明晰政府职能边界,如何明确各方责权利,如何调动社会力量参与办学的积极性。最后,融合治理是体系的治理,由跨界到协同是民族地区职业教育融合治理的本质特征,将民族地区职业教育与农村社会发展放在同一系统中治理,需要强化全局意识,将民族地区教育体系深度融入民族地区社会体系中,使它们共生发展,因此,跨界融合治理必须重视体系的治理。

(二)民族地区职业教育治理如何实现公共理性

融合治理的过程本质上是职责与权利结构化的过程。为求"善治",民族地区职业教育融合治理主要探讨的是如何由以政府权责为单一中心的治理体系,转变为政府、市场、社会等多个主体共同分享权益、分担责任的多中心治理体系。一旦治理主体在治理过程中角色意识缺失、模糊、冲突、超载,存在分权、移权、争权等行为,就会引发"搭便车"现象和机会主义。因此,建立完善的治理体系就是要形塑一个基于公共理性规则的权威空间,这个权威空间是基于共同的价值追求、共同的规则遵循与共同的兴趣指向而自然形成的网络结构体。

跨界融合治理体系容易表现出角色定位与功能脱钩、结构耦合不足、多重制度逻辑博弈等现象。首先,在治理体系的管理体制上,地方政府容易出现"权威—服务"的钟摆现象。地方政府在职业教育治理中扮演着重要角色,在办学规范性与管理体制上,具有领导者与主导者的身份;在促进产教融合、校企合作中,政府是服务者的身份,能够发挥统筹资源、调动企业参与办学的积极性、给予学校财政扶持的作用。这种服务是黏合教育公益性与企业营利性的有效平衡器。因此,治理体系的"善治",要求各级政府明确各自职责和职能边界,避免出现"一放就松、一收就死"的现象。其次,在治理体系的结构耦合上,容易出现信息传递受阻、组织间脱嵌、社会文化与身份认同的心理冲突等现象。再次,在多重制度逻辑上,容易出现行政逻辑与教育逻辑不一致和学校、企业、受教育者之间行动逻辑不一致等现象。出现这些现象的根本原因在于地方政府、学校与企业的行动逻辑博弈。具体而言,地方政府既是职业教育的投入者,又是消费者,希望民族地区职业教育能够培养农村实用技术技能型人才,培养新型职业农民来促进农村、农业的发展,从而以教育公平维护社会安定。为此,政府的行动逻辑是公平与效率。民族地区职业学校是处于基层的教育组织,直接承担着培养农村实用技术技能型人才的任务,旨在培养"懂技术、会经营、有文化"的新型职业农民。学校的行动逻辑是效果与效能,企业是职业教育的主要需求方,期望以最低成本实现自身利益的最大化,价值理性聚焦在经济理性上,如果对职业教育的投入影响其自身利益,与学校合作的积极性就会削弱。就企业社会责任来讲,尽管企业具有社会性,但企业第一位的社会责任是经济责任,即企业首先是"经济人",追求股东、企业员工利润最大化,这是企业的立身之本,发展的动力之源;维护债权人、顾客、供应商的利益,这是企业持续发展壮大的条件[1]。因此,企业的职业教育责任必须与经济责任相结合才具有实质性意义。企业的行动逻辑是效率和效益。

民族地区职业教育融合治理体系的"善治",是要实现教育系统与其他社会系统的要素对接、组织嵌入,基于沟通、认同、信任与规则,建立责任共同体与利益共同体,从而构建一个治理主体、制度框架、运行机制、保障系统与契约规则完备且具有开放性、立体性、协同性的治理体系。在结构上,建立政府、行业、企业、学校、家庭联动的协同发展模式;在制度上,以法治、激励、协作为基本的公共理性规则,以保障治理结构的有效运行;在关系上,构建自上而下、自下而上、横向互动、内外连接的治理运行方式;在保障上,发展网络化、数字化、信息化的社会保障体系,形成一个动

---

[1] 李彦龙.企业社会责任的基本内涵、理论基础和责任边界[J].学术交流,2011(2):64-69.

态的治理网络;在主体上,既形成主体之间相互合作的伙伴关系,又在合作过程中相互制约、相互监督,尤其是要发挥政府"元治理"的作用。鲍勃·杰索普(Jessop B.)所提出的"元治理",是指不同治理模式之间形成共振①。路易斯·慕利门(Meuleman L.)进一步将"元治理"分为两个阶段:治理的统治与治理的治理。治理的统治表示元治理处于纵向权力的高层,发挥着政策设计的作用,而治理的治理强调权力平行的多元主体参与治理活动②。现代社会治理提倡政府在公共事务治理中要摆脱中心位置,扮演政策制定者的角色,担当多元主体间对话的重要组织者。一言以蔽之,民族地区职业教育融合治理的公共理性有赖于多元共治。

三、治理能力:人力资源供给

治理能力体现为物与人相结合的现代化能力。治理体系和治理能力是相辅相成的,完善的治理体系才能真正提高治理能力,提高治理能力才能充分发挥治理体系的效能。治理能力是民族地区职业教育融合治理的核心,治理能力的强弱直接关乎治理作用的大小。治理能力是一种执行能力,提高治理能力的关键在于优化人力资源。可以说,没有强大的人力资源作为支撑,农村社会治理与教育治理就无从谈起。因此,民族地区职业教育融合治理必须实现人力资源的有效供给。

(一)何谓人力资源

从微观层面而言,人力资源是指企业内部成员及外部与企业相关的人员,即总经理、雇员、合作伙伴和顾客等可提供潜在合作与服务及有利于企业预期经营活动的人力总和;③从宏观层面而言,人力资源是指能够推动社会和经济发展的,能为社会创造物质财富和精神财富的体力劳动

---

① BANG H P.Governance as social and political communication[M].Manchester:Manchester University Press,2003:101-116.
② MEULEMAN L. Chapter five metagoverning governance styles – broadening the public manager's action perspective[J]. Interactive policy making, metagovernance, and democracy, 2011, 95:95-104.
③ 姚锐敏,田鹏,杨炎轩.人力资源管理概论[M].北京:科学出版社,2010:3.

者和脑力劳动者的总称[①]。上述两种定义均彰显出人力资源兼具主动与被动、内培与外供、显在与潜在等特征,民族地区职业教育融合治理情境下的人力资源概念也如此。所谓民族地区职业教育融合治理人力资源,是指促进民族地区职业教育自系统功能体系完善,并推动自系统通过跨界他系统形成民族地区职业教育超系统的共生发展体系的人力总和,既包括教育系统培育的人力,也包括教育系统之外其他社会系统发展的人力;既包括农村显性的可用人力,也包括农村隐性的人力;既包括农村本土供给的人力,也包括农村外部供给的人力;既包括职业教育领域需求的人力,也包括跨界领域需求的人力。

(二)民族地区职业教育如何实现人力资源供给

我国民族地区职业教育的根本问题还是人的问题,制约农村社会治理与教育治理的瓶颈一直是人力资源供给不足。因此,民族地区职业教育融合治理能力在人力资源供给上,需要通过跨界思维全方面、全领域、全方位提供多元化供给渠道,才能满足需求。人力资源的有效供给既需要教育系统不断产出人才,也需要政府、社会、行业、企业与家庭协同培养与培训,更需要构建学习型社会与终身教育体系来满足农村可持续发展在人力资源上的需求。民族地区职业教育融合治理能力在人力资源供给上直接指向农村发展的智力支撑,根据民族地区社会发展的实际需要,培养不同领域、不同层次、不同类型的实用技术专门人才,全面提升农村人力资源水平,优化农村人力结构,使农村社会发展与教育治理有充分的智力支撑。加强组织与文化建设是稳固农村智力支撑的关键,可以让农村成为可持续发展和具有生命活力的学习型社会组织,以人力资源建设带动文化建设,构建有人文精神与乡土文化的浓厚文化场域,进而提升民族地区治理能力的文化品格。

四、治理成本:有效性表征

资源匮乏是民族地区开展职业教育的主要问题,而民族地区职业教

---

① 廖泉文.人力资源管理[M].北京:高等教育出版社,2003:3.

育融合治理恰好是这一问题的解决之道。通过融合治理将政府、行业、企业、家庭等主体的各类闲置资源进行盘活,对优质资源进行整合与共享,能够优化和提升民族地区职业教育资源的质量和效能,促使民族地区职业教育治理迸发活力。对民族地区职业教育融合治理成本的具体考量,必须遵循效率取向的原则,即治理成本须以有效性作为衡量尺度。

(一)何谓有效性

民族地区职业教育融合治理的目标不局限于追求社会公平和教育质量,还必须对效率和成本进行系统性与全局性考量。若过于强调教育自身的公平和质量,忽视效率和成本,则会极大地阻碍社会其他系统的健康发展和社会治理的有效开展。治理成本涉及治理理念、治理制度、治理方式与治理技术等方面。在宏观层面,国家为达到理想的社会治理效果,必须不断革新治理理念,优化治理制度,权衡自治、德治和法治三种方式,根据现有基准做出最优选择,以实现治理成本最小化和治理效益最大化;在中观层面,社会治理组织系统着眼于治理制度的有效实施和治理方式的有效选择,让社会治理成本与农村社会发展实情相对应、相契合;在微观层面,农村职业教育系统扎根治理情境,对具体的治理技术进行改造和创新,努力发挥教育自身的智力优势,以有限的成本实现教育的"善治"。

(二)民族地区职业教育治理如何实现有效性

"效率至上、效益最大化"是民族地区职业教育治理成本的基本价值遵循,即以最低的治理成本充分激发公共理性的治理力量,实现"善治"。在治理过程中,应充分权衡各类参与主体即政府、学校、行业、企业、社区、教师、学生以及家庭等的利益选择和行动逻辑,在治理效果、效率、效能、效益、效应上实现治理成本的有效性,以此彰显农村职业教育的公共性。

按照系统论逻辑,民族地区职业教育融合治理包括治理理念、治理目标、治理方向、治理条件、治理过程与治理质量六大系统,而治理成本的有效性是据治理质量与其他系统之间的逻辑关系来确定的。其一,治理效果由治理目标与治理质量两大系统来确定,是治理有效性的前提,是治理质量在治理目标上的有效达成度,即治理要通过对标对表体现其最终效果。服务新型农村,培养新型职业农民是农村职业教育发展的目标。为此,民族地区职业教育融合治理必须遵循职业教育的发展规律与教育职能,始终围绕培养农村人才、服务农村社会来体现其治理效果。其二,治理效率由治理条件与治理质量两大系统确定,是治理有效性的关键,体现治理条件的有效利用度。民族地区职业教育办学必须关注内部系统操作程序的合理性和资源的有效利用度,在治理过程中要运用整体力量和组织优势,降低对资源的耗费,通过合理的财政预算控制,有效地制约与监督各个治理环节,降低治理成本,提高治理效率。其三,治理效能由治理过程与治理质量两大系统确定,是治理有效性的核心。治理效能即治理过程在能力建设和内涵发展上的有效表征。民族地区职业教育促进农村现代化发展的关键在于治理过程的现代化,提高治理能力还必须完善现代治理体系,使治理体系更趋现代化。治理能力指向人的能力的现代化和物的使用的现代化,映射在决策执行、秩序维护与监督反馈三个层面。在决策执行层面,要观照人对社会关系的调控能力和对顶层设计的实践能力;在秩序维护层面,要充分观照职业教育与农村社会发展的主动适应与融合发展能力;在监督反馈层面,要充分观照长效机制的建设与保障能力。其四,治理效益由治理理念与治理质量两大系统确定,是治理有效性在价值期望上的有效表征。考量治理效益必须坚持需求导向,即治理要以问题为中心,以理念为引领,办农村与农民满意的职业教育。职业教育作为校企双主体育人的跨界性教育类型,办学效益既要考量学校的利益需求,也要考虑企业的经济效益需求,更要观照学校和企业的人力输出,尤其要考量人才结构与经济结构、产业结构的契合性。为此,治理效益是教育效益、经济效益和社会效益的统一体。其五,治理效应由治理方向与治理质量两大系统确定,是治理有效性的反馈效应。效应即社会影响与社会反响,是社会的价值追求在方向上的集中趋同表现,即治理要充分体现社会的价值认同。民族地区职业教育要在跨界中实现共生发展,在共生发展中需要融合治理,在融合治理中与社会协同共进,在协同共进中服务新型农村与新型农民,必须注重政府、行业、企业、学校、社区与家庭的共治共享,形成多元治理主体的价值认同,让融合治理更具社会信度与外在效度。因此,民族地区职业教育融合治理有效性的关键问题是实现治理成本的最小化、治理过程的最优化和治理绩效的最大化。治理要强化成本意识,避免盲目追求结果性治理。

五、治理环境:社会生态场域共生

完善的治理环境能够促进民族地区职业教育治理范式的形成和升级。鉴于民族地区职业教育作为一种横跨职业域、技术域、教育域与社会域的教育类型,在新技术时代的跨界思维昭示下,其治理环境的构建须走出民族地区职业教育这一自系统,与他系统进行物质流、能量流、信息流的互借流转,形成良性循环的社会生态场域,进而实现民族地区职业教育与民族地区社会共生发展。

(一)何谓社会生态场域

民族地区职业教育融合治理旨在构建具有开放性、统整性的自适应超系统。这一超系统旨在实现多领域的有效对接,即农业、科技与教育对接,普通教育、成人教育与职业教育对接,专业标准、课程标准与职业标准对接,教学活动、学习活动与职业活动对接。通过多维有效对接,实现从区域、生态、群体、职业到文化心理等多个层面的融合与共生,促进民族地区职业教育与农村社会的融合发展。民族地区职业教育在融合治理与共生发展过程中,需要构建具有跨界适应性与融合共生性的治理环境作为支撑。民族地区职业教育是全息融合性教育,需要与政治、经济、文化、社会、生态文明等系统跨界协同和共生发展,也需要将教育放在治理环境中,通过融合治理,形成具有生命活力、适应性非常强的社会生态场域,进而实现民族地区职业教育与民族地区农村社会的共生发展。

(二)民族地区职业教育治理如何实现社会生态场域共生

在构建社会生态场域共生环境时,民族地区职业教育要以协同性、关联性、综合性为行动原则,统筹规划农村政治建设、经济建设、文化建设、社会建设、生态文明建设,以实现"五位+教育"同步推进,融合发展为"一体"。首先,完善农村政治建设要上下双向奔赴,即基层自治向上延伸与国家管理向下沉降,坚持"党委领导、政府负责、社会协同、公众参与、法治保障"的社会管理格局,建立自治、法治、德治融合的基层治理体系,实现政府治理、社会自我调节和居民自治良性互动的民族地区社会治理环境。其次,农村经济建设要依据当地经济发展特色和农业生产条件,选择适合人力资源储备的发展方式,通过职业教育融合治理,最大限度地开发利用农村人力、财力与物力资源,实现农村经济发展模式的最优化,使传统农业向现代农业转型,走农村可持续发展道路。再次,农村文化建设具有很强的乡土性与民俗色彩。社会治理问题需要从深层的文化模式和文化机理上加以分析和研究,才能制定出更行之有效的改进方案[1],必须注重农村文化转型与融合。现阶段农村文化发展还是以农耕文化为主,需要实现农村差序格局的乡土文化特性、保守实干的文化性格与现代社会追求效率、效益、公平的文化品格有效融合。通过职业教育融合治理,使农村文化不断融入现代社会,紧跟时代前进的步伐,在传承中创新,在创新中发展,以农村文化的创新与发展推动农村经济社会的不断发展。农村社会建设必须以改善民生和推进社会和谐为指向,通过职业教育融合治理,加快社区建设、组织建设、民生建设与社会流动机制建设;进一步完善就业服务、收入分配、医疗卫生、教育与住房等社会保障体系,推进基本公共服务均等化,使农村社会环境更加有序与和谐;注重社会心理与职业心理的环境建设,转变农村人民的职业观、劳动观与教育观,建立和谐的农村人际与组织关系,以积极的心理适应社会,以良好的心态融入社会。最后,农村生态文明建设必须坚持人与自然和谐共生,牢固树立和践行"绿水青山就是金山银山"的发展理念,以绿色发展引领乡村振兴,在职业教育融合治理中形成产业生态系统,即仿照生态系统形成从生产者流向消费者,由分解者进行物质再循环的过程,农村企业行业间建立共生关系[2],实现节约能源资源和保护生态环境的产业结构、增长方式、消费模式,树立尊重自然、顺应自然、保护自然的生态文明理念,从源头上扭转生态环境恶化趋势,为人民创造良好的生产生活环境,为建设美丽新农村提供良好环境保障。民族地区职业教育融合治理的外部环境与自身系统之间构成一个复杂的、动态的、开放性的超系统,自系统与他系统之间联结成一个融合共生的网络结构体。网络结构体内部的构成要素与外部环境的影

---

[1] 谢新松.文化的社会治理刍论[J].云南民族大学学报(哲学社会科学版),2013,30(3):20-23.
[2] FROSCH R A,GALLOPOULOS N E.Strategies for manufacturing[J].Scientific American,1989,261(3):144-152.

响因素之间相互耦合和链接,产生整合互动的协同效应,实现自系统与他系统在社会生态场域中共生共赢,最终促成民族地区职业教育在融合治理中与民族地区农村社会共生发展。

六、基于案例的讨论:W县职业教育融合治理分析

前文对W县的职业教育现状进行了介绍,详细分析了其办学规模、管理体制、专业结构、教学形式等,总结了其办学特点和经验,也探讨了未来发展的新思路。本部分将从治理的角度分析W县职业教育融合治理的内涵和特征:一是融合治理"缘何",即W县职业教育治理的问题背景;二是融合治理"是何",即W县职业教育融合治理的基本内容和价值表征;三是通过对W县职业教育融合治理的分析,进一步说明本研究所提出的融合治理思想是合理的、适切的。

(一)W县职业教育融合治理的现实性因素

职业教育是新时代农村发展的增长极,被置于国家理想与国家战略的优先位置,以直接面向农村、对接农业、服务农民为取向,为乡村振兴与社会发展直接提供条件保障、智力支持与动力支撑。但是现实中,民族地区职业教育面临发展动力不足的困境,尚未形成自系统与民族地区经济社会整体系统共生发展的局面。这也是导致民族地区职业教育吸引力不足和社会影响力不大的重要原因。为此,民族地区职业教育必须以跨界为前提,通过跨界实现农村职业教育在要素、结构、功能上的融合发展。然而,在此过程中势必存在民族地区职业教育多元利益主体基于各自的价值诉求和行动逻辑进行博弈的现象。基于此,笔者提出了在跨界中融合、在融合中治理、在治理中共生的职业教育发展的逻辑理路与行动路向。

W县职业教育融合治理体现为宏观层面的产教融通、城乡融合与农科教统筹;中观层面的校企合作、教劳结合与普职成统整;微观层面的理实一体、工学结合与知行合一。根据观察,W县政府和职业学校在促进农科教、普职成、校地企、家校村以及产教研的统整中发挥了重要作用。一

方面,县政府具备统筹能力,对职业教育进行科学规划和整体布局;另一方面,由政府牵头,地方与职业院校展开积极合作,比如W县的T乡Q村与C市的一所高职学校建立了长期合作关系,并且在高职学校内成立了由"校名+乡名"命名的乡村振兴分院和教学实践基地,这一合作最突出的成效是帮助T乡和Q村完成了产业结构的基本调整,带动当地61户贫困户脱贫致富,有效提高了当地居民的农业科技水平。除此以外,职业学校与当地企业深度合作,比如W县的职教中心与当地的一家农业科技开发有限公司深入合作,建立了现代农业示范基地,进行产教融合实践活动,并在基地内开展新型职业农民培训活动,包括开展蔬菜种植技术、农村电气技术下乡等活动。由此可见,农村职业教育发展唯有跳出职业教育自系统,打破职业教育的封闭圈,以跨界思维推动校企合作,方能使有限的农村教育资源实现利用效率与效益的最大化,以及文化教育、技术教育、成人教育、社区教育与产业开发、乡村振兴有机结合。

(二)W县职业教育融合治理的价值性表征

乡村振兴战略涵盖产业经济、生态文明、乡风建设、社会治理和人民生活,是一个全系统、全要素、全方位、全过程的战略体系,是涉及农村经济结构调整、农村教育资源重组、农村精神文明建设和农村生态可持续发展的整体性行动。为此,职业教育融合治理的提出必然要与区域经济、政治、文化、生态相适应。通常而言,职业教育治理主要聚焦在治理体系和治理能力两个方面,然而农村职业教育又是一个复杂且特殊的教育生态系统,既包含职业教育系统内部治理,又牵涉农村社会治理。基于此,本书将民族地区职业教育融合治理体系分为治理逻辑、治理体系、治理能力、治理成本和治理环境五大部分,分别展开论述。

1.治理逻辑

治理逻辑以现代性为标准,具体指向农村的物、人与境的现代化。吉登斯指出,现代社会具有断裂性特征。事实上,现代农村社会发展也经历了时空分离和脱域化机制,最为明显的表现如下:一是农村社会的断裂,即农村现代化进程与工业现代化进程不同步,我国是后发外生型现代化国家,是在面临外部现代性挑战的情况下,推动工业化、信息化、城镇化、农业现代化同步发展;二是农村劳动力不断外流和回流,在一定程度上黏合了城乡关系,农民从"缺场"到"返场"的过程使得农村发展空间不断拓宽,内涵更加丰富。农村教育活动也不再局限于学校教育,还包括更加开放的教学场景和多元的教学形式。农村受教育者即使在农村接受教育,其工作场所、就业场地也表现出明显的跨区域性。

从W县的发展情况来看,农村职业教育发挥了对技术与人、物、境的黏合作用。首先,通过农村职业教育,农村社会资本和人力资本得到扩大,形成了教育与治理的合力。W县积极响应和宣传国家高职院校扩招政策,鼓励当地村民接受教育,借助教育资源,有效提升了农民的实用技术能力。其次,通过农村职业教育,产品技术含量和产品附加值因产品开发、技术研发能力的提升而大幅增加。W县成立的×××职业学院乡村振兴学院T乡分院组织农学、兽医等方面的专家开展农业技术专项培训17场次,共计培训900余人次,提升了当地农民的农业科技水平、产品开发与技术研发能力。最后,通过农村职业教育,农村生态环境和居住条件得到治理和改善。W县积极贯彻落实"绿水青山就是金山银山"的生态理念,大力开展2个乡镇和6个村的乡村振兴试点工作,全面启动3个大美乡村示范村和6个美丽宜居村庄建设。

2.治理体系

治理体系的最终目的是构建一套立体、开放、交互的公共治理体系,以协商共信为基础,以公共规则为主导,以协同共生为动力,设计一套符合社会公共秩序的规则体系。同时,参与规则制定的主体须具有多样性,充分体现规则的公共理性,确保规则的公认度。以W县为例,构建融合治理体系需要考虑以下几个方面的内容:

一是界域的治理,要跳出农村场域进行职业教育治理。一些"不在场"因素,如进城务工农民的返乡创业需求、城市对农用产品的生产、城市对农村产业的开发等具有脱域性、时空分离性的因素会制约并影响农村职业教育治理。

二是角色的治理,厘清治理主体间利益与责任的边界。一方面,要谨防基层政府出现"权威—服务"的钟摆现象;另一方面,要明确地方政府在职业教育治理中所扮演的身份,因时因地转化其领导者、主导者、服务者的多重身份。比如,W县政府在办学规范性与管理方面必须扮演好领导者和主导者的身份,在促进产教融合、校企合作中发挥好服务者的作用。

三是规则的治理,从零和博弈转变到合作共赢。跨界融合对农村职业教育提出的挑战在于办学主体间由于利益诉求的博弈,必须明晰政府职能边界、明确各方责权利、调动社会力量参与办学的积极性。

四是体系的治理,融合治理将农村职业教育与农村社会发展放在一个超系统中进行治理,这既遵循了职业教育跨界性的办学规律,也遵循了农村职业教育与农村经济社会联动发展的社会规律。

基于上述四个方面,民族地区职业教育融合治理的理想目标体现为"善治"。"善治"包括治理主体、制度框架、运行机制、保障系统、契约规则等五个向度。就W县来看,在结构上,形成了"政府—行业—企业—学校—家庭"五元联动的协同发展模式;在制度上,不断完善相关法律法规、激励政策、保障政策等;在关系上,构建了自上而下、自下而上、横向互动、内外连接的治理运行方式;在保障上,基本形成网络化、数字化、信息化的社会保障体系,形成动态的治理网络;在主体上,强调网络化的合作伙伴关系,更加重视政府的元治理能力。

3.治理能力

治理能力强调人力资本供给,是决定治理体系效能大小的关键因素。治理体系和治理能力相辅相成,互为前提。从本质上讲,治理能力是一种执行能力,执行能力的关键又在于人力供给。一方面,农村职业教育通过培养不同领域、不同层次、不同类型的实用技术专门人才,提升农村人力资本水平,优化农村人力结构,为农村社会治理直接提供智力保障与人才支撑。当前农村地区的新型职业农民不再是传统意义上靠务农为生的单一阶层,而延伸为涵盖农业劳动者、农民工、个体工商户、私营企业主、乡村企业管理者等不同群体的多元阶层。农村社会也不再是原子化的传统农村,而是在血缘、亲缘、宗缘以外,还建立了以地缘、业缘等特殊人际关系为纽带的非正式或正式组织,比如农民合作社、涉农企业、家庭农场等。可以说,无论是农民身份多样化还是农村社会组织化,都离不开农村职业教育的参与。另一方面,农村职业教育能够作为一种社会治理术有效对接农村社会治理。近几年,农村职业教育在乡村精神文明建设、道德载体建设、农村移风易俗等方面发挥了显著作用。农民群众不再满足于增收致富、过上宽裕生活,还逐渐形成了民主意识、法治意识、权利意识、监督意识,积极参与公共事务决策,依法主张和维护自身权益,这从根本上有利于构建自治、法治、德治相结合的乡村治理体系。在全面推进乡村振兴的进程中,W县也积极响应国家政策,重视人才振兴,积极培养"懂农业、爱农村、爱农民"的群体,积极寻找乡村中的"新乡贤""土专家""田秀才"和致富能手发挥带头作用。一是引进来,校企合作建立现代农业示范基地,并在基地内开展职业农民培训活动。二是走下去,依托学校人力资源优势,开展蔬菜种植技术、农村电气技术等技术下乡活动,解决农民身边的技术问题。

4. 治理成本

治理成本以有效性为基准,兼顾公平与效率。以W县为例,农村职业教育治理成本体现为"效率至上、效益最大化"的办学逻辑,以最小化的治理成本发挥公共理性的治理力量,实现社会力量的"善治"。为此,在治理过程中,一方面要权衡县政府、学校、企业、行业、社区、教师、学生以及家庭等利益相关者的发展需求。W县在考虑全县经济发展水平、新农村建设需求、学校发展现状等因素的基础上,充分重视对职业教育办学机构、职业教育资源以及县域内各种教育资源的统筹发展,形成良好的农村职业教育融合治理格局。另一方面,要充分考量治理效果、效率、效能、效益、效应,以彰显职业教育的公共性和教育性。我国农村职业教育已取得很大发展,但总的来说基础还比较薄弱,办学规模不大、办学效益不高,这与农村地区经济制约等因素有关。可以说,在未来很长一段时间里,农村职业教育仍面临规模与效益的问题,而其中的关键在于构建出综合型、规模型、效益型、多功能型的职业教育模式。

5. 治理环境

治理环境以形塑社会生态场域为愿景,形成融合治理的自适应性超系统。在职业教育融合治理超系统里,要实现多领域的有效对接,具体包括农业、科技与教育的对接,普通教育、成人教育与职业教育的对接,专业标准、课程标准与职业标准的对接,教学活动、学习活动与职业活动的对接,通过多维有效对接,实现从区域、生态、群体、职业到文化心理等多个层面的融合与共生,促进农村职业教育与农村社会的融合发展。在治理环境层面,良好的农村社会生态场域体现为政治、经济、文化、社会、生态文明的协同发展。在政治方面,坚持"党委领导、政府负责、社会协同、公众参与、法治保障"的社会管理格局,建立自治、法治、德治融合的基层治理体系,实现政府治理、社会自我调节和居民自治良性互动的农村社会治理环境;在经济方面,依据当地经济发展特色和农业生产条件,实现农村经济发展模式的最优化。W县结合区域特色、地理优势,成立×××职业学院乡村振兴学院T乡分院,帮助Q村找准"两扩大一减少,一适度一特色"产业发展思路。这一措施大幅改善了粮经比,基本完成产业结构调整;在文化方面,坚持乡土文化与现代文化融合发展;在社会方面,以改善民生和推进社会和谐为指向;在生态文明方面,坚持人与自然和谐共生,以绿色发展引领乡村振兴。

(三)对W县职业教育融合治理的思考

根据对W县职业教育融合治理的分析,笔者形成了以下几点思考:

第一,W县职业教育治理突出了融合性特点。首先是在办学方面重视资源统筹与共享,这是当前农村职业教育发展的着力点;其次是政府的元治理能力,W县政府注重统筹能力的发挥,这是治理能力的关键;最后是体现农村经济社会发展的现实需求,比如农村职业教育发挥多元功能以适应当地农业发展、工业化和农村劳动力转移的需求。总体上看,W县农村职业教育较好地发挥了跨界性特征,形成了政府、学校、行业、企业、家庭的紧密合作,在育人和社会服务两大核心功能上发挥出了较大的作用。

第二,W县职业教育融合治理并非典型的、理想的融合治理模式,但是其融合思想、逻辑框架值得关注。农村职业教育与农村社会具有天然的联系,在教育资源和经济资源匮乏的欠发达地区,农村职业教育更应该与农村社会形成合力。农村职业教育必须打破自身系统的束缚,实现与农村社会的跨界合作,才有利于与农村社会共生发展。在国家开启全面推进乡村振兴的背景下,农村职业教育大有可为。

第三,从对W县职业教育融合治理的分析中能够看出,农村职业教育的发展应当与区域内经济社会发展相适应,因此,对农村职业教育治理的分析也应该切实观照农村社会发展的实际情况。在治理理念上,农村职业教育治理要以农村社会公共利益最大化为原则,协调各主体间的利益;在治理结构上,变自上而下的传统型管理为多向互动的扁平化治理网络,强调平等、共识与合作;在治理主体上,在明确多主体参与的基础之上,进一步明晰各方的责权利及其边界范围,特别是政府的角色转换;在治理手段上,辩证运用刚性与柔性相结合的治理手段,结合农村独特的乡土文化和熟人型社会特色,营造制度治理与文化治理有机结合的农村社会治理生态。

第五章

民族地区职业教育融合治理的共生逻辑

民族地区职业教育的发展始终不能脱离农村社会的整体发展而搞单边式发展，必须通过教育自系统跨界农村社会他系统，形成民族地区职业教育超系统，在融合治理中实现共生共赢、一体化发展。这种超系统的发展必须遵从共生逻辑与系统性思维范式，在共生逻辑的全过程、全领域与全方位观照中和系统性思维的结构性、关系性与价值性表征中，凸显民族地区职业教育跨界发展的逻辑理路与价值要义。

一、民族地区职业教育融合治理的系统性思维

系统性思维是管理心理学与社会心理学领域的高级思维范式，既注重通过系统内部构成要素之间的关系来掌握系统的整体结构，也注重通过系统内部要素的结构逻辑来掌握系统的联结机制，更注重通过系统与外部环境的关系来掌握系统的价值或功能。因此，系统性思维表征为三种具体思维形态，即结构性思维、关系性思维与价值性思维，由此可以观照民族地区职业教育融合治理的全过程、全领域和全方位。

(一)结构性思维：教育结构和社会结构的耦合共生

民族地区职业教育与民族地区农村社会发展在逻辑关系上容易形成结构性矛盾，职业结构与教育结构、人才结构与专业结构、预期结构与现实结构等很难同步发展。民族地区职业教育与民族地区农村社会发展的关键性瓶颈很大程度上都可以归结于这一结构性矛盾的出现。多数社会

现象和社会问题的产生,都属于一种结构变迁的过程,既是结构的组成部分在变化,也是一种社会建构的过程在动态性变迁[①]。这种结构性社会问题,需要社会主体对结构的原有组成部分不断做出调整与重构才能得以化解。

　　民族地区职业教育与农村社会发展在跨界协同与融合治理中,存在自系统与他系统的结构性耦合逻辑,这种耦合逻辑自然形成超系统的结构性共生逻辑。民族地区职业教育超系统的结构性思维表征为三个维度,即时间维度、空间维度和内容维度。时间维度表征为民族地区职业教育与农村社会共生发展在过去、现在、将来的已有投入、现实样态、预期理想的结构性同步与共生逻辑;空间维度表征为民族地区职业教育与民族地区农村社会共生发展在乡村产业振兴、人才振兴、文化振兴、生态振兴、组织振兴方面的结构性协同与共生逻辑;内容维度表征为民族地区职业教育与民族地区农村社会共生发展在理念系统、目标系统、方向系统、条件系统、过程系统、质量系统方面的结构性适应与共生逻辑。从结构性思维的三个维度全面审视农村职业教育超系统,不难看出,民族地区职业教育自系统与民族地区社会他系统之间存在非对称共生逻辑,在跨界协同与融合治理过程中,超系统通过机能调适与关系重构,生成系统结构之间耦合性的对称共生逻辑,从而实现民族地区职业教育与农村社会在耦合共生中的变迁式发展。然而,以结构性思维来审视民族地区职业教育与民族地区农村社会之间的耦合共生和民族地区职业教育超系统的结构要素,笔者发现民族地区职业教育与民族地区农村社会存在两个方面的结构性矛盾。

　　一方面,存在民族地区职业教育内部的结构性失调与民族地区农村社会外部的需求性和保障性之间的矛盾。从民族地区职业教育的社会供需上看,就业难和招工难是民族地区职业教育的外显性社会问题。这种结构性矛盾的根源又在于民族地区职业教育系统内部的结构性失调,具体表现在:一是民族地区职业教育系统内部的层次结构和学校布局是以中等职业教育为主,缺乏面向民族地区的高等职业教育;二是县域内普职比失衡,群众"重普轻职"的教育期望突出;三是"三教"统筹力度较为薄弱,基础教育、职业教育、成人教育在现实水平、发展程度、条件设施等方

---

① 陆益龙.流动的村庄:乡土社会的双二元格局与不确定性——皖东T村的社会形态[J].中国农业大学学报(社会科学版),2008(1):146-153.

面不均衡现象明显;四是乡镇职业教育、社区教育和成人教育的技术培训资源匮乏,尚未形成良好的资源整合效应;五是民族地区职业教育与城市职业教育发展不均衡,主要表现在职业教育的条件投入、质量和规模等方面;六是民族地区职业教育的专业设置尚未满足现代化农业、新农村建设与新型职业农民发展的现实需求。民族地区职业教育内部的人才培养满足不了外部的人力资源需求,民族地区社会的条件投入保障不了民族地区职业教育内部发展的需要,导致出现供给、需求与保障之间的结构性矛盾。

另一方面,民族地区职业教育内部结构要素之间缺乏协调统整性,人才培养缺乏市场理性。首先,从民族地区职业教育系统的横向结构上看,课程结构、师资力量、实训条件等人才培养要素之间缺乏融通,体现不出民族地区职业教育的办学特色,凸显不出民族地区职业教育在产教融合、校企合作、工学结合、知行合一等方面的固有属性。其次,从民族地区职业教育纵向体系上看,中高职衔接存在功能间断性矛盾。各民族地区职业院校贯通、衔接与"立交"的功能意识不强,从而导致民族地区职业教育办学功能缺乏"立交桥"的发展空间,中职学生构成农村职业教育人才培养的主要群体。最后,从民族地区职业教育可持续发展前景上看,民族地区职业教育办学职能缺乏未来发展战略,现代化高层次、高素质、新技术人才的培养出现间断性障碍,培养对象也停留在单一的在校青年学生层面,学习型社会与终身教育体系建设的职能意识不强。按照结构性思维与共生逻辑来审视,民族地区职业教育的结构性问题不仅仅是教育系统内部要素的问题,还体现在民族地区职业教育的专业结构与区域产业结构、民族地区职业教育供给结构与民族地区人才需求结构的协调上。这些结构性问题归根结底是城乡二元化的制度性问题。城乡二元社会结构严重阻碍民族地区职业教育的整体性、公平性和优质性。因此,必须将民族地区职业教育放在优先发展的战略地位,对民族地区职业教育进行结构优化和要素重组,拓展职业教育的职能,让民族地区职业教育能真正面向人人、面向社会、面向未来。只有这样,民族地区职业教育发展才能与民族地区经济社会发展深度融合,才能真正为民族地区现代化发展服务,才能让民族地区职业教育自系统与经济社会他系统基于共生逻辑与系统性思维形成深度融合的超系统,通过超系统的共生发展,全方位、框架式推进民族地区社会治理体系和治理能力的现代化,进而最大限度缩小城乡差距,提升民族地区农村农业发展的共生力。

当然,要破除城乡二元结构,实现城乡要素平等交换、公共资源均衡配置、社会成员地位与身份平等,需要对阻碍城乡一体化发展的不利制度进行根本性变革,对有利政策进行精准施策。事实上,科学设计农村职业教育发展的制度与政策的前提,在于整体性、全局性、动态性与结构性地研判我国社会转型对农村教育和农村社会提出的现实要求。转型意味着从传统方式向现代化发展方向转变,教育的结构模式、运行体制和保障机制需要全方位、全要素地进行整体性改造和结构性变革。这种改造与变革的模式不同于西方发达国家以工业化带动全社会变革的内发自生型现代化教育模式,而是依靠社会层面支撑的外推内生型模式,即农村职业教育现代化需要社会现代化与人的发展的现代化形成整体性协同互动机制,使社会、人与职业教育在观念层面、物质层面、制度层面得到同步发展,实现并进式的现代化。由此可见,当代中国的农村职业教育转型在广度、深度、难度上前所未有。民族地区农村现代化是国家现代化的关键,为此,在社会与教育双重转型的驱动下,民族地区农村社会的现代化与人的现代化必须在结构体系上形成同步跟进与融合共生。

(二)关系性思维:自系统与他系统利益的非对称博弈

民族地区职业教育自系统在跨界民族地区社会他系统的过程中,基于共生逻辑和协同机制形成超系统。这种超系统是依赖关系而存在的利益共同体,涉及职业院校、地方政府、企业、行业、家庭等多方利益主体。他们基于各自利益进行非对称博弈,从而共同形塑农村职业教育的价值场域。20世纪60年代,由于企业组织规模发生巨变,社会责任与社会伦理备受关注,企业均衡利益相关者间的利益成为可持续发展的关键。利益相关者概念的提出者安索夫(Ansof H. I.)认为企业存在一些利益群体,如果没有他们的支持,企业就无法生存[1],这里的利益群体实质上就是利益相关者。弗里曼(Freeman R. E.)进一步扩展了利益相关者的内涵和外延,认为利益相关者是那些能够影响企业目标实现,或者能够被企业目标

---

[1] ANSOFF H I. Corporate Strategy[M]. New York: McGraw Hill, 1965:8-10..

实现过程所影响的任何个人和群体[①]。显然,弗里曼超越了安索夫等人对利益相关者的狭义定义,将所有利益相关者放在同一层面进行整体性观照。他并未对利益相关者进行类型与层次的分析,也未挖掘利益相关者与企业间的本质关系。此后,国内外不少研究者从不同角度对利益相关者进行了定义和类型划分。弗雷德里克(Frederick W. C.)将利益相关者分为直接利益相关者和间接利益相关者[②];米切尔(Mitchell A.)将利益相关者分为确定型利益相关者、预期型利益相关者和潜在型利益相关者[③];卡罗(Carroll A. B.)将利益相关者分为核心利益相关者、战略利益相关者和环境利益相关者[④];克拉克逊(Clarkson M. A.)将利益相关者分为主动、被动的利益相关者和主要的、次要的利益相关者[⑤]。在借鉴和参考国外利益相关者理论的基础上,我国也有不少研究者提出了有关利益相关者类型划分的主张,有的分为直接利益相关者、间接利益相关者和准利益相关者[⑥];有的分为外部利益相关者与内部利益相关者[⑦];有的分为权威利益相关者、预期利益相关者与潜在利益相关者[⑧];还有的分为核心利益相关者、重要利益相关者、间接利益相关者与边缘利益相关者[⑨]。

事实上,学者们对利益相关者类别的划分均考虑到三个层面的因素:一是利益主体的权力大小与价值贡献的多少,价值贡献决定着利益权限;二是利益共同体必须基于利益主体的价值贡献进行利益分配,让利益主体在非对称博弈中最大限度地实现自身价值,获得利益;三是利益共同体一定是利益主体的协同关系体,利益主体在跨界协同中不能仅仅关注自身利益与权限,而要以关系性思维来观照利益共同体整体的最大利益。

---

① 弗里曼.战略管理:利益相关者方法[M].王彦华,梁豪,译.上海:上海译文出版社,2006:30-44.
② FREDERICK W C. Business and society, corporate strategy, public policy, ethics [M].New York:McGraw-Hill Book Co,1988:82.
③ MITCHELL A, WOOD D. Toward a theory of stakeholder identification and salience: defining the principle of who and what really counts[J].Academy of Management Review,1997(4):853-886.
④ CARROLL A B, BUCHHOLTZ A K.Business and society:ethical and stakeholder management(3rd edition)[M]. Cincinnati:Southwestern College Publishing,1996:27.
⑤ CLARKSON M A. Stakeholder framework for analyzing and evaluating corporation[J]. Academy of Management Review, 1995(1):92-117.
⑥ 檀钊.职业教育利益相关者的需求和期望研究——基于增强职业教育吸引力的分析[J].高教论坛,2013(5):116-118.
⑦ 刘宗让.大学战略:利益相关者的影响与管理[J].高教探索,2010(2):18-23.
⑧ 丁慕涵.出版企业利益相关者治理研究[D].长沙:湖南大学,2017:1.
⑨ 李福华.利益相关者理论与大学管理体制创新[J].教育研究,2007(7):36-39.

"关系"不是行动者之间的相互关系,而是独立于个人意识和意志之外的客观关系[①]。个体在具体的行动场域中被社会性地建构着,从而能够有效把握自身的行动。关系性思维是相对于实体性思维而言的,在关系性思维看来,不存在实体性思维所追求的自足的、独存的实体,实体对他物并不具有绝对的本原性和优先性。自我与他者处于变化的关系中,任何现象或事物都在变动的关系中生成和发展。另外,关系性思维是一种多向度的线性思维,不像实体性思维那样以个体阐释整体或以整体阐释个体,而是立足于关系,以多向度的思维方式阐释事物[②]。在此意义上,关系性思维实则是从事物与事物的关系去理解事物,即从与此事物有关的彼事物来间接了解此事物。利益主体要在自己参与的组织共同体中进行换位思考,站在他者利益的立场看待自己的价值贡献,最终追寻的是利益共同体整体价值与利益的最大化。

从民族地区职业教育融合治理视域来看,关系性思维强调组织共同体利益的协调性、价值的互补性、发展的均衡性、情感的和谐性。这是一种构建跨界协同组织系统的思维方式,更是一种有效构建跨界超系统的方法论。民族地区职业教育是一个典型的利益相关者组织,各利益主体间存在非常复杂的利益关系,在利益诉求、价值预期、利益偏好、行动逻辑等方面存在竞争、排他、互斥等关系。但是,利益本身是一个动态演绎的过程,利益相关者理论只能静态地界定和描述影响职业教育发展或受职业教育发展影响的团体或个体的相关利益,不能动态地把握利益共同体中各个团体或个体的相关价值。这就需要结合关系性思维,动态阐释民族地区职业教育自系统与他系统利益的非对称博弈,从而克服利益相关者理论的静态描述弊端。

基于关系性思维与利益相关者理论,利益共同体包括主体、形式和内容三个关系维度。在此意义上,民族地区职业教育利益共同体是统整主体关系、形式关系和内容关系而构成的权责利关系体。

其一,从主体关系维度看,民族地区职业教育利益共同体是由政府、行业、企业、学校与家庭等多元主体构成,每个主体在共同体中所扮演的

---

① 布尔迪厄.文化资本与社会炼金术——布尔迪厄访谈录[M].包亚明,译.上海:上海人民出版社,1997:142.
② 王洪波."本体论承诺"之破解何以可能——以布迪厄和吉登斯的"关系性思维"为研究对象[J].北京行政学院学报,2016(5):98-102.

角色和所起的作用有所不同。不同主体的不同角色和不同作用所构成的关系结构,形成独特的办学体制。具体而言,政府在共同体中起统筹与主导作用,是管理者、协调者与服务者;行业在共同体中起指导与引导作用,是咨询者与引领者;企业与学校在共同体中起办学主体的核心作用,是最核心的参与者与最直接的依靠者;家庭是民族地区职业教育共同体中不可缺少的角色,是最直接的参与者与受益者。因此,在治理农村职业教育的过程中,应充分考量权利、义务、公益、利益的平衡,观照利益相关者的教育诉求与利益获得,充分调动利益相关者参与教育的积极性,使民族地区职业教育利益共同体中各利益主体的作用能够充分发挥出来。主体具有明显的社会性和实践性特征,因此,协调好多元主体的社会协同关系既能激发各利益主体的实践能动性,也能促进多方资源与信息的有效交流与有机整合。目前民族地区职业教育利益共同体陷入主体关系不和谐的困境,就是因为利益相关者在利益诉求上的非对称博弈。这种非对称性利益关系源于共同体与各主体的功能定位模糊不清,合作目标不协调,进而导致利益诉求和权益分配不均衡。因此,必须在遵从他系统与超系统利益最大化的原则上去追求自系统利益的最大化,才能形成利益共同体从非对称博弈走向利益对称与平等共赢的良好局面。

其二,从形式关系维度看,民族地区职业教育的办学形式呈现出多类型、多层次、多渠道样态。形式多样化意味着关系的复杂性,也决定着政府、行业、企业、学校、家庭在价值贡献与办学角色上的多样态,进而表现为办学模式的多样态,由此使得利益相关者之间形成复杂的权益关系。诚然,利益以组织间的相互依存关系为基础,利益关系在具体的社会历史条件下建构出多样的外化形态;然而,若以组织内部各利益主体的特殊利益代替整个共同体的利益,便会产生民族地区职业教育融合治理模式下的虚幻共同体,从而导致共同体变成成员发展的桎梏,共同体利益被掩藏在帷幕之下,进而产生成员中"我"与"他者"的非此即彼的不相容关系。因此,必须基于关系性思维与共生逻辑来观照这一复杂的权益关系,遵循总体利益最大化原则和利益相关者共享共赢理念,这样,民族地区职业教育融合治理利益共同体才能真正从虚幻走向真实。

其三,从内容关系维度看,民族地区职业教育办学的核心职能是服务新农村区域发展,培养新型职业农民,对接新时代农业现代化发展。这一核心职能决定着民族地区职业教育在教育内容上的特殊性与针对性,进而决定着制度建设、资源建设、专业建设、课程建设、基地建设以及队伍建设中利益相关者的特殊关系。这种特殊关系决定了运行机制上的特殊性。基于关系性思维与共生逻辑,民族地区职业教育必须建立一种"政—产—学—研—用"的动态运行机制。政府、行业、企业、学校、家庭的深度结合能够推动农村基层人力建设、农村现代科技与农业现代化生产的跨界协同与集成化发展,真正成为民族地区职业教育办学责权利平等对称的主体力量,进而让制度建设更具针对性,资源建设更具特色性,专业建设更具本土性,课程建设更具操作性,基地建设更具扎根性,队伍建设更具"双师"性。

(三)价值性思维:经济价值、社会价值与人文价值的共生

价值性思维是社会治理的一种新型思维范式。社会治理一般有四种思维范式,即基于权力性治理的"人治"范式、基于制度性治理的"法治"范式、基于文化性治理的"自治"范式以及基于价值性治理的"共治"范式。其中,权力性治理是一种低级形态的治理范式,强调领导者在治理上的权威性,缺乏治理的价值理性,处于"人管人"的低级管理样态。制度性治理超越了权力性治理的低级管理样态,是基于社会或团体共同约定的规则,人人必须在规则框架下共同维护与遵守社会或团体的正常秩序的治理范式。这种范式强调制度的权威性,任何人不能凌驾于制度之上,处于制度管人的"法治"样态,其典型特点是原则性强,但也存在着灵活性不足与人文关怀性不够等明显缺点。文化性治理是一种比较高级的治理范式,超越了制度性治理灵活性不足、人文关怀性不够等缺点,注重营造社会或团体的文化生态,让社会或团体能形成文化自觉的生命共同体,让人人都是文化人,达到文化自觉与"不管而管"的美好境界。这种治理范式遵循的是文化共生的理论逻辑,具有文化管人与人文关怀性强等显著特点,能够真正形成由他治走向自治的良好治理样态。价值性治理是目前最高级的治理范式,强调社会或团体与个人基于特定情境的公共价值识别,并通过审慎协商与复杂互动,形成共同价值观,达成共同价值目标,个人与团队同命运共荣辱。这种范式既强调自治,更注重共治,非常容易形成价值共同体,适合跨界性社会组织的协同治理,遵循的是价值性思维的方法论。

民族地区职业教育植根于农村,既有"离土不离乡"的本体属性,又有

"生于斯,长于斯"的乡土情怀。扎根民族地区办职业教育,把职业教育办在农村田坎上,办到农民心坎上,让职业教育在农业生产上生根、开花与结果,真正办农村与农民满意的职业教育,让职业教育的经济利益、社会效益以及人文价值充分彰显出来,这才是民族地区职业教育应遵从的价值逻辑。

要遵从民族地区职业教育的价值逻辑,在理解教育本质的思维方式上,就必须充分体现价值性思维的方法论范式。价值性思维既观照价值主体的经济价值,也强调价值主体的社会价值和人文价值,追求利益相关者价值的最大化与多元化。站在价值性思维的立场看待民族地区职业教育,要强调的则是民族地区职业教育的可持续发展理念和统筹规划的战略思想,注重经济利益与社会效益的统一,科学价值与人文精神的统一,近期价值与长期价值的统一,团队绩效与个体利益的统一。因此,价值性思维是一种典型的战略性思维,具有全局意识、前瞻意识与统筹意识。民族地区职业教育是一种跨界协同的组织系统,涉及政府、行业、企业、学校、家庭多方价值主体责权利的分担与分配。以价值性思维看待民族地区职业教育,就必须观照民族地区职业教育多主体、多维度、多方位的价值体系,既要注重自系统的价值,也要注重他系统的价值;既要注重近期价值,也要注重长期价值;既要注重经济价值,也要注重社会与人文价值;既要注重国家与区域价值,也要注重集体与个人价值。对多重价值体系的合理权衡与全面观照,体现了民族地区职业教育在跨界协同与融合治理中的共生逻辑。

然而,基于价值性思维与共生逻辑来全面考量我国民族地区职业教育的价值取向,可以明显发现教育价值的多元化不足、特色性不够以及共生性不强等问题,具体表现为:一是过分追求经济价值,弱化社会价值与人文价值;二是过分追求自系统价值,弱化他系统与超系统价值;三是过分追求短线发展的近期价值,弱化可持续发展的长期价值;四是过分追求现代化发展的同质化价值,弱化民族地区特色发展的异质化价值。由此产生的短板效应在于:民族地区职业教育的价值取向长期陷于"离农"与"为农"的价值博弈中,使民族地区职业教育难以精准定位,进一步拉大了城乡差距,弱化了民族地区主体地位;进一步使民族地区职业教育的价值狭隘化与单一化;进一步加剧了民族地区职业教育与经济社会的单边化发展与两极化走向。这归根结底源于民族地区职业教育现代化与社会现代化的价值矛盾。从社会转型的时代变迁和中国农村现实经验来看，我国农村社会具有"后乡土性"特征，即乡村社会在经历现代社会转型与变迁之后所显现出的乡土性特征，亦即转型与变迁之后的乡土性。经典现代化理论认为，社会的现代化转型是与工业化、城市化过程相伴随、相统一的，也即是说，农村社会的现代化转型的基本走向和结果也就是城市化，传统农村将走向终结。然而，我国农村社会发展与变迁的经验则显现出不一样的现实，那就是农村社会也在经历着快速的现代化转型，与此同时，乡土性的特征又以不同形式和形态延续着，由此构成具有中国特色的乡村社会变迁与发展经验[1]。

因此，在"后乡土性"社会语境下，民族地区农村社会呈现出多元化、异质性、共生性的新型发展特征，表现为牵涉多元主体、跨越多重尺度、交织流动关系，镶嵌于混杂的过程、话语和实践之中的新型农村价值样态。然而在现实中，民族地区职业教育现代化与农村社会现代化存在价值矛盾，即现代性与传统性、社会同质性与乡土异质性、近期性与可持续性、本体性与跨界性之间的冲突与对抗，导致农村职业教育始终处于碎片化价值与同质化发展的困局。事实上，民族地区职业教育具有升学、劳动力转移、职业培训等多重教育职能，具有价值性思维的教育理性逻辑。但是，由于学校、政府、行业、企业以及家庭各自遵循不同的价值逻辑，民族地区职业教育作为一种为个体谋职谋生、为区域经济发展服务的工具理性手段，陷入了碎片化价值取向的公共性危机。基于化解这一价值矛盾的考量，民族地区职业教育必须遵从跨界协同性与融合共生性的价值性思维范式，系统构建经济价值、社会价值与人文价值并重的多元化价值体系。其中，经济价值要体现农村的产业兴旺与农民的生活富裕；社会价值要体现新农村建设的美好治理与组织保障；人文价值要体现生态宜居与乡风文明的乡村建设美丽景象与乡土人文气息。这是与构建"产业兴旺、生态宜居、乡风文明、治理有效、生活富裕"新农村价值理念的有效契合，更是对"产业振兴、人才振兴、文化振兴、生态振兴、组织振兴"美好愿景的价值观照。

---

[1] 陆益龙.后乡土性：理解乡村社会变迁的一个理论框架[J].人文杂志，2016(11)：106-114.

二、民族地区职业教育融合治理的共生结构

共生概念起源于生物学,后经范明特(Famintsim)、保罗·布克纳(Prototaxis B.)等学者发展完善,强调共同生存、协同进化的关系,解释了生物群体之间各取所需的抱团现象。其中,共栖、寄生、原始合作均属于共生范畴[1]。共生理论作为一种理论范式,20世纪中期在社会科学领域迅速发展,并逐渐应用到哲学、管理学、社会学等领域。共生理论的多领域应用意味着:共生不仅是一种生物现象,也是一种文化与社会现象;不仅是一种生物识别机制,也是一种社会科学方法[2];不仅是一种生物的生活方式,也是一种文化传承与创新的方式,更是一种社会组织方式。共生关系包括局部与整体的共生关系,整体与外部环境的共生关系,整体内部主体间的共生关系。这就意味着自我或自我所在的群体,与周围的一切生命或非生命存在,以及与之建立的关系联结,形成一个互利、平衡、发展的整体[3]。任何共生主体都将具有自身的独立性、自主性与创造性。

共生理论将共生单元、共生模式、共生环境和共生界面囊括在共生要素中,由此构建了基础共生单元、条件共生环境、关键共生模式、核心共生界面相互依存的组织结构与生态系统[4]。其中,共生单元是共生系统的基本能量单位,是民族地区职业教育融合治理的互动主体;共生模式是共生系统的共生关系所存在的方式或形式,即共生系统一定是按照某种共生方式或形式来构成一定的共生关系;共生环境是影响共生单元的所有外部因素,共生环境要与共生体之间进行物质、信息与能量的交换;共生界面是决定共生单元相互作用的机制和规则,是维系共生单元的纽带。在四大共生要素的作用机制中,共生模式是关键,共生单元是基础,共生环境是重要的外部条件,共生界面是核心保障[5]。民族地区职业教育超系统是民族地区职业院校与民族地区农业发展的共生关系体,也是民族地区职业教育与民族地区社会发展的共生关系体,也由共生单元、共生模式、共生环境和共生界面构成。民族地区职业院校、地方政府、企业、行业、家

---

[1] ANTON de BARY. Die Erscheinung der symbios[M]. Strasbourg: Privately printed, 1879:21.
[2] 袁纯清.共生理论——兼论小型经济[M].北京:经济科学出版社,1998:9.
[3] 孙杰远.论自然与人文共生教育[J].教育研究,2010,31(12):51-55.
[4] 吕臣,林汉川,王玉燕.基于共生理论破解小微企业"麦克米伦缺陷"难题[J].科技进步与对策,2015,32(2):91-95.
[5] 袁纯清.共生理论——兼论小型经济[M].北京:经济科学出版社,1998:9.

庭等构成共生单元；民族地区社会政治、经济、文化等各种社会关系的总和构成共生环境；民族地区职业教育超系统的跨界协同与融合治理就是共生模式；效益最大化的驱动与价值利益的同构是共生界面。"共生单元—共生模式—共生环境"通过共生界面形成民族地区职业教育融合治理的共同进化、协同发展的共生系统。

（一）共生单元：民族地区职业教育融合治理的互动主体

共生单元是构成共生体或共生关系的基本能量生产和交换单位，是形成共生体的基本物质条件[①]。在民族地区职业教育跨界融合超系统中，职业院校、政府、企业、行业、家庭以及受教育者是相对独立的行动主体或单位，即共生单元。嵌入共生系统的共生单元之间在技术、信息、资金、人力资源等方面进行优势互补、资源共享、互利共赢，形成共栖共生、相互依存的共生系统。这些共生单元彼此通过物质、信息和能量的交换建立共生的主体关系，为共生系统提供能量保障。在共生系统的演化中，共生逻辑促使共生单元必须符合一定的临界条件，因为任何共生单元都会优先选择能力强、匹配性好的共生单元作为共生对象，共生单元的同质度、亲近度或关联度不会低于一个临界值[②]。也就是说，只有行动主体间具有某种兼容关系，才能彼此亲密联系，构成共生关系。反观民族地区职业教育跨界超系统，政府、行业、企业、学校、家庭以及受教育者都是重要的、直接的核心利益相关主体，但是这些共生单元的本体属性和利益的差异性、有限性，决定着共生利益的复杂关系。首先，政府是以维护社会公平正义、保障人民利益为主要职责的服务型组织，在农村职业教育活动中承担了维护和增加公共利益的基本责任与义务。对于县域内的农村职业教育来说，地方政府关注的重点自然是农村公共产品和服务上的投入问题。其次，企业与行业是生产性、引导性和营利性的组织机构，其根本目的是追求利益最大化，由此决定了企业与行业逐利性的经济利益取向。再次，学校是非营利性的组织机构，通过提高劳动者的技能和素养服务农村社会发展，职业教育的公共属性决定了职业院校服务社会的公益性核心价值取向；最后，家庭与受教育者是直接的参与者与受益者，追求经济、社会与

[①] 袁纯清.共生理论及其对小型经济的应用研究（上）[J].改革，1998(2)：100-104.
[②] 冷志明，张合平.基于共生理论的区域经济合作机理[J].经济纵横，2007(7)：32-33.

人文的多元化发展价值。因此,民族地区职业教育共生系统的共生单元之间涉及权力、责任、义务、公益、利益的复杂兼容关系,决定着共生逻辑价值利益的差异性。

政府、学校、行业与企业、个人遵循的共生逻辑分别是行政逻辑、教育逻辑、市场逻辑、发展逻辑,在利益选择上存在互斥性、竞争性、排他性的矛盾与博弈。所以,维持共生关系的纽带,既不是依靠权力推动的自上而下的行政命令,也不是强制性的法律条文,而是一种双方认可的"共同虚构"[1]。共生关系的建立需要以共同价值观为前提,以具有一致性的共生价值目标构建利益主体的兼容关系。产教融合、校企合作是农村职业教育发展的轴心和杠杆,学校"热"与企业"冷"之间的矛盾阻碍着农村职业教育的共生发展。造成这一"壁炉现象"的根本原因,在于学校与企业间缺乏一致的"共同虚构",这种"共同虚构"是以价值、信任、利益、责任、义务为前提来构建的,要站在社会担当、企业良知、国家理想、时代使命的高度来共同构建,而不能仅仅顾及经济利益、自身利益、直接利益、眼前利益。奥尔森(Olson M. L.)在《集体行动的逻辑》中论述到,如果某一集团中的成员有共同的利益或目标,那么就可以合乎逻辑地推出,只要集团中的个人是理性的和寻求自我利益的,他们就会采取行动以实现共同利益或目标[2]。质参量是反映共生单元内部性质的因素,共生单元质参量的匹配性越强、关联度越高,共生关系越稳定[3]。共生单元共同目标或共同利益关系的兼容性和互惠性,促进共生单元提升自身的选择能力和匹配能力。

因此,民族地区职业教育融合治理不是职业院校、政府、行业、企业、家庭单向的机械组合,而是在融合治理中以国家利益、社会利益、地方利益、集体利益、个人利益的整体兼容作为维系共生关系的纽带,来形成农村职业教育跨界超系统的共生逻辑,以共同价值与利益的契合促进共生单元在相互识别、共同认知、彼此信任和互动融合中形成和谐的共生关系体,使农村职业教育的每一个共生单元都成为跨界超系统中的强大共生力量,释放农村职业教育发展新动能。当职业院校、政府、行业、企业、家

---

[1] 朴贞子,柳亦博.共在与共生:论社会治理中政府与社会组织的关系[J].天津行政学院学报,2016(4):12-18.
[2] 曼瑟尔·奥尔森.集体行动的逻辑[M].陈郁,郭宇峰,李崇新,译.上海:格致出版社,上海三联书店,上海人民出版社,2017:2.
[3] 胡海,庄天慧.共生理论视域下农村产业融合发展:共生机制、现实困境与推进策略[J].农业经济问题,2020(8):68-76.

庭间互补与合作占主导时,便会释放"1+1>2"的系统效应;当职业院校、政府、行业、企业、家庭之间的排他性与对抗性处于强化态势时,势必触发"1+1<2"的能量损耗。

(二)共生界面:民族地区职业教育融合治理的共生协调

共生界面是共生单元之间的接触方式和机制的总和,是共生单元之间进行物质、信息和能量传导的物质或精神媒介,是共生关系形成和发展的基础,是决定共生系统效率和稳定性的核心要素,对共生能量的形成和提升有着直接的制约作用[1]。共生界面功能的强弱与规则的好坏,决定着共生系统动力机制的水平与有效性的高低。共生单元之间的作用机制存在着竞争与协同、排斥与耦合、外推与内生等复杂的运行关系。因此,必须对共生系统内部的作用机制进行有效调控与干预,让其从竞争向协同、从排斥向耦合、从外推向内生良性转化,形成共生系统内部强大的正向动力场,使共生系统在强大正向动力场驱动下快速、有效发展。可见,民族地区职业教育融合治理需要在职业院校、政府、行业、企业、家庭之间构建起完善的能量传导机制,以确保民族地区职业教育融合治理中生成的能量能够高效及时地传导给共生系统。

根据对共生界面原理的分析,民族地区职业教育融合治理的共生界面是指,在民族地区职业教育融合治理共生体内,职业院校、政府、行业、企业、家庭之间基于互惠共生关系的介质接触方式和机制的总和。它具有信息传输功能、物质交流功能、能量传导功能、分工与合作中的中介功能,是职业院校、政府、行业、企业、家庭空间行为的集中体现,其完善程度直接影响共生体效益的产生和农村职业教育的发展。在民族地区职业教育融合治理共生体中,职业院校、政府、行业、企业、家庭的行为方式不同,共生界面的生成机制也就不同。例如,在产教融合过程中,如果共生职业院校选择寄生的行为方式,那就意味着共生职业院校隶属于共生企业,若共生企业选择寄生的行为方式,那就意味着共生企业隶属于共生职业院校,如此一来,则不需要共生介质,会形成无介质的共生界面;倘若共生职业院校与共生企业之间选择互惠共生的行为方式,那就意味着共生职业院校与共生企业属于独立的共生单元,则需要一组互惠共生介质以组成

---

[1] 胡晓鹏.产业共生:理论界定及其内在机理[J].中国工业经济,2008(9):118-128.

互惠共生界面,保障职业院校与企业互惠共生关系的形成。在这组互惠共生介质中,有两个介质是组成互惠共生界面的主导共生介质:一个是共生对象的选择机制,一个是共生主体之间接触方式的选择机制,前者是互惠共生界面形成的基础,后者是互惠共生界面功能有效发挥的保障[1]。共生界面选择不仅决定共生单元的数量和质量,而且决定共生能量的生产和再生产方式[2]。

在此意义上,民族地区职业教育融合治理共生体必须站在国家利益、社会利益、集体利益与个人利益的共生立场,通过有形与无形契约、刚性与柔性规则形成共生关系,这种共生关系包含着竞争与协同、排斥与耦合、外推与内生的作用机制。在市场主导、合作伙伴和谐互助的调节和政府宏观干预作用下,民族地区职业教育共生系统就会形成协同、耦合与内生的良性动力机制,使民族地区职业教育自系统与民族地区社会他系统实现协同、融合、共生式发展。具体而言,职业院校、政府、行业、企业、家庭之间的资源配置机制构成共生界面,对民族地区职业教育融合治理的效率和稳定性产生影响。其中,为推动民族地区职业教育融合治理,政府改变"强支持—强控制"与"低支持—低控制"的行动逻辑[3],准确把握民族地区职业教育融合治理需求,综合运用经济政策、经济法规、计划指导和必要的行政管理对民族地区职业教育要素发挥有效的调控作用;行业企业对实训场地、新技术、新工艺、技术骨干等资源要素发挥配置作用;职业院校在职业教育融合治理中,为实现要素的高效配置,与政府、行业企业、周围农户和受教育者形成相互适应、相互依存的关系。

(三)共生模式:民族地区职业教育融合治理的共生进化

共生模式是共生系统中,共生单元之间或共生单元与环境之间建立紧密联系的具体方式。按照共生理论的共生逻辑,民族地区职业教育融合治理的共生单元之间或共生单元与环境之间的紧密联系指向三重关

---

[1] 薛伟贤,张娟.高技术企业技术联盟互惠共生的合作伙伴选择研究[J].研究与发展管理,2010,22(1):82-89,113.
[2] 张红,李长洲,叶飞.供应链联盟互惠共生界面选择机制——基于共生理论的一个案例研究[J].软科学,2011,25(11):42-45,51.
[3] CHEN S.Aging with Chinese characteristics: a public policy perspective[J].AgeingInternational,2009,34(3):172-188.

系:一是共生单元整体与外部环境的共生关系,即民族地区职业教育与农村社会发展的联动关系;二是共生单元之间的共生关系,即农村职业院校与政府、企业、行业、农户家庭等之间的协同关系;三是共生单元个体与外部环境的共生关系,即民族地区职业教育各个办学主体与农村社会形成的跨界关系。当共生单元之间或共生环境之间以某种共生模式建立紧密联系的互利关系时,就形成了共生关系。依据已有的共生理论可知,共生模式包括共生组织模式和共生行为模式两种形态。其中,共生组织模式基于共生单元之间或共生单元与环境之间的组织方式包括点共生、间歇共生、连续共生、一体化共生四种组织样态[1]。点共生只体现局部范围的共生关系;间歇共生只体现间隔一定时间后才发生紧密联系的共生关系;连续共生体现较长时间能保持持续性联系的共生关系;一体化共生是系统要素与结构形成整体性融合的共生关系。从点共生到一体化共生,是共生模式从初级向高级阶段的不断演变与深化,也就是说,一体化共生模式是共生系统发展的最优模式。

事实上,民族地区职业教育与农村社会发展是由一组共生关系构成的共生超系统。这一共生超系统亦存在点共生、间歇共生、连续共生和一体化共生四种共生模式。其中,点共生即一次性合作模式;间歇共生是在一定时间内进行较为频繁的跨界合作模式,包括短期合作项目和订单式培养;连续共生是跨界合作比较深入、比较稳定而形成的一种常态化协同模式;随着合作的深化,职业院校、企业、行业、地方政府形成深度合作的共同体,形成长期、稳固的合作伙伴关系,促进技术、资源、信息、知识的交换与流动,最终走向融合式发展的一体化共生模式。在生物学领域,生物共生的行为模式包括寄生性共生、偏利性共生、非对称性互惠共生、对称性互惠共生四种行为模式,对称性互惠共生是社会进化的最终目的和结果[2]。同样,在农村职业教育共生系统中,存在着寄生性共生、偏利性共生、非对称性互惠共生、对称性互惠共生四种行为模式。其中,寄生性共生一般是农村职业院校与校办企业之间以及企业与自办院校之间存在附属关系的共生模式;偏利共生是校企合作过程中企业或行业一方基于自身某种利益的偏重考虑而参与合作建立的共生模式;非对称性共生是农村职业教育跨界合作中产生的新利益,只由其中一方获得或者一方获取

---

[1] 袁纯清.共生理论及其对小型经济的应用研究(上)[J].改革,1998(2):100-104.
[2] 袁纯清.共生理论及其对小型经济的应用研究(上)[J].改革,1998(2):100-104.

主要利益而另一方利益受损的共生模式;对称性互惠共生是校企合作的一种理想共生模式,即双方通过合作产生新利益,并且这种新利益将按照对称性机制进行分配。

因此,在共生关系中,共生单元之间必须存在公平的契约关系,各个主体间通过共生体进行物质与能量的交换,向共生体输出资源,并从共生体中获取利益与权利,从而形成互惠共生的行为模式,同时激发共生体寻求更大利益。但是,对称性互惠共生只是产教融合的一种理想模式。在我国产教融合的现实中,非对称性互惠共生是共生行为模式中最常见的一种,其实用性、应用性和推行性更强[①]。因为,民族地区职业教育共生系统涉及权利、责任、义务、公益、利益的复杂兼容关系,不能仅仅基于集体与个体自身利益与权利来考量,还要基于国家利益与社会利益对责任、义务、公益进行整体性平衡与观照。具体而言,企业主要追求的是经济利益,职业院校追求的更多是社会效益与文化价值,而民族地区职业教育又是非营利的公益性事业。这种非对称性利益关系自然阻碍着校企持续性、深度性合作模式的开展,这就必须全面考量责任、义务、公益、权利、利益的分担与分配,站在国家利益、社会利益、集体利益与个人利益的高度,观照公共利益与个人利益的对称兼容性,让公共利益也能成为企业效益的重要组成部分,进而使校企合作能够走向超越单一经济利益、其公共利益与个人利益兼容的对称性互惠共生模式。这正是结构性思维、关系性思维与价值性思维所体现的价值理性与共生逻辑,也是共生行为模式所追求的最高理想与民族地区职业教育追求融合共生发展的最高境界。

(四)共生环境:民族地区职业教育融合治理的共生诱导

共生单元以外的所有外部影响因素的总和构成共生环境。如果说,共生单元按照一定组织方式形成的共生模式是共生系统发展的内在动力,决定着共生关系的紧密程度,那么,共生环境则是促进共生系统发展的重要外部条件,其内部组织之间的相互作用以物质、能量和信息的相互交流来实现,保障着共生系统的正常运行与可持续发展。当然,共生环境既可能对共生关系升级起正向作用,也可能对共生关系升级起约束作用。

---

① 毛才盛,田原.地方应用型本科院校产教融合发展路径:共生理论视角[J].教育发展研究,2019,39(7):7-12.

因此，优越的共生环境才是民族地区职业教育融合治理共生关系良性运转并持续生成共生效应的重要外生力量。农村职业教育是一种开放性、跨界性与协同性非常高的复杂系统，直接面向农村、对接农业、服务农民，与农村社会政治、经济、文化、生态相互依存并相互跨界融合。在农村职业教育自系统跨界农村社会他系统，融合共生超系统的过程中，共生系统与外部社会共生环境紧密关联。农村职业教育融合治理的共生环境是指所有作用于农村职业教育发展的外部力量的总和，包括所有影响农村职业教育融合治理的各种外部因素，而这些因素在不同层次上共同构成完整的农村职业教育融合治理的生态系统。从职业院校、政府、行业、企业、农户家庭等共生主体，到农村政治、经济、文化、生态等因素，共同发挥着农村职业教育融合治理的信息流动功能、价值增值功能、资源再生功能等，从而推动整个农村职业教育融合治理体系与共生环境的协同进化。

　　具体而言，民族地区职业教育外部共生环境包括政治环境、经济环境、文化环境、社会环境与生态环境五大系统，这五大系统构成职业教育超系统的"五位一体"共生场域。共生系统不仅存在着共生单元之间的物质、信息与能量的交换，更存在着共生环境与共生单元之间进行的物质、信息与能量的交换。一般而言，共生环境在与共生系统进行物质、信息与能量交换的过程中，会产生促进或抑制的作用。当共生系统处于有利的积极环境之中时，环境将对共生系统起到积极和激励的正向支撑作用；当共生系统处于不利的消极环境之中时，环境将对共生系统起着抑制和阻碍的负向干扰作用。因此，民族地区职业教育共生系统的发展离不开积极正向的有利环境做强力支撑，必须优化"五位一体"的共生场域，形成制度性支持、产业性支持、人文性支持、社会性支持与生态性支持五大积极正向的支持力量，让共生系统在共生场域中排除干扰、优化环境，使共生环境与共生系统向"产业振兴、人才振兴、文化振兴、生态振兴、组织振兴"的共同愿景共生发展。

　　因此，理想的共生环境是民族地区职业教育在融合治理过程中实现政治资源、经济资源和文化资源互补的有利平台，是促进民族地区职业教育融合治理的必要条件。它不仅能够促成政府、职业院校、行业、企业、家庭与政治环境、经济环境、文化环境、社会环境、生态环境之间形成动态均衡关系，推动政治、经济、文化、生态在农村职业教育治理中的有效融合，而且能够促进民族地区职业教育融合治理的共生系统向更高层级有序演化,使得民族地区职业教育融合治理的共生系统内部与外部形成有机的结构和秩序,提升职业院校、政府、行业、企业、家庭间的融合度及融合效率,形成职业院校、政府、行业、企业、家庭等共生单元生存发展的最优环境。

三、民族地区职业教育融合治理的共生机理

基于系统性思维与共生结构要素,民族地区职业教育融合治理的共生机理包括共生起点、共生条件和共生时变。其中,共生起点是民族地区职业教育融合治理的价值原点,基于民族地区职业教育共生发展的现代性表征和民族地区职业教育的职业性与技术性属性,共生起点聚焦于"职业精神"与"技术理性";共生条件为民族地区职业教育融合治理提供了共生可能,基于民族地区职业教育融合治理的共生单元、共生资源和共生界面等要素,共生条件体现为共生单元能力、共生资源配置和共生界面功能;共生时变基于民族地区职业教育融合治理的共生单元对共生系统的自适应与反适应,沿循共生关系的"识别—适应—发展"进路,刻画出民族地区职业教育融合治理的共生关系进化。

(一)共生起点:职业精神与技术理性

共生起点是共生系统在价值理性上的参考基准,正如数学中一维数轴、二维平面坐标、三维空间坐标系的原点是计量所有点的坐标的参考基准。现代社会已进入技术型社会,新技术已进入职业教育之中。民族地区职业教育的显著特征体现在职业性与技术性,必须在融合治理过程中遵从职业精神与技术理性的共生原点,其原因在于两个方面:

一方面,农村社会的现代化需要人与社会的精神力量来助推,具体体现在农村职业教育的价值取向上,必须强化职业的现代化意识与职业的现代化精神。民族地区职业教育要充分彰显自身的职能属性,就必须为民族地区培养新型职业农民,在培养新型人才的过程中,要强化现代职业者的技术理性与职业精神,尤其是要崇尚"工匠精神"。"工匠精神"是新时代新农村创新发展的需要,是促进农村产业转型升级的需要。只有培养

大批高素质、高技能的农村工匠、巧匠与大匠,积极培育精益求精的"工匠精神",才能形成农村社会发展的新理念与新风尚。事实上,民族地区职业教育所崇尚的"工匠精神"既是一种现代化农村社会的文化与教育精神,也是一种现代化农业生产的产业精神,更是一种现代化新型农民的职业精神。因此,民族地区职业教育自系统在跨界农村社会他系统的共生发展中,必须以职业精神与技术理性为共生原点,才能构筑起民族地区职业教育与农村社会共生发展的价值逻辑与行动逻辑,全方位推进民族地区职业教育与农村社会在治理体系和治理能力上的现代化。

另一方面,农村社会的现代性表征为物质层面的现代化水平、精神层面的现代化观念、制度层面的现代化理念、社会层面的现代化意识。无论是物质与精神层面的现代化,还是社会制度与社会意识层面的现代化,都必须以新技术来表征其现代性,即现代农村社会在充分彰显现代性的过程中,必须遵从技术理性的共生原点。离开新技术对农村经济社会发展的强力支撑,就谈不上农村社会发展的现代化。新技术提升现代农业的科技含量,促进农村经济结构、产业结构、产品结构、市场结构与人才结构的不断调整与优化,使农业生产从劳动力与资源密集型向技术密集型转变,从单一技术向多维技术转化。新技术使农业生产、农村面貌、农民素质发生根本性变化,尤其是促进了农村发展的绿色革命,不仅改变着农村与农业的发展方式,也深刻改变着农民的生产与生活方式,更形塑着农村的美好生态环境。

因此,基于教育、人与社会的发展规律与共生逻辑,民族地区职业教育融合治理有"三大需要":一是需要以职业来激活、联通与构建民族地区职业教育、人与民族地区社会价值逻辑的共生关系;二是需要以技术来定义民族地区职业教育、人与农村社会的新型发展样态;三是需要以精神与理性来表征农村教育、人与农村社会的现代性品质。这"三大需要"生动揭示出职业精神与技术理性作为民族地区职业教育共生发展价值原点的充分依据。

(二)共生条件:共生单元能力、共生资源分配、共生界面功能

民族地区职业教育融合治理中的各共生单元建立共生关系,都是为

了增强自身生存和发展的能力,而这反过来又能够促进共生关系向更高级形态发展。依据共生理论,共生单元之间共生关系的建立、维系及其发展依赖一定的内部条件与外部因素,包括共生的静态均衡、动态均衡与一般均衡条件[①]。共生关系的条件主要包括:共生单元之间能够按照一定的方式进行物质、信息、能量的交换;各共生单元之间通过优势互补、资源共享、互利互惠等为共生合作提供高共生界面。因此,共生关系的建立、维系和发展,需要较高的共生单元能力、多元的共生资源和适切的共生界面功能。

其一,共生单元能力是指融合治理能力,是建立民族地区职业教育融合治理互惠共生关系的基础。民族地区职业教育融合治理的共生单元是共生体或共生关系的基本构成单位。民族地区职业院校、政府、行业、企业、家庭是民族地区职业教育融合治理的共生单元,它们之间至少有一组质参量兼容才能形成共生关系,这就是质参量兼容原理。质参量是反映共生单元特征的概念,表明共生单元的内部性质,质参量兼容原理适用于民族地区职业教育融合治理的共生系统。因此,从共生单元特征来看,在民族地区职业教育融合治理的共生体中,可以兼容的质参量越多,表明民族地区职业院校、政府、行业、企业、家庭之间的相似度越高、特征差异越小,越容易建立对称性互惠共生关系。要确保民族地区职业院校、政府、行业、企业、农户家庭建立对称性互惠共生关系,关键在于各共生单元能够实现更为广阔的质参量兼容,归根结底在于提升融合治理能力。此外,共生单元之间要形成一种特殊结构以适应外部环境变化[②],这种适应也得益于共生单元的融合治理能力。融合治理能力的提升,有利于增强民族地区职业院校、政府、行业、企业、家庭之间的相互沟通、相互交流和相互作用。融合治理能力成为提高质参量兼容的广度与深度,建立休戚与共的融合治理共生关系的基本进路。

其二,共生资源分配是指共生利益的形成能够促成民族地区职业院校、政府、行业、企业、家庭在民族地区职业教育融合治理中的分工与合作。民族地区职业教育融合治理的共生单元之间质参量兼容的广度与深度,在一定程度上受制于民族地区职业教育融合治理共生系统内部的资

[①] 姚德超.农业转移人口市民化的共生逻辑:价值、机理与路径[J].青海社会科学,2020(6):121-129.
[②] MOORE J. Predators and prey: a new ecology of competition[J]. Harvard business review, 1993(5):75-83.

源共享度。资源的占有或分配方式深刻影响民族地区职业教育融合治理中的共生关系状态及其发展进化。从共生过程来看,共生单元之间必然存在利益和信息联系,这种联系促成民族地区职业院校、政府、行业、企业、家庭之间形成某种形式的分工与合作,产生共生利益,从而助推共生系统的共生进化,这就是共生利益形成原理。共生利益的形成,不仅能够有效改善共生单元相对弱势的共生条件与状态,而且能够提高共生单元的生存与发展能力,更能推动共生关系的发展进化。由此循环往复,演化为民族地区职业院校、政府、行业、企业、家庭共同发展的共生资源分配机理。

其三,共生界面功能是指资源配置功能,能够增强共生单元的兼容性和共生单元与共生系统发展的同步性。民族地区职业教育融合治理的共生界面是一个多层次、多维度的复合体,具有强大的物质、信息和能量传导功能,不仅能使民族地区职业院校、政府、行业、企业、家庭之间的相互接触、相互交流与相互作用得以实现,而且还对民族地区职业教育融合治理共生系统的发展进化产生正向的共生动力。另外,共生界面具有共生利益分配的选择功能,决定了共生利益在共生单元之间进行分配的方式与结果。当前,在民族地区职业教育融合治理的共生界面中,政府制定政策、职业院校培养人才和行业企业市场供给资源这三个共生界面对共生资源的分配起着关键性作用,而家庭这一重要共生界面因功能残缺而难以有效维持民族地区职业教育融合治理共生系统的效率、稳定与发展。这就需要进一步完善民族地区职业教育融合治理共生界面的资源配置与能量传导功能,增强共生单元的兼容性和共生单元与共生系统发展的同步性。

(三)共生时变:沿循共生关系的"识别—适应—发展"进路

民族地区职业教育融合治理的共生是一个动态过程,是民族地区职业院校、政府、行业、企业、家庭为了自身的生存与发展,与其他共生单元不断分工与合作,共同致力于民族地区职业教育融合治理而逐渐形成的。事实上,民族地区职业教育融合治理经历了共生关系的识别、适应与发展的共生时变。在时变过程中,民族地区职业院校、政府、行业、企业、家庭通过对共生系统的自适应与反适应,来保证共生体的生存与发展。

首先,民族地区职业教育融合治理共生体的形成以民族地区职业院校、政府、行业、企业、家庭等共生单元识别共生关系为前提。共生单元建立的民族地区职业教育融合治理的共生关系发展初期,必然经历各共生单元间的相互识别,即识别共同价值取向和共同利益诉求。一方面,就共同的价值取向而言,民族地区职业院校、政府、行业、企业、家庭共同追求的是民族地区职业教育的经济价值、社会价值与人文价值。其中,经济价值要体现民族地区农业的兴旺与农民生活的富裕;社会价值要体现新农村建设的美好治理与组织保障;人文价值要体现生态宜居、乡风文明的乡村建设美丽景象与乡土人文气息,这也是与构建"产业兴旺、生态宜居、乡风文明、治理有效、生活富裕"新农村价值理念的有效契合,更是对"产业振兴、人才振兴、文化振兴、生态振兴、组织振兴"的乡村振兴战略与农村现代化美好愿景的价值观照。另一方面,在共同遵循民族地区职业教育的经济价值、社会价值与文化价值的基础之上,职业院校、政府、行业、企业、家庭以价值、信任、利益、责任、义务为前提,以效益最大化为准则,站在国家利益、社会利益、集体利益与个人利益的立场,观照公共利益与个人利益的对称兼容性。所遵循的效益最大化原则,不仅仅是个人利益的最大化,更包含公共利益的最大化;不仅仅是经济利益的最大化,更包含社会效益与人文价值的最大化;不仅仅是近期利益的最大化,更包含远期利益的最大化。

其次,民族地区职业教育融合治理共生体的形成以民族地区职业院校、政府、行业、企业、家庭适应共生关系为关键。民族地区职业院校、政府、行业、企业、家庭进行共生关系识别后,并不能立即产生共生效应,而是需要各共生单元在结构和功能上进行调整以适应共生关系。这是因为,民族地区职业院校、政府、行业、企业、家庭在职业教育融合治理过程中,是属于独立的组织,各自有着自身的优势与劣势。例如,农村职业院校虽然有培育新型职业农民的经验,但缺乏得力的技术实践教师和实训基地;政府虽拥有政策制定的优势,但缺乏对职业教育的本质理解;企业拥有直接的岗位需求信息、市场信息、技术骨干和实训场地,但缺乏对职业培训基本规律的认识;家庭虽然为农村职业教育提供生源,但对地方职业教育办学质量不信任。因此,民族地区职业教育融合治理的共生关系虽由职业院校、政府、行业、企业、家庭建立,但各共生单元仍须在自己所处的场域里通过调整自身的结构和功能来适应共生关系。

最后,民族地区职业教育融合治理共生体的形成以民族地区职业院校、政府、行业、企业、家庭发展共生关系为根本。当民族地区职业教育融合治理的共生体经历了适应过程后,便进入了共生体的发展阶段。在此阶段,职业院校、政府、行业、企业、家庭等共生单元与共生环境之间的共生进化程度逐渐增强。在此进化过程中,任何一个共生单元的发展,都会带动其他共生单元做出相应的反应,以使共生体内的各共生单元的治理行为处于最佳匹配状态。一旦共生单元间不能实现同步发展,那么已发展了的某共生单元可能变得不再适应原有的匹配关系,从而产生共生系统的摩擦和紊乱,使互补合作的共生效应下降。

第六章

民族地区职业教育融合治理的行动路向

基于共生逻辑,站在超系统的境域来看,民族地区职业教育的共生发展必须以共生机制的有效构建为动力保障。通过共生机制作用的充分发挥,职业教育自系统的内生力能够不断被提升,跨界他系统的融合力也能够不断被激活,民族地区职业教育超系统的共生力在跨界协同、融合治理与共生发展中充分凸显出来。在构建共生机制、形成超系统整体合力的基础上,明确民族地区职业教育融合治理的行动逻辑与路径指向,能够使共生发展的现代化愿景在民族地区社会治理与乡村振兴的过程中焕发出蓬勃向上的精神力量,成为农村发展的生动现实。

一、民族地区职业教育融合治理的共生机制

融合治理的前提条件是跨界协同,目标指向是共生发展。民族地区职业教育是横跨多个领域的共生型组织系统,决定这一组织系统共生发展的关键要素不仅仅是组织内部的教育因素,还包括组织外部的社会因素,以及内外因素相互联结形成的共生机制的动力保障因素。内部教育因素与外部社会因素在共生机制的动力因素作用下,共同形塑这一组织系统的超系统发展样态。

共生逻辑生成的机制即共生机制,是指共生系统中各共生单元之间或共生单元与环境之间产生相互协同与融合共生的作用机理。民族地区职业教育共生系统是一种跨界协同系统,教育自系统与社会他系统在融合共生职业教育超系统的过程中,系统内部要素之间以及内部要素与外部环境之间有一个协同调适与不断耦合内生的动态演化过程。在这个过程中,共生主体将共同适应、共同调节与共同进化,在不同的演化阶段表

现出不同的共生机制。民族地区职业教育共生系统在跨界融合过程中，体现出三个不同时段的共生机制：一是跨界适应时段的"协同—竞争"机制；二是融合调适时段的"博弈—耦合"机制；三是共生发展时段的"外推—内生"机制。三个共生机制的动态演化过程，表现出一种生成性与进阶性的发展规律。

（一）跨界适应时段："协同—竞争"机制

民族地区职业教育共生机制在初始阶段主要表现出跨界过程中的适应性问题。自系统与他系统的跨界融合是超系统的自组织过程。在自组织过程中，随着跨界的不断开放，系统之间将进行信息、物质与能量的交换，系统不断增熵，产生竞争效应，使系统处于不平衡态。随着内部的不断调适与自组织，系统又不断减熵，产生协同效应，使系统走向平衡态。因此，共生系统在竞争与协同机制作用下，在跨界中不断走向适应。初始阶段的适应既涉及共生主体之间的适应，也涉及共生主体与共生环境之间的适应。基于关系性思维来考量，民族地区职业教育办学主体与协同主体涉及政府、学校、行业、企业与家庭，在跨界过程中，主体之间必须通过对国家与地方政策的解读、行业与企业需求动态的把握、家庭需求的了解、学校教育的理性认识，来产生相互理解与相互认同的协调与信任机制，增强办学主体与协同主体之间友好合作的和谐氛围。与此同时，民族地区职业教育共生系统还必须增强共生主体对外部政治环境、经济环境、市场环境、文化环境、教育环境与生态环境的主动适应。民族地区职业教育共生系统在共生主体之间以及共生主体与环境之间的不断了解、认同与适应中，自然生成一种良性发展的自组织协同机制。

（二）融合调适时段："博弈—耦合"机制

民族地区职业教育在跨界协同过程中，随着共生主体之间以及共生主体与环境之间的不断磨合，逐渐形成整体性融合发展样态。整体性融合发展样态是一种关系性存在的利益共同体，这种利益共同体涉及政府、企业、行业、学校、家庭等多方利益主体基于自身利益的非对称博弈，共同形塑融合发展的价值场域。基于利益相关者理论来考虑，民族地区职业教育共生系统是一个典型的利益相关者组织，其利益相关主体之间存在非常复杂的利益与价值关系，因而在利益诉求、价值预期、利益偏好、价值取向上存在竞争、排他、互斥等关系逻辑。但是，基于价值性思维来考量，民族地区职业教育共生系统必须共同遵循农村教育的经济利益、社会效益与文化价值，政府、行业、企业、学校、家庭要以价值、信任、利益、责任、公益、义务为前提，使利益共同体在多重价值体系的博弈与平衡中，最终形成对称性互惠的耦合共生机制。

（三）共生发展时段："外推—内生"机制

基于结构性思维来考量，民族地区职业教育超系统必须在内部结构的联结上以及内部结构与外部环境的超联结上，形成稳定、有效的关联机制。这种关联机制决定自系统与他系统耦合功能程度的大小，也决定着超系统共生发展的具体态势。因此，民族地区职业教育与民族地区经济社会发展要深度融合，就必须创设有利条件，让超系统能够在稳定、有效的关联机制作用下实现可持续共生发展。条件的创设既包括办学主体内部激励机制的创设，也包括共生系统外部环境的优化与保障，内外条件的创设就是为了让民族地区职业教育能产生可持续共生发展的外推与内生机制。外推与内生的共生机制直接指向民族地区职业教育的办学体制与机制问题。目前，我国职业教育在办学体制上政出多门、条块分割、职权交叉、力量分散，统筹管理难以形成合力。在办学机制上，产教融合与校企合作的内外联动机制、外部社会环境与条件投入的保障机制、内部教育组织系统的运行机制均存在活力不够、自主权不大等具体问题，使民族地区职业教育在跨界协同发展中的外推力与内生力难以保障超系统的融合共生发展。在民族地区职业教育共生系统的可持续发展阶段，要真正形成外推与内生的共生机制，就必须建立政府统筹、分级管理、地方为主、行业指导、社会参与的管理体制和政府主导、行业指导、依靠企业、社会参与、公办与民办共同发展的多元化办学格局，以此来形成政府、行业、企业、学校、家庭等多元主体融合共治的民族地区职业教育跨界协同机制。唯有这样，民族地区职业教育共生系统的发展才会形成外推与内生的长效机制，使民族地区职业教育走向共生发展的良好局面。

二、民族地区职业教育共生发展的超系统境域

所谓系统,是指相互关联的若干物质、信息、能量等要素按照一定的作用机制与功能所构成的复杂的结构体系。系统必须具备三大要件:要素、联结与功能。其中,要素是构成系统最基本的组成部分或具体单元;联结是系统中要素与要素之间相互关联的作用机制;功能是系统的目标指向或具体价值表现。基于三大要件,系统显然具有整体性、关联性、价值性与适应性等明显特征。根据系统的构成要件与显著特征,我们可以发现,系统的整体性存在离不开外部环境的客观性存在,但是系统的构成本身又不包括环境,与环境相依相存。系统要发挥自身的功能与价值,就必须对外部环境具有较强的适应性与依存性。系统自身的活动也可以使外部环境的属性与状态发生根本性改变。系统与外部环境又构成一个结构性体系,这个结构性体系既是一种事物的实体性存在,也是一种空间化的场境性存在。系统的能量与价值的充分发挥在很大程度上是由外部环境的影响力决定的。因此,我们不能离开系统的外部环境去孤立、静止地看待系统本身,而是要以开放的视角整体性观照系统与环境所构成的场境性体系。这种场境性体系实质上是一种超越事物实体性存在的空间化系统,也就是所谓的超系统。

站在超系统境域来看,民族地区职业教育是跨界协同性教育,是与民族地区社会政治、经济、文化、生态等外部环境紧密依存的融通性空间化系统。教育自系统与农村社会其他领域的他系统在跨界协同中,基于外部社会环境的统整与关联,构成一个具有空间场境性的超系统,这一超系统又构成一个具有融合功能的共生系统。超系统共生发展的逻辑理路体现在自系统与他系统的跨界协同,在跨界协同中融合治理,在融合治理中助推超系统的共生发展。民族地区职业教育的共生发展必须由自系统的内生力、他系统的融合力以及超系统的共生力共同构成一种整体合力,以整体合力全方位推进民族地区治理体系和治理能力的现代化。唯有如此,共生发展的现代化愿景才能成为民族地区职业教育发展的生动现实。

(一)自系统：内生力与教育功能体系

民族地区职业教育自系统的内生力体现在完善的教育功能体系中。职业教育是为地方经济社会发展培养高素质劳动者与技术技能型人才的跨界融通性教育，具有非常鲜明的职业性、技术性、跨界性与全民性特征。农村职业教育是为农村社会培养新型职业农民的开放性跨界教育，直接指向农村、对接农业、服务农民，与农村社会跨界协同、融合共治、一体化共生发展。农村职业教育功能的有效发挥，必须以遵循农村发展的新特征以及教育发展的基本规律为前提。中国农村农业的发展方向是产业化、集约化、专业化、智能化与绿色化，农村职业教育跨界协同与融合共治就是要遵从这一新发展特征，在基于共生逻辑的发展思路与超系统的行动路向中，使职业教育的功能能够在农村新发展中生动、充分、有效地发挥出来。教育的基本规律主要聚焦在教育、人、社会三者辩证统一的矛盾关系上，因此，教育的基本规律应当集中体现在教育与人的发展、教育与社会的发展以及教育与人的社会化发展三重逻辑关系上。遵从这一逻辑，教育自系统的功能体系就包括政治服务、经济发展、文化建设、社会和谐、人力发展、生态文明建设等范畴，农村职业教育自系统的内生力就表征为这些教育功能体系的完善性与功能发挥的整体效应性。

(二)他系统：融合力与社会支持体系

民族地区职业教育跨界协同民族地区社会他系统的融合力，体现在社会支持体系的和谐协同与强效治理上。他系统所涉及的具体领域，在宏观层面包括社会政治、经济、文化、生态与和谐社会等建设领域；在中观层面包括制度关系、生产关系、组织关系、环境关系与人文关系等关系领域；在微观层面包括政府、行业、企业、学校与家庭等主体领域。基于这些不同层面、不同类型、不同领域的统整与规划，他系统所组成的社会支持体系按照国家"五位一体"的总体布局，包括政治建设、经济建设、文化建设、社会建设与生态文明建设"五大建设体系"。"五大建设体系"着眼于国家宏观战略层面，就是全面建成小康社会、实现社会主义现代化和中华民族伟大复兴；着眼于农村中观发展层面，就是要以"产业振兴、人才振兴、文化振兴、生态振兴、组织振兴"全面推进乡村振兴,真正让农业"产业兴旺"、农民"生活富裕"、农村"生态宜居、乡风文明、治理有效",促进美丽新农村的整体建设;着眼于民族地区职业教育发展的微观层面,就是要强力支撑职业教育办学体制机制的进一步完善与改革创新,使职业教育经费投入越来越多,政治地位越来越高,办学条件越来越好,社会吸引力越来越大,发展前景越来越广阔。民族地区职业教育他系统与自系统的融合力必须通过"五大建设体系"在支撑职业教育办学特色化与专业化的过程中充分彰显出来,尤其是通过民族地区职业教育服务乡村振兴与新农村建设的过程凸显出来。职业教育办学的特色化与专业化集中体现在产教融合、校企合作、工学结合、知行合一上,民族地区职业教育他系统要彰显这一特性,就必须加强社会支持体系对职业教育的贯通、衔接、立交与融通力度。民族地区职业教育对乡村振兴与新农村建设的战略意义集中体现在全面建成社会主义现代化强国和全面推进国家治理体系和治理能力的现代化上。民族地区职业教育他系统要充分凸显这一战略意义,就必须加强社会支持体系的跨界协同、深度融合和统筹推进,以此促进民族地区职业教育与农村社会一体化共生发展。

(三)超系统:共生力与共生发展体系

民族地区职业教育超系统的共生力,体现在自系统的教育功能体系与他系统的社会支持体系基于共生逻辑与协同机制同构而成的共生发展体系上。民族地区职业教育共生系统的发展离不开自系统的能力与内涵建设,也离不开他系统的强力支持,他系统是自系统的生态场域。在跨界协同与融合治理中,他系统以政府、学校、行业、企业、家庭为协同主体,形成以国家层面的制度性支持、地方层面的投入性支持、环境层面的生态性支持、企业层面的参与性支持以及家庭层面的主体性支持为社会外部环境的动力支持系统[1],以外推的融合力促进自系统在政治服务、经济发展、文化建设、社会和谐、人力发展、生态文明建设等教育功能体系上的能力内生,由此形成民族地区职业教育超系统的共生场域,进而让超系统在共生场域中排除干扰、优化环境、健康发展,使共生环境与共生系统朝产

---

[1] 朱成晨.协同与共生:农村职业教育融合治理的行动逻辑与支持系统[J].国家教育行政学院学报,2020(1):80-88.

振兴、人才振兴、文化振兴、生态振兴、组织振兴的共同愿景共生发展。由此,由自系统的教育功能体系与他系统的社会支持体系同构而成的超系统共生发展体系聚焦在经济共生、人才共生、文化共生、生态共生、组织共生五大体系上,以超系统的共生力全方位推进民族地区社会治理体系和治理能力现代化。民族地区社会治理体系和治理能力现代化的关键环节应当聚焦于农村教育治理的现代化,尤其是农村职业教育治理体系和治理能力的现代化。没有农村职业教育的现代化,就没有农村教育与民族地区治理的现代化。民族地区治理现代化又是国家与社会治理现代化的关键,没有民族地区的现代化,就没有国家与社会的现代化。因此,激发民族地区职业教育超系统的共生力,是有效助推国家与社会治理体系和治理能力现代化的重要保障,也是在建设教育强国、推进教育治理体系和治理能力现代化的进程中,实现民族地区教育与民族地区社会的融合治理与共生发展的重要保障。

三、民族地区职业教育融合治理的行动逻辑与路径指向

民族地区职业教育不是一个独立的发展系统,其治理也不是脱离民族地区整体系统的发展而进行的单系统治理,而是必须在超系统中协同治理。协同治理强调治理行为的整体性,以此来激发职业教育自系统的内生力、他系统的外推力以及超系统的共生力。在一定意义上我们可以说,民族地区职业教育融合治理就是结构性治理,它的结构体系主要涉及四重维度,即"他治—自治""上治—下治""扶治—共治"和"外治—内治",通过这四重维度的结构性统整,充分彰显民族地区职业教育融合治理的行动逻辑。

(一)他治—自治:外推走向内生

民族地区职业教育融合治理要体现外推与内生协同并进的逻辑理路。外推即他治,内生即自治。民族地区职业教育需要通过他治实现外

推式发展,在外推过程中激活内生力,刺激发展需求,使融合治理的内部动力与外部推力形成耦合机制,进而逐步实现从他治走向自治,并最终以自治为主要行动逻辑。在以他治为主的传统治理逻辑下,职业教育办学体制缺乏活力,总会产生依赖心理,办学机制缺乏创新,无法激发职业教育系统自身的内驱力。民族地区职业教育的跨界属性决定了职业教育办学体制的多元化与开放性特征,政府、行业、企业、市场、学校是主要的利益相关者,在人才培养体系上必须与经济结构、产业结构、市场结构相对接,观照利益相关者的教育诉求,充分调动利益相关者参与教育治理的积极性,使其在主动参与教育治理的过程中实现互惠共赢,进而让他治助推自治,最终实现"善治"。

民族地区职业教育融合治理要处理好政府的宏观调控、市场与企业的外部需求与职业教育系统内部供给之间的逻辑关系,使政府调控、市场与企业需求、社会支持能够成为他治的动力杠杆,以此来激发职业教育自治的供给动力和内驱活力,让职业教育在供给与需求的双向驱动下更加遵从教育发展规律和社会发展规律。通过他治助推自治的行动逻辑,实质上强调的是民族地区职业教育治理的跨界融合性,在跨界中超越自系统,横跨他系统,融合成超系统,最终实现民族地区职业教育在超系统中融合治理,在融合治理中走向共生发展。这种行动逻辑生动体现了民族地区职业教育融合治理在外推与内生上的价值逻辑与行动路向。

(二)上治—下治:上下联动求"善治"

民族地区职业教育在办学体制上应当真正形成"政府主导、行业指导、依靠企业、社会参与、公办与民办共同发展"的多元化格局;在管理体制上应当真正完善"分级管理、地方为主、政府统筹、社会参与"的框架体系;在发展机制上应当通过外部保障机制、内部运行机制以及内外联动机制实现多方联动、多边对接,进而形成跨界融合的一体化发展动力机制。因此,民族地区职业教育融合治理要充分体现"上治"与"下治"协同共进的逻辑理路,实现从自上而下的单边政府主导逻辑转变为自上而下与自下而上相结合的双边联动逻辑,进而实现以"上治"助推"下治",最终形成上下融合共治的治理格局。传统的治理逻辑基本上处于"上治"格局,政府对民族地区职业教育进行统筹管理,职业院校缺乏办学自主权。所以,民族地区职业教育办学一定要顺应农村经济社会发展的特殊情况和发展需求,引入市场竞争机制,由政府"上治"为主向政府统筹管理、社会多元办学的格局转变,充分调动农村社会力量广泛参与,以"上治"助推"下治",最终实现上下联动的"善治"格局。

民族地区职业教育的主要问题实质上是制度结构性问题,包括权力分配、制度供给、资源配置、权益分布等。传统的科层制行政模式导致系统功能性不足,影响了决策、主导、执行、自主等能力的充分发挥。当前民族地区地方政府成为职业教育治理的主导力量,而行业企业、职业院校只能以参与者、配合者等身份进行职业教育治理,缺乏参与制定治理规则的权力和机会。这种自上而下的垂直向度使治理趋向封闭、单一,容易造成民族地区职业教育"空心化"的治理困境。为此,政府、学校、企业既要考虑彼此之间的关联,也要考虑职业教育的公共性与市场机制的功利性。与此同时,要想通过"上治"的助推来实现以"下治"为主的自下而上的治理格局,政府就需要转变职能,变管理型政府为服务型政府,明确政府在促进产教融合、推动校企合作中的作用以及权力边界问题,进而切实推动农村社会治理重心从"上治"向"下治"转移。推动社会治理重心向基层下移,有利于形成共建共治共享的社会治理格局,推动社会治理现代化,增强治理的民主性。因此,民族地区职业教育融合治理必须在上下共治中构建新型伙伴关系和良性互动机制,并基于信任、互利和系统协作形成"善治"的治理理念[1],才能充分实现职业教育系统在跨界民族地区经济社会其他系统的过程中融合共生,实现超系统的一体化发展。

民族地区职业教育具有社会公共事务下的公益性与市场经济下的效益性,治理的逻辑应当是政府、社会与利益相关者共同参与治理,并激活市场竞争机制,全方位调动教育治理的主体力量,真正体现民族地区职业教育在跨界中融合,在融合中治理,在治理中充分考量权利、义务、公益、利益的平衡,使"上治"的权力性越来越淡化,"下治"的主体性越来越强化。民族地区职业教育融合治理要增强职业教育对农村区域经济发展的适应性,并增强与乡村社会"一体两翼"治理结构的耦合性。在民族地区社会治理结构中,村民自治是乡村治理结构的主体,法治、德治是乡村治理结构的两翼,乡村社会治理的目标是实现"共治"与"善治",使自治、法治、德治实现融合共治,最终服务于乡村"善治"。民族地区职业教育融合

---

[1] 邢晖,郭静.职业教育协同治理的基础、框架和路径[J].国家教育行政学院学报,2018(3):90-95.

治理必须实现从"上令下行"向"自下而上"转变,在国家总体治理方略的引领下,乡村社会治理与民族地区职业教育融合治理在结构上必须有效耦合,才能把乡村发展导向"善治",共同推进乡村治理现代化。因此,"上治"助推"下治"必须充分观照国家对乡村社会治理结构的"善治"方略,必须基于与乡村社会"一体两翼"治理结构的有效耦合,才能真正实现"上治"与"下治"联动,进而实现民族地区职业教育融合治理的美好图景。

(三)扶治—共治:单中心秩序走向多中心秩序

农村是当前我国社会发展的薄弱环节。民族地区职业教育作为与农村经济社会发展联系最为紧密的教育类型,是有效解决农村问题的关键抓手,能够为乡村振兴战略的切实推行提供重要支撑。但是,由于经济、社会、文化、历史、环境等多种因素的制约,民族地区职业教育长期以来发展缓慢,亟须国家和社会多元力量的扶持,对农村职业教育进行强力扶持与优先发展,以此助推乡村振兴,进而确保美丽新农村的全面实现。事实上,民族地区职业教育的"扶治"不是一种可持续发展的治理逻辑,而是借助外推力来激发内生动力,进而形成强大活力,最终实现社会各方力量广泛参与农村职业教育的"共治"。从"扶治"向"共治"转变,需要三个方面的前提:一是要广泛吸引社会力量全过程、全方位、全系统参与职业教育的办学、治学与督学,通过各方社会力量的广泛参与,串联起农村社会的教育链、人才链、技术链、市场链与职业链,进而增强职业教育自身的吸引力;二是要基于充分信任进行深度合作,通过共商共建共享实现跨界治理,在跨界治理中融合发展,在融合发展中巩固深度合作的诚信机制,农村职业教育"善治"的目的就是要构建网络式合作伙伴关系体,通过扁平化的治理方式最终实现"共治"的社会治理格局;三是职业教育融合治理中需要城市反哺农村、工业支撑农业,需要国家的财政支持、政策倾斜、资金投入,需要社会各方力量的支持,通过"扶智、扶志、扶心、扶业、扶资"的"扶治"过程助推"共治"。民族地区职业教育在相当长时期内还需要"扶治","共治"不能排斥"扶治",但"扶治"最终还是为了"共治"。

格里·斯托克等(1999)认为,治理的本质,不是在于它所偏重的统治机制的权力,而是在于系统或组织所制造的良性结构或秩序的形成[①]。它

---

① 格里·斯托克,华夏风.作为理论的治理:五个论点[J].国际社会科学杂志(中文版),1999(1):19-30.

所要制造的结构或秩序不能由外部强加。它发挥作用,是依靠多种进行统治并互相影响的行为者在权利、责任、利益上的互动[1]。博兰尼(Polanyi K.)提出,治理有两种秩序,一是指挥秩序,二是多中心秩序。指挥秩序是设计的秩序,凭借终极权威,通过一体化的上级指挥与下级服从的长链条维系着自身的协调与运作,实现自身的分化与整合,这种秩序是一元化的单中心秩序。多中心秩序是与指挥秩序相对而言的,在这种秩序中,许多行为单位既相互独立,又相互调适,受系统或组织规则的制约,并在社会的一般规则体系中找到各自的定位,以实现相互关系的整合[2]。因此,民族地区职业教育"扶治"与"共治"相结合,就是要遵守职业教育超系统所蕴含的自系统与他系统的秩序规则,既要站在社会公共利益的高度"扶治",体现社会义务,也要站在组织或系统治理主体的角度"共治",体现主体权利与职责。"共治"需要通过对话、竞争、合作与妥协,以超系统的共同利益为追求,形成平等、公平与透明的"善治"机制,以此构建民族地区职业教育在"扶治"过程中自然转向"共治"的良性格局。

(四)外治—内治:外部保障助推融合共生

民族地区职业教育融合治理要充分观照外部治理和内部治理,以内部治理激发内生动力,以外部治理的保障支撑形成强劲助推力。外部治理既涉及教育自系统之外的政府、企业、行业、家庭等他系统的跨教育性治理,也涉及农村自系统之外的城市他系统的跨地域性治理,还涉及职业教育自系统之外的其他教育类型他系统的跨类型性治理。外部治理他系统是一个多元主体参与的开放性保障系统,因此,外部治理需要体现跨界融合性,需要在跨界融合中充分实现民族地区职业教育的协同共生发展。内部治理既涉及民族地区职业教育自系统区域服务职能的宏观性治理,也涉及职业院校自系统改革创新与能力发展的中观性治理,还涉及学校内部专业、师资、课程等方面的微观性治理。为此,内部治理既要充分体现自身系统的能力建设和内涵发展,也要充分实现与民族地区经济社会发展的对接与适应,更要与外部治理形成联动,共生融合治理的

---

[1] KOOIMAN J. Modern governance: new government society interactions [M]. London: SagePress, 1993:64.
[2] 迈克尔·博兰尼.自由的逻辑[M].冯银江,李雪茹,译.长春:吉林人民出版社,2002:168-186.

"善治"机制。

民族地区职业教育融合治理在外治与内治上追求的"善治"愿景，始终指向使职业教育在产教融合、校企合作、工学结合、知行合一上的实践行动能够成为一种生动的教育现实，能够通过职业教育这一杠杆来强力助推民族地区治理体系和治理能力现代化，通过跨界融合治理，以外推促进内生，以内生推动共生，进而充分实现民族地区职业教育与民族地区经济社会在融合治理中协同共生发展。民族地区职业教育无论是外部治理还是内部治理，都是为了民族地区社会发展的治理，因此，外治与内治的治理逻辑就是既要跳出职业教育，也要跳出农村，更要跳出教育来融合治理民族地区职业教育，要站在社会治理的高度观照教育治理，要站在农村发展的高度观照民族地区教育发展，要站在国家发展的高度观照民族地区发展。要在跳出自系统、横跨他系统、共生超系统的过程中全面跨界融合治理民族地区职业教育，真正体现为促进民族地区治理体系和治理能力现代化而融合治理民族地区职业教育。

四、源于案例的构想：W县农村职业教育融合治理的超系统境域观照

在前文分别探讨了农村职业教育的融合发展模式、融合治理框架、共生逻辑结构以及治理行动路向的基础上，本部分笔者将以W县为实践案例，进一步说明农村职业教育融合治理的共生系统及其超系统境域。

（一）W县农村职业教育融合治理的共生逻辑分析

共生系统的生成与演进是从自然和社会现象中识别共生现象开始，进而寻求共生单元之间的关系。共生单元之间的关系也叫共生模式，共生单元按照某种共生模式形塑而成的共生关系即共生系统。共生系统的本质是共生演进。以W县为例，农村职业教育融合治理的共生系统演进路径如图6-1所示。

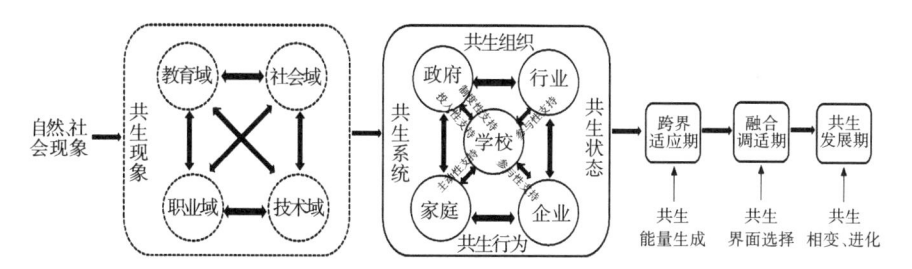

图6-1　W县农村职业教育融合治理的共生系统演化

第一，农村职业教育的共生现象存在于农村社会场域里。农村职业教育是一种与农村经济社会发展相互依存、跨界协同的大众化、融通性教育，其发展水平直接受当地经济的影响和制约。事实证明，越是经济发达地区，其对农村职业教育的需求越大，质量要求也越高，发展动力也更足。相对而言，农村地区受经济条件的限制，无法提供农村职业教育发展所需的物质条件和相关保障，制约了农村职业教育的发展。但是，农村职业教育能够通过培养一线应用型、实用型人才直接服务农村地区经济发展，有利于促进农村社会的整体发展。因此，农村职业教育与农村社会的关系是一种共生性的关系。根据农村职业教育与农村社会的共生关系，W县农村职业教育的共生现象来源于农村社会场域中。从场域来看，农村职业教育具有职业教育的根本属性——"跨界性"，横跨了教育域、技术域、职业域和社会域，这些界域既存在于狭义的农村场域中（即"在农村"），也存在于广义的农村场域里（即"面向农村"）。不同场域里的要素相互融通，产生了职业教育的共生现象。比如，W县的生态、旅游和农业是当地发展的优势和重点领域，县内有国家级自然保护区和生态旅游区，全年接待国内外游客800万人次，种养业包括马铃薯、玉米、中药材、中蜂等。为了进一步巩固优势产业，W县职业教育中心在专业设置上重点开设了旅游管理、现代农艺技术和农业机械化应用，增强其特色性和专业性，来形成与当地经济发展相匹配的"教育—技术—人才—产业"的良性循环，以此产生农村职业教育融合治理的共生系统。所以，职业教育的共生关系是由那些影响职业教育发展或受职业教育发展影响的要素构成的。这就是W县农村职业教育融合治理共生系统形成的第一步：识别职业教育共生现象。

第二，职业教育利益相关主体（即共生单元）共同构成农村职业教育融合治理的共生系统。职业教育是一个典型的利益相关体集合，以共同价值观为前提,以利益最大化为目标,在人才、教育、技术、产品等方面开展交流与合作。共生单元之间存在双向、连续的物质、信息、能量沟通,在保持自身独立性的同时,彼此联结构成长期稳定的可持续合作伙伴关系,并且以公共利益最大化为行动基础。在W县职业教育共生系统中,C市的1所高职学校、W县的职教中心、C市政府和相关部门、W县政府和相关部门、W县所辖各个乡镇村委会、农民培训组织、乡镇企业、行业、农户家庭以及受教育者等,是农村职业教育的利益相关主体和共生单元。这些共生单元彼此通过物质、信息、能量的交换建立共生的主体关系,为共生系统提供能量保障。以上是W县农村职业教育融合治理共生系统形成的第二步:识别共生单元。

第三,政府、学校、行业、企业、农户家庭、学生等多元主体基于各自不同的价值需求,形塑了不同的共生关系,由此形成农村职业教育融合治理的共生组织模式和共生行为模式。根据共生理论,共生组织模式分为点共生、间歇共生、连续共生和一体化共生四种类型,共生行为模式包括寄生、偏利共生、非对称性互惠共生和对称性互惠共生四种形式,其中共生组织模式由共生单元的特性决定,共生行为模式则由共生单元的能量和分配特征决定。在W县农村职业教育共生系统中,政府、行业、企业、学校、家庭以及学生都是共生单元,但是这些共生单元之间由于本体属性、利益的差异性和有限性,决定了共生利益复杂的兼容关系。根据第一性原理,每个系统中都存在一个最基本的命题,政府作为社会权威性组织机构,以维护社会公平正义、保障人民利益为主要职责,在治理过程中承担着维护和增加公共利益的基本责任与义务;企业与行业是生产性、引导性和营利性的组织机构,其根本目的是追求利益最大化,因此在治理过程中具有极强的逐利性取向;学校是非营利性的组织机构,通过提高劳动者的技能和素养服务农村社会的发展,因此在实际行动中以社会的公益性为核心价值取向;家庭与受教育者是直接参与者与受益者,以就业或升学为主要目的。

基于上述分析,农村职业教育共生系统的共生单元之间涉及权利、责任、义务、公益、利益的复杂兼容关系,决定了共生关系的组织模式和行为模式。政府、学校、行业、企业、个人基于不同的价值诉求和行为逻辑,比如政府的政治逻辑、学校的教育逻辑、企业行业的市场逻辑、受教育者的发展逻辑等等,导致共生关系并非是对称性和互惠性的。比如W县在促进校企合作的实践过程中,县政府所处的位置是一个"结构洞"。从关系缺失的角度来看,如果社会网络中的一个行动者所连接的另外两个行动者之间没有直接联系时,该行动者所处的位置就是结构洞,正如罗纳德·S.伯特(Ronald S. Burt)指出的,非冗余的联系人被结构洞所连接,一个结构洞是两个行动者之间的非冗余的联系[1]。W县政府在信息和资源上具有相对优势,与学校、企业具有"强联系",但是学校和企业之间存在的是"弱联系"或者不存在联系。因此,在校企合作中,往往存在企业冷、学校热的"壁炉现象",企业和学校之间是非对称的互惠关系。农村职业教育与农村社会发展是一组共生关系构成的共生超系统,这一超系统存在四种共生组织模式,包括点共生、间歇共生、连续共生和一体化共生。一体化共生是最理想的共生模式,职业教育一体化共生模式是职业教育与区域经济紧密结合,同时充分发挥政府统筹作用,形成学校、社区、企业、行业共同参与的多元化治理格局。政府、学校、企业、行业等共生单元在追求各自利益最大化的同时,也实现了职业教育公共利益最大化。然而,现阶段的农村职业教育还很难达成一体化的、对称互惠性的共生模式。这是W县农村职业教育融合治理共生系统演进的第三步:从非对称的寄生关系走向一体化的互惠共生关系。

第四,共生系统的演进包括跨界适应阶段、融合调适阶段和共生发展阶段,受共生单元、共生模式、共生环境共同影响。一是跨界适应阶段,主要解决跨界过程中的适切性问题。初始阶段的适应既涉及共生主体之间的适应,也涉及共生主体与共生环境之间的适应。农村职业教育办学主体与协同主体涉及政府、学校、行业、企业与农户家庭,在跨界过程中,共生主体之间必须通过对国家与地方政策的解读、行业与企业需求动态的把握、农户家庭需求的了解、学校教育的理性认识,产生相互理解与相互认同的协调与信任机制,增强办学主体与协同主体之间友好合作的和谐氛围。这一时期主要是解决共生单元的关系性问题,建立从竞争到协同的良性互动机制。二是融合调适阶段,这一阶段需要共生系统与外界环境进行磨合、调整。W县农村职业教育共生系统的形成,不仅是系统内部共生单元之间关系的调整,系统自身也必须主动适应当地的政治环境、经

---

[1] BURT R S.Structural holes: the social structure of competition[M].Cambridge, MA: Harvard University Press, 1992: 18-19.

济环境、制度环境、市场环境、文化环境、教育环境以及生态环境。这一阶段主要解决的是共生主体、共生环境的价值博弈问题,要站在国家利益、社会利益、集体利益与个人利益的不同立场,充分观照职业教育公共利益与个人利益的对称兼容性,正确看待价值贡献与利益获取的统一、公益义务与经济利益的统一、共同体利益与个体利益的统一、近期利益与远期利益的统一,使共同体在多重价值体系的博弈中,最终形成对称性互惠的耦合共生机制。三是共生发展阶段,主要从结构上促进教育系统与社会系统的耦合,改变以往单向度的助推逻辑,实现由外推与内生共进的农村职业教育治理形态。从W县的农村职业教育发展来看,当前还存在许多问题,比如职业教育系统内部结构不够完善、社会支持系统保障不够充分,因此,农村职业教育与农村经济社会发展要深度融合,就必须创设有利条件,促成超系统在稳定、有效的关联机制作用下实现可持续共生发展。条件的创设既包括办学主体内部激励机制的创设,也包括共生系统外部环境的优化与保障,内外条件的创设就是为了让农村职业教育超系统能够产生外推与内生的共生机制。外推与内生的共生机制直接指向农村职业教育的办学体制与机制问题。以W县为例,在办学体制上,存在条块分割、职权交叉、统筹管理有待进一步提升等问题;在办学机制上,产教融合与校企合作的内外联动机制、外部社会环境与条件投入的保障机制、内部教育组织系统的运行机制均存在活力不够、自主权不大等具体问题,这些办学体制与机制的突出问题,使农村职业教育在跨界协同发展中的外推力与内生力难以保障超系统的融合共生发展。因此,要使共生系统能够实现可持续发展,就必须建立起"政府统筹、分级管理、地方为主、行业指导、社会参与"的管理体制和"政府主导、行业指导、依靠企业、社会参与、公办与民办共同发展"的多元化办学格局,真正形成政府、行业、企业、学校、农户家庭等多元主体融合共治的农村职业教育跨界协同机制。这是W县农村职业教育融合治理共生系统演进的第四步:全方位保障、逐级推进农村职业教育共生系统的发展。

(二)W县农村职业教育与农村社会共生发展的超系统境域建构

农村职业教育是一个复杂的、多层次的结构体。在自然空间上,既包括"在农村"的职业教育要素,也包括所有"面向农村"的职业教育要素;在社会空间上,更是蕴含了丰富的人文性、生产性、制度性、技术性等因素。经典系统理论将视线放置在系统内部,关注部分与整体的关系,对职业教育系统的研究就必然包括要素、结构和功能。不仅如此,职业教育是一种跨界教育,横跨教育域、社会域、职业域和技术域,因此职业教育还要开放办学。社会系统理论认为,通过系统与环境的互动,可以使环境中存在的可能性成为系统运作的组成部分,同时也能使系统的产物成为环境的选择。系统还能透过环境来了解环境以外(世界)的信息,以扩大自身的发展空间。从探讨系统内部整体与部分的关系转向探讨系统与环境的关系,能够更好地分析农村职业教育与农村社会发展以及与城乡融合发展的共生关系。所以,笔者提出了农村职业教育融合发展的"超系统"概念,指出农村职业教育的融合形态是一种超越事物实体而存在的空间化系统(如图6-2所示)。在此部分,笔者将结合W县的实践案例来深入分析农村职业教育共生发展的超系统境域。

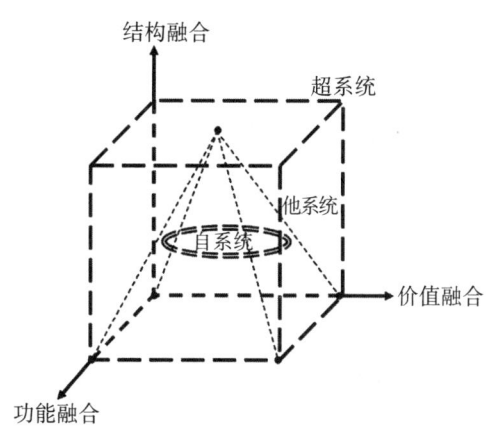

图6-2 农村职业教育共生发展的超系统境域

第一,农村职业教育功能体系的完善是激发自系统内生动力的关键。在自系统层面,职业教育功能体系必须面向农村、对接农业、服务农民,发挥育人和社会服务两大主要功能。以W县为例,在育人方面,W县注重双轨发展职业教育,在纵向上拓宽了职业教育升学和就业的双重功能。如前所述,近三年来,W县职业教育中心在安置就业、升学方面取得了优异成绩。同时,除了技术知识传授外,W县职业教育中心也注重精神文明、乡风文明、法治意识和职业道德的培育,可以说在横向上也丰富了育人的功能范畴。在社会服务方面,W县职业教育中心通过"结对子"、校企合作、建立基地、技术下乡等方式开展技术技能培训,服务区域产业结构转型升级。据统计,近三年来,W县职业教育中心累计开展各类社会培训12000余人次,累计开展技术下乡活动32次,服务群众1000余人次。可见,职业教育自系统的功能体系在广义上包括政治、经济、文化、社会、人力、生态文明建设等。中国农村农业要按照产业化、集约化、专业化、智能化与绿色化的方向发展,因此更加需要农村职业教育在遵循农村发展的新特征以及教育发展的基本规律基础上,更好地与农村社会进行跨界协同,从而保证农村职业教育功能的有效发挥。

第二,农村职业教育跨界协同农村社会他系统的融合力需要社会系统的有力支持和强效治理。农村职业教育体系自身较为薄弱,除了内部功能结构尚有不合理之处,导致其不能很好地激发内在动能之外,其社会支持体系也不尽完善。无论是职业教育还是农村社会的发展,都是内在的推力和外在的拉力共同发力的结果。从W县来看,农村社会他系统宏观层面包括政治、经济、文化、生态与和谐社会等建设领域;中观层面包括制度关系、生产关系、组织关系、环境关系与人文关系等关系领域;微观层面包括政府、行业、企业、学校与农户家庭等主体领域。进一步看,他系统涉及的各层面、各类型、各领域与"产业振兴、人才振兴、文化振兴、生态振兴、组织振兴"的乡村振兴战略是紧密联系的。因此,农村职业教育要想不断彰显其办学的特色化与专业化,就必须打破自系统的封闭性,加强社会支持体系建设,有力保障职业教育内部的贯通、衔接、立交与融通,才能够使农村职业教育精准对接农业"产业兴旺"、农民"生活富裕"、农村"生态宜居、乡风文明、治理有效"的美好愿景。

第三,农村职业教育超系统的共生力是在自系统的教育功能体系与他系统的社会支持体系基础之上形成的共生发展体系。农村职业教育共生系统的发展离不开自系统的能力与内涵建设,也离不开他系统社会环境的强力支持,他系统是自系统的生态场域。以W县为例,W县农村职业教育在跨界协同与融合治理中,他系统通过以政府、学校、行业、企业、农户家庭为协同主体,形成以国家层面的制度性支持、地方层面的投入性支持、环境层面的生态性支持、企业层面的参与性支持以及家庭层面的主体性支持为社会外部环境的动力支持系统,以外推的融合力促进自系统在政治服务、经济发展、文化建设、社会和谐、人力发展、生态文明建设等功能体系上的能力内生,由此形成农村职业教育超系统的共生场域,进而让超系统在共生场域中排除干扰、优化环境、健康发展,使共生环境与共生系统朝"产业振兴、人才振兴、文化振兴、生态振兴、组织振兴"的愿景共生发展。超系统的内生动能在于农村社会治理体系和治理能力现代化,而这聚焦于农村教育治理的现代化,尤其是农村职业教育治理体系和治理能力的现代化。所以,激发农村职业教育超系统的共生力是强力推进治理体系和治理能力现代化的重要保障。

(三)基于超系统境域的农村职业教育融合治理反思

从上述对W县农村职业教育共生系统的分析,笔者得出了以下几点结论:

第一,W县农村职业教育发展体现出比较明显的系统性思维特征。在自系统、社会他系统和融合共生超系统上均考虑了农村职业教育与农村社会场域在宏观、中观、微观层面的多元主体、多元结构、多元价值关系,这是对职业教育是全息融合性教育核心命题的根本遵从。

第二,共生系统是一种理想状态,在现实中还存在很多问题需要进一步探索和思考。农村职业教育的改革和发展不是在"真空"中进行的,必须考虑农村社会的各方利益和关系,然而利益博弈和价值博弈是职业教育发展亟待解决的关键问题。可以说,利益既是职业教育参与者的内在驱动力,也是职业教育止步不前的绊脚石。利益的本质是社会关系,共生思想的提出是为了构建一种共生关系,其背后蕴含的正是人与自然和谐共生的社会价值观。

第三,通过W县的分析可以更加清晰地看到,农村职业教育现代化的实现需要一个长期过程,具有时间、空间、价值多重指向。时间上,农村职业教育要从终结教育走向终身教育;空间上,农村职业教育要跳出学校教育走向社会教育;价值上,农村职业教育要摆脱工具理性的僭越,在价值理性与工具理性的融合中彰显职业教育技术精神的深刻内涵。总之,共生是现代性发展的未来走向。站在超系统境域来看,农村职业教育共生发展是教育逻辑、政治逻辑、经济逻辑、文化逻辑、生态逻辑等多重逻辑理路的有机耦合,在多重逻辑理路的有机耦合中追寻农村教育与农村社会协同发展的现代化逻辑路向。

第七章

民族地区职业教育共生发展的现代化愿景

推进农村农业的现代化是社会主义现代化进程中不可缺失的环节,是实现乡村振兴的必由途径。农村农业的现代化进程并非一蹴而就,作为一种整体性社会变迁的复杂过程,农村农业的现代化必然涉及政治、经济、文化、教育、生态等诸多方面。因此,须立足于超系统境域来审视农村农业的现代化。

民族地区职业教育致力于培养服务农村的实用人才,具有服务农村农业的基本功能与跨界属性,是在教育自系统与农村他系统融合共生的超系统中运行的,如图7-1所示。因而,可立足于超系统境域,以共生发展理念来对民族地区职业教育及其现代化愿景进行阐述。在共生发展过程中,民族地区职业教育应基于教育逻辑、政治逻辑、经济逻辑、文化逻辑、生态逻辑,遵从技术与人、技术与社会、技术与教育、技术与职业深度融合的价值理性,实现与农村社会协同共生发展。

民族地区职业教育融合治理及其现代化也须在超系统的共生逻辑框架下进行,全方位整体性推进经济建设、人才培养、社会文化、生态环境、组织制度等诸多领域的现代化发展进程,从而使民族地区职业教育真正在共生发展中实现治理体系和治理能力的现代化。

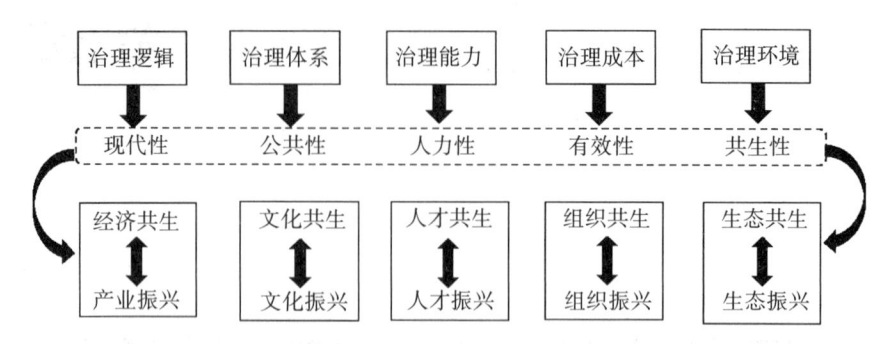

```
治理逻辑    治理体系    治理能力    治理成本    治理环境
  ↓          ↓          ↓          ↓          ↓
 现代性      公共性      人力性      有效性      共生性
  ↕          ↕          ↕          ↕          ↕
经济共生    文化共生    人才共生    组织共生    生态共生
  ↕          ↕          ↕          ↕          ↕
产业振兴    文化振兴    人才振兴    组织振兴    生态振兴
```

图7-1 民族地区职业教育治理及其现代化超系统的共生逻辑框架

一、经济共生：推进民族地区产业发展的现代化程度

产业振兴是乡村振兴的物质基础，民族地区职业教育共生发展的现代化愿景要以产业现代化为基础保障。经济共生发展思路是民族地区职业教育跨界协同、融合治理与共生发展的一种战略性思维。充分发挥民族地区职业教育的经济功能，通过经济共生的思路打造民族地区农村产业发展新模式，进而实现民族地区经济新增长，是民族地区职业教育治理现代化必不可少的环节。

（一）经济共生的共生机理

经济共生是指不同经济组织之间通过共享或互补机制形成合作共同体，使经济组织内部与外部的资源得以重组与优化，在互惠互利中，不同经济组织的经济效率能够不断提高。这里的经济组织既包括相同类型的经济组织，也包括不同类型的经济组织。相同类型的经济组织进行合作，其共生机制体现为共享机制；不同类型的经济组织进行合作，其共生机制体现为互补机制。因此，经济共生包括共享型共生与互补型共生两种类型。在经济发展过程中，通过经济共生可实现经济在资源、成果、信息、人才、技术、市场等方面的共享与互补[1]。经济共生既是经济发展的创新机制，也是经济发展的合作模式，它决定着经济组织之间跨界协同的和谐性、稳固性与长效性。

---

[1] 黄小勇.区域经济共生发展的界定与解构[J].华东经济管理,2014,28(1):153-159.

关于教育与经济的关系,新经济增长理论认为技术进步是经济增长的核心,而由教育所生产的知识或知识的载体——人力资本则会促进技术进步[1]。国内研究也已表明,职业教育与经济社会之间关系紧密。只有构建适应经济社会发展需求的职业教育体系,才能实现职业教育与经济社会之间的良性互动与耦合协调[2]。教育,尤其是职业教育,与经济社会之间存在着共生发展的关系。

民族地区职业教育是一个跨界协同的复杂系统,教育自系统与社会他系统在共生超系统的过程中,必然涉及政府、学校、行业、企业与家庭在经济上的共生关系。鉴于未来经济发展将从纯粹、单一的数量竞争走向人性、协调的合作共生,在民族地区农村经济逐步走向合作共生的发展过程中,民族地区农村职业学校作为非经济组织,也能通过与企业的深度合作,推进农村经济的共生发展。

(二)民族地区职业教育经济共生的现代化表征

民族地区职业教育超系统的跨界协同、融合治理与共生发展,就是以农村经济共生为发展愿景,着力于民族地区农村产业发展现代化程度的提升,通过教育自系统跨界农村他系统,形成产教融合、校企合作的经济发展共生体,即超系统。由此,超系统在经济共生的驱动下,基于自系统的内生力和他系统的融合力,在促进产业发展的现代化过程中,不断提升其共生力,进而以共生力全方位推进民族地区社会治理体系和治理能力的现代化。因此,民族地区职业教育在追寻经济共生发展愿景的过程中,农村职业院校与行业企业将形成农村经济共生发展的组织共同体。这种组织共同体既是民族地区职业教育的办学组织共同体,更是经济发展的集团组织共同体。组织共同体的双重身份充分彰显出超系统的价值理性与共生逻辑,并将通过超系统共同作用于农村现代化产业体系的建立与完善。

首先,在民族地区职业教育与经济共生发展的过程中,必须发挥产教融合的重要作用。在乡村振兴战略背景下,民族地区职业教育肩负着激

---

[1] LUCAS R E. On the mechanics of economic development[J].Journal of monetary economics,1988,22(1):3-39.
[2] 潘海生,翁幸.我国高等职业教育与经济社会发展的耦合关系研究——2006—2018年31个省份面板数据[J].高校教育管理,2021,14(2):12-23.

发乡村发展动能、实现乡村振兴的历史职责。但是,民族地区职业教育自系统本身并无法直接实现乡村振兴,只有在超系统中才能充分执行乡村振兴的使命。产教融合是农村职业教育与乡村经济发展的中介,民族地区职业教育与乡村经济发展的融合关系必须通过产教融合来体现。乡村经济发展的物质基础是产业振兴,产业振兴是"五大振兴"之首,更是农村内生性发展的原动力。由此,产教融合是乡村振兴在经济共生愿景下的战略选择。在具体的实践过程中,民族地区职业教育产教融合必须考虑到农村各种自然与人文景观资源、生产要素与条件保障因素的聚集与转化,要促进农村产业转型升级,让农村产业在农村经济的共生发展中充分发挥支撑作用。

其次,要充分意识到产业集群的重要作用,以促进产业集群化发展为长远目标。民族地区产业发展存在基础薄弱与结构单一等问题,构建现代化的农村产业体系,实现农村产业的建立、完善、转型与升级的关键思路是构建完整的产业群与产业链,实现产业的集群化。因此,民族地区职业教育与经济的共生发展,必须为产业集群化发展服务。可通过不同区域、不同行业、不同企业、不同类别、不同规模与不同效益的产业组织之间的融合,形成集群化的经济合作体。在经济合作体中,多个产业融合、多个机构联合、多个领域结合,既可增加区域经济发展的竞争力与特色优势,又可为农村经济发展构建相对完整的产业群与产业链。农村产业集群化发展能突破单一企业与单一产业之间的边界,使企业或产业之间的不良竞争机制转化为区域之间的良性竞争,推动民族地区农业生产与市场空间不断拓展,繁荣区域与地方经济。

最后,民族地区职业教育服务于产业集群化发展的关键思路是教育群与职业群的有效对接,可通过跨界协同、融合治理与共生发展,培养跨界能力强的新型职业农民,从而主动适应农村产业群发展的需要。教育群与职业群的有效对接,必须通过专业群的系统建设来体现,通过专业群建设实现农村复合型人才的有效供给与保障。专业群建设的关键路径在于课程群与教师群的建设与发展,其中,民族地区职业教育课程群建设应遵从"宽基础、活模块"的建设理念,构建集群模块式立体课程体系;教师群发展的思路是建设"双师型"教师队伍。因此,可通过教育群、专业群、职业群与产业群的有效对接以及课程群与教师群的有力支撑,让民族地区职业教育在促进产业发展的现代化过程中,不断追寻与实现"经济共生"的现代化发展愿景,使民族地区职业教育充分发挥强力推动农村社会治理体系和治理能力现代化的作用,从而进一步促进乡村振兴战略在产业振兴与产业兴旺上美好梦想的实现。

(三)民族地区职业教育经济共生发展的现代化图式

经济共生不仅是产业发展的新型思维方式,也是产业发展的一种新型经济模式,更是产业发展的一种新型未来样态。因此,经济共生决定着农村产业发展的规模、效率与创新性,也决定着民族地区产业发展的未来方向、发展目标与治理模式。从我国民族地区社会的治理体系和治理能力现代化发展路向来看,经济共生一定是新型农村经济发展的逻辑理路与前瞻性战略思维。

共生发展将遵循效率最大化的价值原则,共生利益是共生发展的动力[1]。民族地区职业教育要想在超系统中实现教育与经济的共生发展,需要找准经济共生的共生利益。要实现民族地区农村经济快速平稳增长的目标,就需要构建与民族地区农村区域经济相符合的产业体系,全面实现农村区域的产业振兴。从现代产业体系的发展历程可知,产业体系的发展与完善离不开职业教育的支持[2]。职业教育与产业发展具有协同发展性[3],一方面,产业发展的方向和趋势会对职业教育的人才培养和专业设置产生影响;另一方面,职业教育通过人才培养可以助推产业发展[4]。因而,民族地区职业教育要在超系统中实现教育与经济的共生发展,就一定要从自系统出发并结合他系统的需求,积极服务农村产业体系的建立、融合与完善,使农村区域产业振兴成为农村职业教育经济共生的共生利益。

当前,农村产业正处于起步发展阶段。过去以行政推动农村产业发展的方式具有一定的制约性,在发挥产业带动农村经济持续增收方面尚有不足[5]。除此之外,还存在产业共生能量不足导致的产业关联度不高,

---

[1] 黄小勇.区域经济共生发展的界定与解构[J].华东经济管理,2014,28(1):153-159.
[2] 储著源.产业转移视角下高等职业教育服务产业发展的对策与路径——以皖江城市带承接产业转移示范区建设为例[J].四川理工学院学报(社会科学版),2012,27(3):83-87.
[3] 韩永强,李薪茹.美国职业教育与产业协同发展的经验及启示[J].中国成人教育,2017(4):111-115.
[4] 杨海华,顾伟国.基于产业视角的职业教育发展的审视与思考[J].职教论坛,2015(13):81-86.
[5] 何得桂,公晓昱.行政推动向内源发展:农村产业扶贫的长效机制[J].开发研究,2020(4):50-56.

产业与空间聚焦程度较低,产业能量传导不畅导致的效率低下及产业能量分配失衡所致的农村农民参与权与资源收益分享谈判权缺失等问题[①]。农村产业结构单一、以家庭式种植与养殖的农业生产方式为主、农村经济发展的专业化与智能化程度较低、完整的产业链缺失及产业发展方面生态意识不足等问题,在实践中屡见不鲜。

在全国产业结构调整和转型换挡的新时期,基于民族地区农村经济发展的实然样态与共生发展的应然逻辑,通过民族地区职业教育自系统、他系统与超系统的协同共进,助力农村建立产业化、集约化、专业化、智能化与绿色化的复合型现代农业经济体系,符合农村职业教育经济共生的价值追求。基于民族地区农村资源要素的整合性配置、农村生产模式的联合性融通、农业生产的科技转化与集成创新等目标建立的复合型农业经济体系,是全方位推进农业农村现代化建设,更快、更有效地推进农村治理体系和治理能力现代化必不可少的环节,也是民族地区职业教育融合治理的价值追求。只有在民族地区职业教育服务于产业发展过程之中,经济共生才有可能成为现实;也只有在产业振兴的过程中,民族地区职业教育与区域经济才能在最大程度上实现共助、共享、共赢的目标。

二、人才共生:提高人力资源发展的现代化水平

在当前的经济发展过程中,新技术、新产业、新业态与新商业模式不断涌现,为社会主义现代化建设提供了新的动能。民族地区农业农村现代化的发展也无法脱离新技术、新产业、新业态及新的商业模式。只有在新技术、新产业、新业态及新的商业模式中发展现代农业,并努力推进农业生产的规模化、产业化与科技化,才能不断加快农业生产方式的优化与升级,提升农民的生活质量。唯有如此,才能逐步缩小城乡二元结构所致的经济差异,保障农村的可持续发展。但是,无论是各种新技术、新工艺、新业态及新的商业模式在农村的扎根,还是具体到产业结构调整、优化与完善,都将聚焦于农业科技实用人才的教育供给上。

民族地区职业教育培养的人力资源是共生发展的资源保障,农业科

[①] 胡海,庄天慧.共生理论视域下农村产业融合发展:共生机制、现实困境与推进策略[J].农业经济问题,2020(8):68-76.

技实用人才的教育供给必须通过农村职业教育在融合治理与共生发展中产生人才共生的群集效应才能得以支撑。因此,人才共生是农村现代化发展的重要保障与关键杠杆,更是民族地区职业教育共生发展的战略思维与现代化愿景。

(一)人才共生的共生机理

人才共生是共生效应在人类群体中的体现,我国曾出现的"医学乡""教授县"等都是人才共生效应的体现[①]。人才共生是指各类人才基于良好的发展条件与环境保障,围绕发展平台,积极融入群体性发展空间中,形成人才群体与平台融合式发展的共同体,使人才与人才之间、人才与平台之间深度融合、共生发展,进而形成人才与平台联动发展的共生效应。

人才共生强调科技人才的聚集。已有研究表明,区域环境创新和科技增长会影响到科技人才的聚集[②]。而科技人才聚集与区域创新环境之间存在共生效应,二者实现良性共生是最佳资源状态。二者之间的共生效益值的提高与二者之间的共生系数有关,共生系数越大,效益值提高越快[③]。

民族地区职业教育既是农村区域环境创新和科技增长的主渠道,也是农村区域科技人才生成与聚焦的主阵地。农村职业教育通过农业科技实用人才的教育供给,给农村区域环境创新和科技增长及科技人才生成与聚焦搭建了桥梁。农村职业教育具有跨界协同的共生特征,农业科技实用人才的供给并非在一个封闭系统中进行,而是在自系统、他系统和超系统协同发展和同构融合中完成的。

具体而言,民族地区职业教育自系统在层次、类型、领域与职能方面具有复杂性,可满足民族地区农村在不同层次、不同类型、不同领域及不同专业方向的科技实用人才的需求。民族地区职业教育自系统以其内生动力满足了农村对人才的要求。民族地区农村其他领域他系统作为协同系统,其协同性的发挥决定了农业科技实用人才供需结构的多元性。民

---

① 章玉梅.人才的"共生效应"[J].人才开发,1995(12):35.
② ZHOU Y, GUO Y, LIU Y. High-level talent flow and its influence on regional unbalanced development in China[J]. Applied Geography, 2018(91):89-98.
③ 曾律丽,刘兵,梁林 科技人才集聚与区域创新环境共生演化及仿真研究[J].软科学,2020,34(7):14-21.

族地区职业教育超系统作为融合共生的境域系统,具备为人才供给提供支持、为农村职业教育与其他领域内外联结共生提供支持等属性,可为农村科技实用人才群体与相应平台的融合发展提供保障,是人才共生的支撑系统。通过自系统、他系统和超系统的协同共生,农村职业教育可以在产教融合、校企合作的过程中实现人才共生,使人才与平台之间的共生效应发挥至最大。

民族地区职业教育超系统的人才共生涉及四个维度:一是教育自系统的人才共生,包括"双师型"教师群体的人才共生与新型职业农民的人才共生;二是民族地区社会他系统的人才共生,包括政府、学校、行业、企业、家庭等协同主体供需关系所形成的人才共生;三是职业教育超系统的人才共生,包括人才整体系统在与农村社会整体系统深度融合、共生发展的过程中所形成的人才共生;四是民族地区社会人才群体的人才共生,包括民族地区社会在特定区域、特定时间、特定环境与特定关系下构成人才生态系统所形成的人才共生。前三个维度体现的是农村人才发展与农村社会发展(即平台与环境)的融合共生,第四个维度体现的是人才与人才形成群体效应的融合共生。

(二)民族地区职业教育人才共生的现代化表征

人才共生有两种形式:人才团与人才链。人才团的共生形式可使人才同代辈出,而人才链的共生形式可开创人才代代相传的有利局面[①]。基于人才共生发展的未来愿景,为落实人才振兴的时代任务及乡村振兴战略,农村职业教育需通过"双师+平台"的方式,促进人才团与人才链两种共生形式的形成。

其一,通过民族地区职业教育自系统建立专业工作室平台,确保人才团共生形式的形成。专业工作室作为职业教育教学第二课堂的实施平台,主要由具有特长的"双师型"教师团队或由学校教师与业界精英组成,通过理论与实践相结合的教学方式,让高年级与低年级学生以课题研究、社会实践、专业竞赛、创新创业等为载体,进行合作学习与探究学习,旨在营造良好的学习氛围、增强学生的学习兴趣、提高学生的技术改造能力、技术科研成果的转化能力和创新创业能力等。农村职业院校教师借助专

---

① 罗昌华.人才成长中的"共生效应"[J].人才开发,1998(2):26-27.

业工作室平台,根据学生的个性特点和真实训练项目、实际生产设备操作和真实工作环境,设计、规划和组织教学内容,并鼓励学生以团队形式,由导师带队,通过沟通、协调,积极参加学习和实践,开展竞争与合作。这不仅能够提高团队的合作默契程度、学生对社会实际的把握程度、沟通表达能力、创新思维能力和职业素质[1],而且可以使教师与教师通过协商交流,设计教学内容、合作项目或竞赛项目,形成教师间"抱团",也可使教师与学生之间通过合作完成竞赛项目,形成师生间"抱团",还可使学生与学生之间通过沟通合作,形成生生间"抱团"。"抱团"的效应表现为:教师资源的团队性,专业建设的集群性,发展模式的协同性,运行机制的融合性。

其二,建设产教融合实训平台,实现师承型农业人才链的共生。民族地区职业教育在目标定位上一定要与区域定位相符合,体现"复合性与为农性",从而构建"人才链—技术链—产业链—创新链"的产业发展与人才发展的共生系统,加速民族地区人才团的出现;通过农村科技人才的聚集,提升农村生产、服务、经营与管理的现代化水平;通过政府、学校、行业、企业、农户家庭多方协同,形成农村经济社会发展、农村教育发展与人力资源发展的共生效应,以追寻与实现人才共生的现代化发展愿景。为此,一方面需要借助多种"互联网+"技术,构建实训基地信息化环境:开发虚拟仿真实训系统,丰富实践教学手段;建设数字化教学资源,实现"处处能学、时时可学";开发远程视频实时传输系统,实现双向远程授课[2]。另一方面,需要对接区域产业发展战略,打造区域共享社会培训高地:通过校企合作联合开发实训新设备、新软件等,实现技术、设备、人才培养与企业需求的同步发展;依托实训平台,与合作企业联合开办学徒班,发挥企业育人能动性,推进职业素养教育和职业技能训练的有机融合;结合平台的实训内容,编写具有鲜明特色的实训教材;基于"1+X"证书考核要求,完善实训教学体系[3]。因此,通过产教融合实训平台建设,不仅可以培养"学农爱农、兴农水平较高"的新型农业科技人才与农业工作者,而且能够在系统内实现农村职业教育师生"为农爱农"的共生效应,实现师承型农业人才

---

[1] 支玉成,等.高校创新型人才培养模式研究——基于"专业工作室"平台[J].科学管理研究,2019,37(3):145-149.
[2] 谢伟,李瑞.基于"互联网+"的高职产教融合实训平台建设[J].实验技术与管理,2020,37(3):226-229.
[3] 林榕.基于"集成创新"的高职院校产教融合实训平台建设研究——以物流专业为例[J].中国职业技术教育,2020(23):75-79.

链的共生。

其三,鼓励由学校专业教师、企业兼职教师和企业技术骨干建立"双师工作站",发挥产教融合实训平台功能。为充分发挥专业工作室平台和产教融合实训平台的功能,提高教学与管理质量,民族地区职业院校可与合作企业在校共建以企业技师为主体、学院教师参与的"企业大师工作站",也可与合作企业在企业内共建学院教师为主体、企业技师参与的"教师工作站"。工作站重点在于"双师"共同制订专业人才培养方案,开发优质核心课程,开发新型活页式、工作手册式教材、实施理论与实践相结合的教学,指导学生联合攻关技术改造和技术研究成果转化等难题,以此实现"双师"在人才培养中形成"抱团"效应。

(三)民族地区职业教育人才共生发展的现代化指引

乡村振兴战略将人才振兴定位为核心抓手与关键环节。2020年颁布的《中共中央 国务院关于坚持农业农村优先发展做好"三农"工作的若干意见》中提出了"培养懂农业、爱农村、爱农民的'三农'工作队伍"的建设目标,并提出引导各类人才投身乡村振兴的具体要求。2021年颁布的《中共中央 国务院关于全面推进乡村振兴 加快农业农村现代化的意见》中也提出了要将乡村人才振兴纳入党委人才工作总体部署的要求。可见,乡村人才振兴已经成为现代化进程中必须解决的重大问题。

但是,当前民族地区农村普遍存在着人才激励保障机制不健全、不完善所致的人才队伍盲目而缓慢的生长状态[1],在农村实用人才培训上存在着学习效果、个人效应、推广效应差异较大[2]等问题。相关调查显示,农村实用人才队伍中存在的总量不足、结构不合理、素质不高、技能不强、队伍不稳、组织管理不完善[3]等问题,对农村实用人才队伍建设产生了制约作用。上述问题都对农村科技实用人才的聚集及科技人才与平台的融合共生产生了不利影响。综上,乡村科技人才匮乏是实践中必须

---

[1] 冯丹丹.民族地区农村实用人才激励机制的构建及路径选择[J].中南民族大学学报(人文社会科学版),2018,38(6):119-122.
[2] 陈晓宇,杨锦秀,朱玉蓉.农村实用人才培训效果及影响因素研究[J].农村经济,2017(11):108-113.
[3] 薛建良,朱守银,龚一飞.培训与扶持并重的农村实用人才队伍建设研究[J].兰州学刊,2018(5):189-199.

解决的难题。

落实乡村振兴战略,既需要大规模的农村实用科技人才的供给,还需要人才之间、人才与产业发展之间形成人才生态系统与人才生态链,在生产加工、销售运销、管理服务等领域形成人才群体的强大动力支撑体系。唯有如此,才能使农村发展形成科技人才集聚及科技人才与农村社会发展的共生效应,农村社会发展所需的人力资源才能得到有效开发与有力保障,国家对农村农业优先发展的战略才会得到生动体现。通过农村职业教育的人才供给,为农村培养懂农业、爱农村、爱农民的实用科技人才,不断提高农村人力资源开发的现代化程度,是农村职业教育的本真。民族地区职业教育在超系统中形成农村经济社会发展、农村教育发展、人力资源发展及农村资源环境平台的共生效应,经由人才共生实现人才振兴,已成为农村职业教育共生发展的新时代要求。

三、文化共生:彰显民族地区人文精神的现代化品格

民族地区职业教育共生发展要以促进乡村人文精神与文化生态的现代化品格来凸显其价值逻辑。基于共生逻辑的考量,民族地区职业教育跨界协同、融合治理与共生发展的价值逻辑既要体现经济利益,也要体现社会效益,更要体现文化价值,要以文化价值彰显其共生发展的现代化品格。因此,文化共生是民族地区职业教育共生发展在追寻乡村人文精神的现代化品格上的教育价值旨归。

(一)文化共生的共生机理

文化共生是指社会不同阶段、不同领域与不同种类的多元文化之间,以及文化与政治、经济、教育、生态环境等领域之间能够相依相融、和谐并存与共生发展,进而形成一种能超越文化冲突的和谐发展共同体。文化共生强调多元文化异质共存[1],要求处于某一文化中的群体对自己的文化有自知之明。文化共生是现代社会追求的理想目标,也是现代社会可持续发展的重要基础,更是现代社会人文精神的现代化品格。

---

[1] 孙杰远.文化共生视域下民族教育发展走向[J].教育研究,2011,32(12):64-67.

当前,城市文化的多元发展为乡村构建现代文化带来了便利。乡村文化已逐渐趋于开放,传统的迷信、专制、愚昧思想已被逐渐打破。但是,传统乡村文化的秩序与价值也受到冲击①。乡村文化还面临着不同程度的挑战。乡村公共文化供给效率较低②、农村基层文化工作流于形式、公共文化产品供给与群众需求不相匹配、乡土文化面临消逝危险及乡村公共文化服务供需分离、偏离农民本位及目标异化③等问题普遍存在。

教育与文化不可分割,教育具有文化传播、文化选择及文化创新功能。职业教育具有"化民成俗"的功效,可从加速科技"涌现"、植现代文明于乡村心灵和服务乡村经济发展三个方面来为乡村文化自觉与文化转型提供支持④。晏阳初也早已通过"除文盲、作新民"的平民教育活动对激发农村职业教育文化自觉进行了实践探索⑤。因而,民族地区职业教育在激发农村文化自觉、促进民族地区文化转型进而实现文化共生方面具有理论与实践上的优先性。

基于共生理论的视角,文化共生涉及三个维度。一是时序性的文化共生,体现在现代文化对传统文化的继承与发扬上。时序性文化共生注重文化的历史积累与长期积淀,不会因时代的发展而全盘否定或抛弃传统文化。二是空间性的文化共生,体现不同国家、不同地区与不同民族文化的多元共存上。空间性文化共生注重不同领域之间的文化相互包容、相互借鉴,强调要形成文化间的互补式与合璧式融合发展。三是功能性的文化共生,体现在文化本身与社会其他领域在共生发展中的功能融合上。功能性文化共生关注文化与政治、经济、教育、生态环境等方面的深度融合与共生发展。

民族地区职业教育自系统各个要素均与文化紧密关联,无法分割。民族地区职业教育既要注重现代先进文化的彰显,强化新技术带来的技

---

① 吕甜甜.乡村文化的秩序转型与教育价值重建——评《乡村振兴战略中的农村教育变革》[J].中国高校科技,2020(6):105.
② 李少惠,韩慧.西部农村公共文化服务供给效率及收敛性分析[J].深圳大学学报(人文社会科学版),2020,37(6):54-63.
③ 任成金.国家治理现代化视域下乡村文化建设的多维透视[J].云南社会科学,2020(5):49-55,187-188.
④ 朱德全,马鸿霞.乡风文明:职业教育"化民成俗"新时代行动逻辑[J].国家教育行政学院学报,2020(8):3-9.
⑤ 王建民.平民教育与文化自觉——晏阳初的乡村建设思想及其启示[J].北京工业大学学报(社会科学版),2020,20(1):41-46.

术精神与新型农村的职业文化,也必须注重对乡村传统优良文化的传承与整合。同时,更要注重民族地区职业教育与民族地区经济社会发展在文化功能上的契合。他系统包含丰富的文化元素,形成生动的物质文化、精神文化、制度文化、行为文化与环境文化,这些文化要素构成完善的民族地区社会文化体系,有力支撑着民族地区职业教育的共生发展。农村职业教育超系统通过时序性、空间性与功能性文化共生体系的深度融合,充分彰显民族地区职业教育追寻工具理性与人文理性相统一的价值逻辑,进而生动凸显民族地区职业教育人文精神的现代化品格。

(二)民族地区职业教育文化共生发展的现代化表征

民族地区职业教育是乡村文化的重要供给者,承担着示范、引领、创新乡村文化的重要职能,具有公共物品的属性。根据公共物品理论,民族地区职业教育对农村的文化供给,具有消费上的非竞争性和受益时的非排他性,即民族地区职业教育的文化供给可以同时服务于多个群体与个体,并使之受益。从供需关系理论来看,民族地区职业文化供给并非以经济与利益的交换为目的,因而,民族地区职业教育与其文化权益的受众之间更容易建立良好的供求关系。良好的供求关系既是切实保障民族地区公共文化服务有效供给的手段,同时也是实现民族地区职业教育共生发展的有利条件。

事实上,虽然当前民族地区公共文化服务供给主体较为多元,但问题依然较多:乡村公共文化供给效率较低[1],供给低效和供需错位[2];民族地区基层文化工作流于形式、公共文化产品供给与群众需求不相匹配、乡土文化面临消逝危险;乡村公共文化服务供需分离、偏离农民本位及目标异化[3]。要保障农村地区文化有效供给,须在民族地区职业教育与农村群众之间建立良好的供求关系,以需定供,切实维护农村群众公共文化权益,实现文化供需匹配。

---

[1] 李少惠,韩慧.西部农村公共文化服务供给效率及收敛性分析[J].深圳大学学报(人文社会科学版),2020,37(6):54-63.
[2] 傅才武,刘倩.农村公共文化服务供需失衡背后的体制溯源——以文化惠民工程为中心的调查[J].山东大学学报(哲学社会科学版),2020(1):47-59.
[3] 任成金.国家治理现代化视域下乡村文化建设的多维透视[J].云南社会科学,2020(5):49-55,187-188.

文化供需匹配意味着民族地区职业教育的文化供给要与农村群众的需求之间实现精准对接,这就需要在供需主体互相理解、供需利益互相满足及供需关系有效对接三个方面下功夫。

其一,供需主体互相理解是实现文化供需匹配的首要条件。在农村公共文化服务过程中,农村群众作为需求方"缺位"的情况并不少见,而民族地区职业教育作为供给方"不尽职"的情况时有发生。供需不匹配是导致上述问题的主要原因。供需主体互相理解意味着要改变长期以来农村职业教育的目标在"离农"与"为农"之间摇摆的现状,要真正立足于农村未来的发展和农民的需求提供文化服务;改变长期以来城乡二元对立的局面,充分发展农村经济,着力于城市文化链与农村文化链的融合发展。立足未来发展,民族地区职业教育只有抛弃以往"离农"与"为农"二元对立的目标取向,重新建构"立足区域、城乡兼顾、发展农村"的目标,才能充分理解农村群众的利益需求,从而改变农村群众作为文化服务的需求者"缺位"的困境。

其二,供需利益互相满足是落实文化供需匹配的关键。民族地区职业教育以传递具有较强生产力的且不可从乡村日常生活中获得的现代科学技术为己任,而农村居民世代居住于农村区域,已经形成了一套以乡村传统文化为特征的村民群体共同遵守的行为模式。民族地区职业教育在向农村地区传递现代科学技术时,会打破村民习以为常的共同遵守的行为模式,从而引发文化冲突。只有供需利益互相得到满足,现代科学技术文化才能合理融入乡村传统文化,进而通过对乡村文化的继承、批判与超越,最终实现从文化冲突走向文化转型。为确保供需利益互相满足,农村职业教育就要避免进入全盘否定乡村传统文化的误区,要通过对乡村文化的传承创新,使村民在对乡村传统文化的自我认同中激发文化自觉。另外,还要保障文化供给内容的适切性,要将符合区域经济发展及区域经济发展所急需的科学文化技术知识通过教学与培训、技术下乡等方式传递给农村群众,使他们在习得科技知识的同时将其转化为物质财富。通过物质财富的刺激效应,一方面可激发农村群众作为文化需求方的长期需求,实现农村群众不仅"在场""在位"且乐于"在场""在位"的目标;另一方面,也可力促已经掌握现代科技文化的农村群众成为现代科技文化的供给者,实现子代向父代、先富者向后富者、现代型乡村精英向传统型乡村精英传递的文化反哺。

其三,供需关系有效对接是供需匹配的补充措施。民族地区职业教育作为跨界融合的超系统组织,要充分发挥自己在政府、企业、行业、农户家庭之间的协同效应,准确掌握农村群众的文化需求,实现对接内容精准化;要利用跨界组织的各类平台提供文化服务,实现对接平台的多元化;要利用各种方式深入农村文化供给,实现对接方式的多样化。如:农村职业院校可在政府、企业、行业及农户家庭间建立广泛联系,通过"政—企—行—校"之间的联系,在乡村文化建设的公共空间(乡村文化站和公共艺术馆等场所)中占据一席之地。农村职业教育也可以与农户之间建立密切联系,通过技术下乡、技术培训、送教下乡及文娱活动等方式,融入乡村文化私人空间,改变宗教文化抢占农村文化阵地[①]的局面。农村职业教育通过精准的服务内容、多元的平台和多样的方式,激活乡村传统文化,形成乡村文化与城市文化共生的局面,从而实现时序性、空间性、功能性三个维度的文化共生,使我国乡村真正成为有涵养、有特色、有活力的乡村。

(三)民族地区职业教育文化共生发展的现代化方向

加强乡村文化建设是乡村振兴的重要举措。通过培育文明乡风实现文化振兴是提升乡村软实力、激活乡村创造力并加快乡村发展之"魂"。文化兴,则乡村兴。作为乡村振兴的精神基础,最持久、最根本与最稳固的振兴力量,文化振兴是乡村振兴战略整体布局的精神支撑,也是民族地区职业教育共生发展的现代化方向。

首先,从乡村振兴战略来看,文化振兴是乡村振兴的重要内容。随着城乡一体化的推进,民族地区物质条件极大提升,农村群众对公共文化的需求快速增长。民族地区职业教育的价值取向聚焦于服务"三农"问题,将促进"农业强、农村美、农民富"作为其办学目标。民族地区职业教育在时代发展的过程中,理应实现与乡村振兴战略的有效对接。民族地区职业教育可通过文化共生效应的发挥,为农村居民提供丰富的文化服务,满足人民群众日益增长的文化需要。因而,从乡村振兴战略而言,民族地区职业教育文化共生旨在通过民族地区职业教育提供的公共文化服务,使民族地区居民不仅实现"富口袋",同时也能实现"富脑袋"。

---

① 欧阳雪梅.振兴乡村文化面临的挑战及实践路径[J].毛泽东邓小平理论研究,2018(5):30-36,107.

其次,《中共中央关于全面深化改革若干重大问题的决定》提出了推进政治领域、经济领域和社会领域治理体系和治理能力现代化的具体要求,农业和农村作为经济与社会领域的重要组成部分,其治理体系和治理能力也是国家治理体系和治理能力的重要体现。当前,农村地区存在的文化问题已经严重制约了农村社会治理能力与治理体系的现代化进程。为避免农村地区陷入"文化贫困陷阱",成为农村社会治理能力与治理体系的桎梏,农村职业教育必须充分发挥教育与文化的共生效应,通过民族地区职业教育文化共生,加强民族地区文化体系建设,努力提升民族地区乡村文化文明含量。

民族地区职业教育文化共生必须以促进乡村文化转型为己任,以实现乡风文明和文化振兴为方向。民族地区职业教育是培育文明乡风、实现文化振兴的关键。教育担负着国家文化振兴全面实现的历史重任,民族地区职业教育则肩负着农村文化振兴的使命。在民族复兴的伟大进程中,教育应坚守文化供给侧的定位,担当文化示范和引领的重要职责。民族地区职业教育应以培育文明乡风、促进乡村文化振兴为方向,在农村物质文化、精神文化、制度文化、行为文化与环境文化共生体系的构建中,担当文化保护与传承的责任,繁荣乡村文化。农村职业教育应构建乡村自信,通过重构具有新时代新农村现代文明特征的"后乡土文化",凸显文化振兴在乡村振兴中的重要作用。由此,进一步彰显农村现代化建设的文化自觉、文化自信与文化品格,这即是农村职业教育跨界协同、融合治理与共生发展在文化共生愿景下的价值旨归。

四、生态共生:提高环境治理的现代化能力

农村生态环境治理是乡村振兴的重要任务,是乡村向新型文明发展的生动体现。遵循"绿水青山就是金山银山"的发展理念,补齐农村生态环境保护短板,积极打造美丽、绿色新农村,实现生活宜居和生态振兴的美好愿景,是农村地区经济可持续发展的前提和基础。广大农村具有生态系统联系紧密、生态理念较为缺乏及生态治理难度较大的特点[1]。在经

---

[1] 文丰安.农村生态治理现代化:重要性、治理经验及新时代发展途径[J].理论学刊,2020(3):67-75.

济社会的发展中保护生态环境,在保护生态环境中发展经济,是实现乡村生态服务可持续供给的重要举措。以生态共生的战略愿景助力乡村经济发展与乡村生态服务的可持续供给,是农村职业教育融合治理的重要内容。

(一)生态共生的共生机理

所谓生态共生,是指基于和谐发展、可持续发展及绿色发展理念,按照相互依存的共生机制,将经济社会发展与自然环境、资源以及人的生存需要整合成一个协同融合的生态发展系统,使人、自然与社会能够友好并存,形成一种和谐共生式发展样态。其中,和谐共生式发展理念强调人与自然的和谐、人与社会的和谐及人与人的和谐。人与自然环境要相依相存、共处共融,走人与自然和谐友好之路;人与社会要在政治建设、经济建设、文化建设、制度建设和生态文明建设"五位一体"中和谐共生;人自身、当代人之间及当代人与后代人之间也都要和谐共生[1]。可持续发展理念和绿色发展理念是对和谐发展理念的进一步补充。可持续发展理念以"既满足当代人的需要,又不对后代人满足其自身需求的能力构成危害"[2]为其宣言,既注重今天有效发展的能力建设,又注重明天发展的潜力支持。绿色发展理念则强调必须在生态环境和自然资源承载力范围内发展社会经济,要以不损害生态环境以及自然资源为前提发展今天的经济。生态共生的发展理念强调经济社会的发展应该满足三大发展需要:一是今天人类发展的需要;二是明天未来人类发展的需要;三是人类、自然与社会共生共存发展的需要。生态共生的精髓在于要遵循共生理念所秉承的互利互惠性基本原则,促成整个生态环境的健康发展[3]。

教育与生态之间联系紧密。改造主义认为,教育不仅是再生产社会的工具,更是改造社会的工具,推动社会的进步与变化是教育的主要目标。因此,改造主义者们基于对政治、经济、社会制度对教育作用的认识,

---

[1] 黄蓉生."和谐共生"视野的生态文明建设论纲[J].改革,2013(10):152-158.
[2] 世界环境与发展委员会.我们共同的未来[M].王之佳,柯金良,等,译.长春:吉林人民出版社,1997.52.
[3] 王雪梅.共生理论视阈下的生态治理方式研究[J].理论月刊,2018(3):159-165.

提出了扩展教育的理念并强调在体制内谋求改善[①]。克伯屈认为，社会需要一种从公共利益出发，致力于适应社会变革和社会改良的成人教育[②]。在我国漫长的历史进程中，通过教育改造社会的理论与实践活动影响也较大。例如梁启超在论述社会转型与教育改造的关系时提出的"救国先救人，兴国先'新民'"的观点[③]；梁漱溟通过乡约改造进行乡村建设的尝试[④]；晏阳初通过平民教育的形式进行乡村建设的实践等[⑤]，都体现了教育对社会的改造及教育与生态之间的共生效应。教育生态共生即在教育过程中实现对人与自然、人与社会、人与人之间关系的思考，并通过教育在三者之间实现共生效应。农村职业教育作为普职成统整的特殊教育形式，其教育教学及融合治理涉及农村社会政治、经济、文化与生态环境的共生场境。因此，农村职业教育生态共生发展也必须遵从和谐发展、可持续发展与绿色发展理念，要在农村环境与资源的承载力范围内，要以不损害农村美好自然生态为前提。要通过自系统的内生力，他系统的融合力，超系统的共生力，全方位促进农村教育与农村社会融合共生、健康发展，从而提高环境治理的现代化能力。

（二）民族地区职业教育生态共生的现代化表征

民族地区职业教育生态共生意味着，民族地区职业教育作为跨界融合的超系统在发挥经济功能之时，还须实现经济增长与环境保护的协调发展。研究发现，绿色经济是降低社会生活劳动实践中对生态环境的破坏的有益举措。教育人力资本与绿色经济发展之间联系紧密，提高劳动力整体文化素质与技术水平、优化劳动力整体结构是实现经济绿色发展

[①] 涂诗万."儿童中心"与"社会改造"的择决——克伯屈教育思想新论[J].教育研究，2018，39(7):135-145.
[②] KILPATRICK WH.Education and the social crisis：a proposed program[M].New York：Liveright Inc Publishers，1932:57.
[③] 林家有.社会转型与教育改造——论梁启超的人才观[J].中山大学学报(社会科学版)，2004(1):55-61,125.
[④] 徐其龙.民国时期杨开道与梁漱溟乡约改造思想比较研究[J].哈尔滨工业大学学报(社会科学版)，2020，22(1):52-57.
[⑤] 王建民.平民教育与文化自觉——晏阳初的乡村建设思想及其启示[J].北京工业大学学报(社会科学版)，2020，20(1):41-46.

的重要途径[1]。同时,生态文明教育与人的绿色行为之间具有显著的正相关[2]。民族地区职业教育既是农村人力资源供给的主体力量,同时也是教育的有机组成部分,肩负着赋能乡村经济绿色发展的重要职责。提高农村人力资源供给质量,保障农村生态环境治理,提升农村生态文明程度,是农村职业教育的使命。民族地区职业教育应通过"绿色育人"教育理念的嵌入,发挥生态共生效应。

首先,民族地区职业教育要实现"育人体系绿色化"。民族地区职业教育要搭建绿色育人体系,实现农村职业教育与农村生态环境的互惠互利发展。民族地区职业教育的人力资源供给是保障经济绿色发展的重要内容。作为人力保障和智能支持的有效供给系统,民族地区职业教育要搭建绿色育人体系,构建和谐共生绿色发展理念,营造良好育人空间。其中,在育人理念上,应当树立和谐、可持续与绿色发展理念,培养学生具有扎根农村、发展农村、爱护农村的良好价值观;在育人体系上,应当构建跨界协同、贯通衔接与立交融合的现代农村职业教育体系,注重"普职成""农科教"与"产教研"等融合模式,形成横跨职业域、教育域、技术域与社会域的共同体系;在智力支持上,要着力提供农业生产服务、农村资源利用、产地环境综合治理与生态系统绿色供给能力等方面的教育支持;在育人空间上,要营造尊重自然、保护自然、节约资源与用好能源的生态文明良好氛围,强化农业生产的环保与质量意识,形成民族地区社会生态文明与职业道德情操的良好精神风尚。

其次,要坚持理论传授与实践育人相协同。民族地区职业教育不仅能带来农村人力资源知识与技能的提升,还能从根本上改变农村群众的思想观念、意识形态和生活习惯。坚持理论传授与实践育人相协同,一是要求农村职业教育在与他系统的融合对接中始终高度关注生态文明,立足于人与人、人与社会及人类命运共同体的新高度开展民族地区职业教育融合治理,以生态理念引领的生态文明实践活动来促成民族地区群众思想观念和生活习惯的升华。二是在理论知识的传授中,要坚持与地方实际相结合。我国民族地区面积广大,各地面临的生态问题和所拥有的

---

[1] 蔡文伯,黄晋生,袁雪.教育人力资本对绿色经济发展的贡献有多大?——基于产业结构变迁的门槛特征分析[J].华东师范大学学报(教育科学版),2020,38(10):34-47.
[2] 卢志坚,李美俊,孟宣辰.高校生态文明教育对大学生绿色行为的影响分析——以上海为例[J].干旱区资源与环境,2019,33(12):28-32.

生态资源差异显著。因而,民族地区职业教育要因地制宜地开展生态文明实践活动,确保将适合当地的绿色生产工具、生产方式和生产理念推广给群众,为绿色技术的发展提供强大的人力和智力支撑。三是要在理论与实践相结合的基础上不断开发生态农业技术,以绿色生产发展农村、富裕农民,从而使农村群众对生态规律的认识提高到新的境界。

最后,要整合绿色教育资源。一是要通过"普职成统整"与"三园基地"建设,不断整合农村教育资源,做好新农村基础设施建设的整体设计,以"生态建村"的新理念加强新农村田园风貌建设的系统规划,凸显民族地区新农村环境生态之美。二是要在农村实用人才与政府、企业、行业、家庭等的对接中实现绿色资源整合与生态经济价值的挖掘,进而加速乡村生态产业链的优化与延伸,为农业经营搭建绿色桥梁,引领农村走向符合当地长远发展的特色之路。

(三)民族地区职业教育生态共生发展的现代化蓝图

生态宜居是乡村振兴的关键环节。生态振兴是乡村振兴战略的必然追求,也是农业农村现代化的一个重要指针。党和国家高度重视农村生态环境建设问题。党的十九大明确了"人与自然和谐共生"的时代发展方略,将"生态宜居"纳入乡村振兴的二十字方针。2020年颁布的《中共中央 国务院关于坚持农业农村优先发展做好"三农"工作的若干意见》将农村生态环境建设视为乡村建设短板,提出服务农村污染治理和生态环境保护、推动农业绿色发展的要求。2021年颁布的《中共中央 国务院关于全面推进乡村振兴 加快农业农村现代化的意见》明确了到2025年农村生产生活方式绿色转型取得积极进展、农村生态环境得到明显改善等具体目标。

生态振兴的提出,表明人类社会在经历了原始文明、农业文明、工业文明的历程之后,已经开始了向生态文明迈进的步伐[1]。虽然农村生态治理是国家绿色发展与全面振兴的战略组成部分,但是当前农村生态宜居存在短板效应[2],乡村生态存在着生态退化、环境污染、农业资源利用效率

---

[1] 黄蓉生."和谐共生"视野的生态文明建设论纲[J].改革,2013(10):152-158.
[2] 罗春娜,李胜会.中国乡村振兴的动力因素研究——基于教育的视角[J].宏观经济研究,2020(8):105-117,145.

不高[1],乡村生态治理存在一定恶化趋势等问题[2];乡村生态振兴面临污染源头多样、治理难度大、制度供给乏力以及治理方式单一等多重困难;[3]农民生态意识淡薄、产业发展无序、乡村环境保护建设相对薄弱等问题突出[4]。以上问题已成为全方位推进国家治理体系和治理能力现代化的重要瓶颈。

在生态保护红线直接划归市县乡镇,生态保护由点状保护上升至区域性保护的政策要求下[5],通过农村职业教育与生态共生效应的发挥,助力乡村生态振兴,是农村职业教育的题中之义。一方面,作为开发乡村人力资本、激活乡村文化资本和加速农业农村现代化建设的有效途径,职业教育是生态振兴的重要变量,可为生态振兴提供人才与智力保障、技术支持与文化传承创新[6]。另一方面,农村职业教育在超系统中运行,通过自系统与他系统的融合协同,可在政府、企业、行业、家庭中建立广泛联系,是改变农村生态治理由政府主导的单轨环境治理机制走向多元主体参与的双向互动治理机制的因变量[7]。故而,经由生态共生进一步激发生态文明进程的活力,在跨界协同、融合治理与共生发展的过程中在生态振兴方面大展身手,是农村职业教育的题中之义。

五、组织共生:保障民族地区制度建设的现代化高度

民族地区职业教育是一个跨界协同的组织系统,这个系统横跨政府、学校、行业、企业与家庭等主体领域,经过完善的制度、共同目标与共同信念的生成,最终形成一个具有融合力量的共生发展系统。共生机制的动力源泉来自跨界组织的制度建设,而制度建设的现代化是民族地区治理

---

[1] 张灿强,付饶.基于生态系统服务的乡村生态振兴目标设定与实现路径[J].农村经济,2020(12):42-48.
[2] 祁迎夏,刘艳丽.整合与重建:西部乡村生态振兴的新轨迹[J].西安财经大学学报,2020,33(3):46-52.
[3] 落志筠.乡村生态振兴及其法治保障[J].贵州民族研究,2020,41(1):39-44.
[4] 高吉喜,孙勤芳,朱琳.实施乡村振兴战略 推进农村生态文明建设[J].环境保护,2018,46(7):12-15.
[5] 高吉喜.生态保护红线直接划到市县乡镇[J].环境与生活,2018(6):74-75.
[6] 蒋成飞,朱德全,王凯.生态振兴:职业教育服务乡村振兴的生态和谐"5G"共生模式[J].民族教育研究,2020,31(3):26-30.
[7] 落志筠.乡村生态振兴及其法治保障[J].贵州民族研究,2020,41(1):39-44.

现代化的根本保障。通过制度建设,民族地区职业教育跨界系统进一步明确了组织目标、坚定了组织信念并凝练了组织力量。通过组织共生建设思路,助推组织振兴与治理有效的实现,是民族地区职业教育保障农村制度建设现代化高度的可行途径。

(一)组织共生的共生机理

"组织"在汉语中本意是将丝麻编结成布,如《辽史卷》中的"树桑麻,有组织"。在英语中则始于"organ",后被引申为"organization",表示"由器官组成的有机体",其含义与结构密切相关。自管理科学诞生以来,组织的概念变得多样化。但就组织的本质特征而言,相关研究都强调组织是具有共同目标、相关结构和内部规划的。故而,组织可被视为由两人以上的群体组成的有机体,是一个围绕共同目标、内部成员形成一定的关系结构和共同规范的力量协调系统。共生则强调不同种类基于资源依赖或功能互补而结成的协作关系。组织共生则是指在多个组织之间建立起稳定、持久、亲密的组合关系。组织共生涉及组织共同的信任基础、价值及核心要素,需要通过某种特定的引力将同组织内部与不同组织之间共生起来,构建一种互利互惠的"共生圈"[1]。组织共生要以组织间共同的价值主张为基础,以形成组织间的命运共同体为共识。组织共生不仅是未来各类组织发展的方向,也是新时代实现农村有效治理的保障。

当前,乡村治理存在较多问题,如乡村治理组织过密化,乡村内部组织与外部组织的博弈与纠缠对乡村治理效能提升产生不利影响[2]。社会组织参与乡村治理面临各种挑战,表现出"定位模糊、治理低效和激励有限"的困境[3]。如何形成农户间的联结并促成农民自组织合作是乡村发展和治理面临的关键问题。教育是促进治理的重要手段,民族地区职业教育因其较好的群众基础及多元功能,可有效传导并形塑乡村社会治理的

---

[1] 罗敏,周超.农民工城市融入缘何依托共生型组织——基于Q市L镇多重组织互动的地方性叙事[J].暨南学报(哲学社会科学版),2021,43(2):70-85.
[2] 王红卓,朱冬亮.乡村治理组织的"过密化"困境及整合——华南G村分析[J].云南民族大学学报(哲学社会科学版),2021,38(1):89-95.
[3] 徐顽强,于周旭,徐新盛.社会组织参与乡村文化振兴:价值、困境及对策[J].行政管理改革,2019(1):51-57.

目标和行为,是一种典型的乡村社会"治理术"[①],职业教育融合治理能积极应对民族地区贫困现象。共生治理已成为新时代乡村治理模式的重大变革与创新[②]。

事实上,民族地区职业教育具有多重组织体系,是若干群体跨界合作与协同育人的共生组织,天然具有组织共生的效应。职业教育具有跨界属性,从广义而言,民族地区职业教育是政府、学校、行业、企业与家庭等的跨界组织,包括政治组织、经济组织、教育组织、文体科教组织以及村民自治组织,是一个跨界协同的多主体交叉组织,具有多中心、多层级与多类型的特点。民族地区职业教育横跨政治领域、教育领域、经济领域与社会领域,涉及公共利益、集体利益与个人利益的博弈与平衡。正因如此,民族地区职业教育也更容易在多重组织间寻找到共同契约、共同目标与共同信念,变利益竞争为协同合作,变经济利益为社会效益,变个体价值为集体价值,不断创生组织新动能,从而实现组织间的共生效应并在组织间形塑具有内在目标一致性、外部关系协同性与组织运行独立性的共生组织场域。基于职业教育的跨界属性,民族地区职业教育自系统的内生力与教育功能体系、跨界他系统的融合力与社会支持体系以及超系统的共生力与共生发展体系,都需要也必须聚焦于组织共生的催生与完善。民族地区职业教育既是一个跨界协同的组织系统,同时也是一个需要融合治理的共生系统,在跨界协同、融合治理与共生发展中,组织共生不仅以强劲的动力全面促成它与民族地区社会的融合治理与共生发展,而且以其共生效应的充分发挥,全面推进民族地区社会治理能力与治理体系现代化建设的进程。

(二)民族地区职业教育组织共生的现代化表征

民族地区职业教育自系统与他系统的组织关系,不仅决定了民族地区职业教育的现实处境和未来发展,也从更深远意义上决定了民族地区职业教育融合治理能力和农村治理能力现代化的整体推进。民族地区职业教育的共生组织场域是由政治组织、经济组织、教育组织、文体科教组

---

① 唐智彬,郭欢.作为乡村"治理术"的农村职业教育:内涵与路径[J].教育发展研究,2020,40(Z1):75-82.
② 罗敏.新时代乡村共生治理有效实现的五个维度[J].求实,2019(5):88-99,112.

织以及村民自治组织协同共生的超系统场域,基于共生逻辑与共生愿景,通过组织制度共生、组织目标共生、组织信念共生与组织力量共生,形成民族地区教育治理从碎片化走向组织化的格局,全方位、全过程与全要素助推民族地区职业教育组织共生的跨界形塑,进而全面实现乡村振兴在组织振兴与治理有效上的战略目标。

当前,我国民族地区组织共生的制度、力量、目标与信念均存在比较突出的现实问题,具体表现为:制度建设张力不够,运行机制不畅;组织目标缺乏共识,指向不明;组织力量分散,整体素质低下;组织共同信念缺失,精神文化的动力支撑不够。但是,这并不意味着要在上述四个方面平均用力。民族地区职业教育组织共生需要自系统、他系统中的各类组织作为主要参与者,相关组织跨界合作协同育人的过程之中,需要构建新制度为跨界组织的利益博弈与平衡铺平道路。通过制度建设,在利益博弈与平衡的过程中实现组织目标的明确、组织信念的催生和组织力量的壮大。因而,民族地区职业教育组织共生的动力源泉来自跨界组织的制度建设。制度建设的现代化是民族地区职业教育融合治理和民族地区治理现代化的根本保障。

首先,完善跨界组织制度建设,保障组织流畅运行。组织共生的关键是制度建设,即组织制度的共生。美国学者道格拉斯·C.诺斯(North D. C.)认为,制度是一个社会的游戏规则,更规范地说,它们是为决定人们的相互关系而人为设定的一些契约[1]。韦伯(Weber M.)则将制度视为任何圈子里的行为准则[2]。康芒斯(Commons J.)认为,制度是控制个体行动的集体行为组织,制度即组织[3]。由此,我们可以说,制度既是一种行为规则,也是一种关系机制,更是一种集体组织。制度是组织力量的助推器,是组织目标的方向标,是组织信念的催化剂。制度距离会增大民族地区职业教育共生发展的成本。只有缩小制度差距,实现制度共生,民族地区职业教育共生发展才能得到有力保障。完善组织制度能为组织共生提供强劲张力,激发组织的凝聚力,为乡村振兴的有效实现提供坚实保障。民族地区职业教育超系统的组织建设应指向农村职业教育制度的现代化,以现代化的职业教育制度推动乡村治理的现代化进程。

---

[1] 道格拉斯·C.诺斯.制度、制度变迁与经济绩效[M].刘守英,译.上海:上海三联书店,1994:3.
[2] 马克斯·韦伯.经济与社会(上卷)[M].林荣远,译.北京:商务印书馆,1997:345.
[3] 康芒斯.制度经济学(上册)[M].于树生,译.北京:商务印书馆,1962:87.

其次,要通过完善的制度建设保障组织目标、组织信念与组织力量的共生。传统的组织理论强调制度对组织及其能动性的形塑,制度体现规则、规范、信仰,对组织及其成员起着规范作用。

要落实组织共生目标,一是要以完善的制度来明确组织目标,保障组织向目标方向运行。共同的组织目标是推动组织中的个体联系在一起的共同追求或共同愿景。组织目标共生意味着对组织内部风险的掌控,任何偏离目标的行为都是具有风险的。民族地区职业教育跨界组织的共同目标是由价值与利益共生驱动的。具体而言,政府、学校、行业、企业与家庭等主体之间存在复杂的利益共生关系,在组织共生效应影响下,这种利益共生关系将从寄生性共生(依赖式)发展为偏利性共生(非对称式),最终走向互惠性共生(对称式)样态[1]。民族地区职业教育跨界组织在共同利益的驱动下,在个人利益、集体利益、国家利益、经济价值、社会价值、文化价值等价值与利益的博弈与平衡过程中,从寄生性共生走向互惠性共生。经过价值与利益的博弈与平衡,民族地区职业教育跨界组织将逐渐明确自己的组织目标,实现组织目标共生的愿景。在价值与利益的共生驱动中明确组织目标,意味着在多元利益诉求中寻求公共利益最大化。这种组织目标既可维护自系统、他系统、超系统之间的组织多元利益平衡,又可促进农村职业教育跨界系统向共同的方向健康发展。

二是要通过制度对组织的能动的形塑作用,实现民族地区职业教育跨界组织对信念的坚守和组织力量的凝练,进而推动治理体系和治理能力的现代化。共同信念是使组织中的群体持续与稳定地保持和谐关系的价值理念,是超越了自身利益诉求的精神境界。民族地区职业教育跨界组织的共同信念就是实现教育强村、教育强国,追求民族地区农村社会治理体系和治理能力的现代化,为人民谋幸福,为民族谋复兴,努力建设社会主义新农村与社会主义现代化强国。组织力量体现组织的行动力,凝练组织力量,意味着组织间能量转化从无序转换发展至有序转换,从缓慢转换转变为快速转换。在组织能量的有序、快速转换过程中,各个组织通过让渡本组织的部分利益或全部利益,实现组织间共同利益的共生。同时,凝练组织力量还能改变组织参与乏力的困境,形成从少量参与到整体参与的局面。民族地区职业教育跨界组织的能量转换应服从于农村社会经济发展,服务于民族地区社会治理体系和治理能力的现代化。

---

[1] 袁纯清.共生理论及其对小型经济的应用研究(上)[J].改革,1998(2):100-104.

(三)民族地区职业教育组织共生发展的现代化体现

组织振兴是乡村振兴战略的重要组成部分,是产业振兴、人才振兴、文化振兴与生态振兴的保障。充分发挥组织间的共生效应,将各组织的分散优势整合成乡村振兴的新优势,形成组织动能,是组织振兴的主要任务。农村基层组织具有保持农村社会稳定、维护民族地区社会安全的功能,是守住民族地区农业农村"战略后院"的稳定器,也是乡村振兴的基础力量①。通过组织振兴实现农民的再组织化,解决农村留守社会存在的各类问题,在保障产业振兴、人才振兴、文化振兴和生态振兴的基础上最终实现乡村振兴战略目标,是民族地区职业教育组织共生的重要任务与现代化体现。

我们可从以下三个方面来理解民族地区职业教育与组织振兴之间的关系。首先,从"为了谁"来进行分析,民族地区职业教育理应服务于组织振兴。民族地区职业教育的目的及其经济、文化功能,决定着它应该担负起助推组织振兴的责任与义务。民族地区职业教育以培养农村实用人才为目的,服务于乡村个人发展和经济发展,服务于乡村传统文化文明含量的提高。民族地区基层组织是农村的个人发展平台,是保持民族地区农村经济发展、社会稳定的基础机构,民族地区职业教育理应为其服务。其次,从"依靠谁"来进行分析,民族地区职业教育与组织振兴之间不可分割。农村基层组织是乡村振兴战略的组织者、实施者和推进者,在乡村振兴中的作用不可小觑。只有组织振兴才能使农村成为有强大生产力的农村,才能真正成为"战略后院";只有组织振兴,才能形成良好的乡村治理体系,才能强力保障民族地区社会稳定和社会安全,使农村居民真正享受到现代化建设的美好成果。而组织振兴的关键之举则是拥有一支规模合理、结构适当的"三农"队伍,这恰恰是民族地区职业教育义不容辞的职责。再次,从"何以可能"来进行分析,民族地区职业教育与民族地区基层组织在要素、结构和功能方面存在耦合②,也为民族地区职业教育助推组织振兴提供了良好的条件。

组织振兴是乡村振兴的保障与强力抓手。治理有效既是组织振兴的具体表现,也是乡村振兴的方向保障。但是,在当前民族地区利益主体多

---

① 王德福.拓展乡村振兴的想象力[J].北京工业大学学报(社会科学版),2020,20(2):33-40.
② 陈亮,陈章,沈军.组织振兴:职业教育的"应为"与"何为"[J].民族教育研究,2020,31(3):31-34.

元化、利益关系复杂化、利益矛盾显性化、利益诉求碎片化、利益供给失衡化[1]的现实状态下,民族地区基层组织存在着"生存空间的萎缩化和政治功能的弱化[2]等问题,民族地区基层组织对个人与集体的权利无法有效保障[3],基层组织运行存在着人才不足、能力不济、威望不高、监督不力、民意不达[4]等困难。基于组织共生理念,民族地区职业教育以跨界振兴与融合治理的战略思维有力助推组织振兴与治理有效,将成为民族地区职业教育共生发展的一种生动现实,为乡村振兴战略和美丽新农村建设提供坚强保障。

---

[1] 张锋.农村社会组织参与农村社区治理的利益机制与制度建构[J].学习与实践,2020(8):96-104.
[2] 徐晨光,王小萍.调适与发展:农村基层党组织组织力提升的政治逻辑[J].湖湘论坛,2021,34(1):25-35.
[3] 陈永蓉,李江红.农村集体经济组织成员权益的实现及保障机制[J].农业技术经济,2020(7):144.
[4] 陈军亚.农村基层组织"一肩挑"的制度优势与现实障碍[J].人民论坛,2019(11):99-101.

第八章

在超系统行动中走向共生发展：民族地区职业教育融合治理的协同机制与支持系统

民族地区职业教育作为一种跨界融合性教育类型，需要跳出职业看职业，跳出民族地区看民族地区，跳出教育看教育，需要将职业教育的发展融入整个民族地区经济社会发展体系中推进其跨界共生发展[①]。当然，对民族地区职业教育的治理也不能脱离民族地区社会的发展而进行自系统的单边性治理，必须跨界民族地区其他领域他系统进行。民族地区职业教育融合治理的结构体系涉及四重维度，即"他治—自治""上治—下治""扶治—共治""外治—内治"，因此必须立足国家、地方、环境、企业、家庭五大主体，通过构建五大主体融合的社会支持系统，进行超系统的协同性融合治理。

一、民族地区职业教育融合治理的协同机制

民族地区职业教育在超系统中走向共生发展，必然遵循"跨界协同—融合治理—共生发展"的逻辑理路，所以跨界协同是逻辑前提，协同机制的建立是融合治理的保障。因而，民族地区职业教育融合治理的共生机制与协同机制是同一问题的两个侧重点，其中，共生机制强调的是一种运动的机理逻辑，探究民族地区职业教育融合治理的生成性动态机制，而协同机制侧重的是民族地区职业教育融合治理的条件性静态保障机制。从根本上讲，没有建立民族地区职业教育融合治理的协同机制，其跨界就没

---

① 朱成晨.协同与共生：农村职业教育融合治理的行动逻辑与支持系统[J].国家教育行政学院学报,2020(1):80-88.

有实质意义,融合治理也不会成为现实。

从本质上看,民族地区职业教育是一个牵一发而动全身的全息性、跨界性与共生性鲜明的复杂教育类型,与社会政治、经济、文化等领域直接相关,与政府、行业、企业、家庭直接关联。为服务民族地区农村、培养新型职业农民,民族地区职业教育必须主动适应并先行引领农村区域发展,与民族地区农村社会的政治、经济、文化良性互动,与政府、行业、企业、家庭等协同共进,真正实现民族地区职业教育在跨界融合治理中与民族地区社会共生发展。基于超系统境域构建民族地区职业教育融合治理的协同机制,就是在治理功能上的耦合、内容上的统一和行动上的对接,真正为民族地区职业教育的融合治理提供条件性的静态保障机制。

(一)价值与目标达成:民族地区职业教育融合治理的功能耦合机制

耦合的概念源于物理学,是指系统内各子系统之间相互依赖、协调和促进的动态关联关系[①]。在治理功能上,民族地区职业教育与农村经济社会发展必须在价值与目标方面实现职能的耦合,在价值取向上要高度趋同,坚持以乡村振兴为目标指向,为此,必须在农科教统筹上形成良性耦合机制,直接服务于新型农民、新型农村与新型农业的发展。

从价值表征来看,民族地区职业教育能够打造出一支专业化的服务乡村振兴的"双师型"队伍,使农村教师的专业化发展成为现实;同时,也可以为农村学生提供丰富的学习资源和多元化的成才路径,使农村职业教育真正回归培养人的教育本真。当然,民族地区职业教育的融合治理为培养培训有文化、懂技术、会经营的新型职业农民提供了服务平台,让农民在"生产中学习,学习中生产",在"劳动中致富,致富中劳动"。因此,民族地区职业教育融合治理就是要凸显教育服务乡村振兴的价值理念,体现民族地区职业教育在发展民族地区教师、培养民族地区学生以及培训新型职业农民上的人力资本供给价值。同样,民族地区职业教育融合治理需要整合农村基础教育、职业教育和成人教育等多方资源,多元力量的有机统整有助于加大农村职业学校基础建设力度,实现民族地区职业

[①] 周光礼.国家工业化与现代职业教育——高等教育与社会经济的耦合分析[J].高等工程教育研究,2014(3):55-61.

教育资源利用效率与效益的最大化,也可以在农科教结合的教育体系中,推进农村职业教育作为农村文化教育中心、农技培训推广中心和创业指导培训中心对资源平台的统整,使有限的教育资源通过农村整体资源共享,持续为乡村振兴提供支持与服务,把文化教育、技术教育与产业开发相结合,推动民族地区经济社会向产业化、集约化、现代化方向发展。

在功能定位上,民族地区职业教育坚持为农业强、农民富、农村美服务,农业强是我国农业供给侧结构性改革的重要目标,从乡村振兴战略的角度而言,振兴乡村的首要任务就是振兴农业,民族地区职业教育融合治理能够从办学思想、办学理念、办学模式等方面做好回应,强化民族地区职业教育对农业产业结构调整以及新型农业生产、经营等的支持力度。民族地区职业教育融合治理能够立足于本地农民实际情况,围绕区域经济社会发展的具体要求,灵活设置相关专业,大力提升农民综合素质和职业技能,不断提升农民内生发展力。此外,民族地区职业教育可以为农村外在美的实现加大人才培养力度,推动农村由外在美走向内在美,实现内外和谐共生发展。

(二)要素与结构统一:民族地区职业教育融合治理的内容统筹机制

在治理内容上,民族地区职业教育与民族地区经济社会发展必须在要素与结构方面实现统一,要根据产业发展、市场需求、人才要素、经济结构等处理好供给侧与需求侧的关系,按照民族地区社会发展的需要构建现代职业教育体系,在农村"大职教观"背景下,统筹兼顾职业教育与职业培训、职业教育与成人教育、职业教育与社区教育以及职业教育与普通教育的内容体系,共同指向人的可持续发展与终身学习,支撑民族地区学习型社会与终身教育体系建设。为此,必须在专业建设与课程资源开发、课堂教学与实践实训上面向农民、立足农村、服务农业,构建以教促智、以智促富和以富促教的良好教育生态,以学校教育与职业培训为杠杆,以培养新型人才为载体,建构"扶志"(农民志向)、"扶心"(农村情怀)、"扶智"(文化振兴)、"扶资"(农业资本)与"扶业"(产业发展)的逻辑框架,推动民族地区治理能力与治理体系的现代化。

民族地区职业教育融合治理必须实现要素与结构的统一。所谓要素,即组成系统的基本单元,本质上具有层次性。某一要素相对于它所在的系统是要素,相对于组成它的要素则是系统,在系统中相互独立又按比例联系成一定的结构,并在很大程度上决定着系统的性质;同一要素在不同系统中,其性质、地位和作用有所不同;系统中某一要素与其他要素差异过大,便会自行脱离或被清除。结构则是事物内部的构成与运行机理的集合。基于结构性思维来考量,民族地区职业教育超系统必须在内部结构的联结上以及内部结构与外部环境的超联结上形成稳定、有效的关联机制,这种关联机制决定了自系统与他系统耦合功能的大小,也决定着超系统共生发展的具体态势。因此,民族地区职业教育的融合治理必须进行内外部的整合,在稳定、有效的关联机制作用下实现共生发展。

从外部治理与内部治理来看,民族地区职业教育的外部治理活动主要体现在政治建设、经济发展、社会稳定、文化繁荣、生态文明等方面。在乡村振兴的时代背景下,民族地区职业教育外部融合治理必然要求农村职业教育走在政治、经济、文化、社会、生态等的前面,起引领作用,着眼于"五位一体"的发展格局,融通社会发展全要素,助推乡村振兴与美丽新农村建设。民族地区职业教育的跨界属性决定了其开放性特征,政府、行业、企业、市场、学校是其核心的利益相关者。在内部治理上,要做到民族地区职业教育的专业设置与农村产业需求对接、课程内容与现代工农业发展职业标准对接、教学过程与现代工农业生产过程对接。要观照利益相关者的教育诉求,充分调动利益相关者参与教育治理的积极性,使其在民族地区职业教育共生发展过程中实现互惠共赢,从而激发农村职业教育内生的供给动力和内驱活力,让职业教育在供给与需求的双向驱动过程中更加符合教育发展规律和社会发展规律。

(三)教育与社会对接:民族地区职业教育融合治理的实践行动机制

在治理行动上,民族地区职业教育与农村经济社会发展必须在模式、方式与路径方面实现同步对接,通过农科教统筹、普职成统整、校地企合作、产学研一体、家校村协同等行动模式,探索外推与内生共进式发展之路,充分彰显民族地区职业教育在乡村振兴与农村融合治理上的社会价值和人力资本供给价值,将教育链、人才链、技术链、职业链体现在民族地区区域经济社会发展的全过程、全领域中。为此,民族地区职业教育必须在"三园基地"建设和"三级课堂"教学实践模式的改革行动中,联结起以学校为主体的校园基地、以农户为主体的庭园基地、以村寨为主体的田园基地,建立融"第一课堂"(即课表课堂)、"第二课堂"(即兴趣课堂)、"第三课堂"(即实践课堂)为一体的"三级课堂"教学实践行动框架,实现民族地区职业教育在课程、课堂、基地、产业、农户、村寨等方面的融合治理与共生发展。

基于此,民族地区职业教育融合治理在行动逻辑上应建立起"GIFES"协同模式,以此构建五元联动的长效协同机制。"GIFES"模式是由政府(government)、行业(industry)、家庭(family)、企业(enterprise)、学校(school)为五元发展主体而构成的协同创新模式。按照复杂科学的自组织理论,"GIFES"模式是由五元主体构成的复杂系统,该系统各个要素之间存在互动的非线性的相互作用。系统在开放过程中,要与外界交换物质、信息与能量,激活系统的序参量,进而在增熵过程中使内部要素之间产生竞争,使系统处于无序状态,即"竞争导致无序"。这种无序性表征为,需求与供给的不平衡、规模与内涵的不匹配、优质与均衡的不协调、投入与产出的不一致、公平与质量的不对等。但是,系统内部要素在与外界信息交换能量的过程中,当控制参量达到一定的阈值时,要素之间又相互协同。当协同作用代替竞争作用并占据主导地位时,系统又从无序状态走向有序状态,即"协同导致有序"。这种有序性表现为,教育供给满足了市场需求、教育投入产生了教育效益、教育质量观照了教育公平、发展规模注重了内涵建设。因此,协同后的要素构成自组织系统,充分发挥各自的功能效应,使整体系统得到新的发展。根据自组织的协同理论,农村职业教育在跨界融合治理中,通过跨界行为体的融合行动过程,获得外界物质、信息与能量,以多层次治理结构与功能的最大整合与发挥,在内部要素与结构之间的自组织竞争与协同过程中从不平衡走向新的平衡,进而在跨界融合过程中协同发展。"GIFES"协同模式就是在五元协同主体各自的内部要素与结构在与其他系统交换物质、信息与能量的过程中,产生外推力,激活内生力,进而增强整体系统的功能效应,使民族地区职业教育融合治理在跨界过程中实现最大效益的协同共生发展。

"GIFES"协同模式的五元主体在民族地区职业教育跨界融合治理中扮演着不同的角色,发挥着不同的治理作用。其中,政府必须在宏观统筹上主导农村职业教育发展方向,制度上进行顶层设计,财政上加大投入,政策上战略倾斜;行业是农村职业教育发展的重要力量,是连接职业教育与产业的桥梁与纽带,应在促进产教融合、加强产学研合作、制定培养规格与专业设置等方面发挥指导作用;家庭是民族地区职业教育的直接参与者与受益者,也发挥着对职业教育的重要引导作用,要在职业意识与生涯规划等方面,引导学生的职业选择与职业发展,进而对民族地区职业教育发展起到补充与辅助作用;企业是民族地区职业教育不可缺少的参与主体,要在民族地区职业教育的产教融合、校企合作、工学结合、知行合一中起决定性的支撑作用,促进民族地区职业教育的合作办学;学校是农村职业教育的直接承担者,是民族地区职业教育的核心主体,在办学质量方面起着决定性作用。五元主体通过自身角色与职能的充分发挥,协同推进民族地区职业教育的融合治理。

二、民族地区职业教育融合治理的社会支持系统

治理就其本质属性而言,属于制度和政策的结构性问题。治理也可借用卢曼(Luhmann,N.)的"沟通"这一概念来表征其意,"沟通"是系统整合的途径,将各种异质性整合到一起,实现系统与环境之间的和谐共生[1]。治理强调要以权力平行的多元主体参与作为治理基础。治理现代化的顺利实现是国家治理的目标,民族地区治理现代化则是其中的关键环节。但是,目前规范化的技术治理手段因其开放性、灵活性和回应性不足,可能导致将复杂的农村社会简约化,来自实践的复杂信息被遮蔽,从而最终使农村治理陷入困境[2]。民族地区职业教育作为跨界的组织系统,其融合治理的本质特征意味着可将职业教育与民族地区社会有机联系,意味着可通过职业教育来加强民族地区社会末端行政组织与农村各项事务之间的联系,从而破解民族地区社会简约化、实践信息被遮蔽等治理难题。故而,基于共生发展的现代化愿景和超系统境域下协同机制的建立,从国家、地方、环境、企业、家庭出发构建农村职业教育融合治理的社会支持系统,不仅符合民族地区职业教育现代化的发展目标,而且是民族地区职业

---

[1] LUHMANN N. The differentiation of society[M].New York:Columbia University Press,1982:264.
[2] 冯川.中国农村基层治理的"浑沌"及其实践形态研究——反思治理方式规范化的一个视角[J].社会科学,2021(2):59-75.

教育推进民族地区治理现代化最终服务于国家治理现代化的重要环节。

(一)国家层面的制度性支持

制度设计是国家治理体系和治理能力现代化的逻辑前提与重要保障。社会治理依照制度体系而展开,实质上就是制度体系的实践过程。民族地区职业教育在融合治理道路上按照国家法律与规章制度规范前行,既需要完善的国家法律法规作为支撑,更需要顶层设计作为保障。为此,国家层面要提供制度性支持,从重视制度建设的意义、遵从制度建设的基本逻辑及探索差异化的制度设计三个方面入手。

首先,制度建设是保障民族地区职业教育融合治理的首要环节。制度建设既表征着民族地区职业教育共生发展的时序阶段,又驱动和保障民族地区职业教育融合治理的系统发展。以支持民族地区职业教育共生发展为指向,逐步建立健全制度内容、优化完善制度结构具有多重意义和价值。一方面,制度建设原本即是对民族地区职业教育已有实践经验的萃取与提炼,已经历了实践不断检验的经验有存续和推广的价值。另一方面,以制度建设的形式保存和固化已有经验,有助于支持超系统境域下的民族地区职业教育的共生发展,毕竟民族地区职业教育的发展一定程度上有其内在相似性与共同性。除此之外,制度建设也是民族地区职业教育行政机构有效发挥其教育指导与规划职责的重要载体。

其次,制度建设本质上是一项系统性工程,必须遵循一定的逻辑,需要从科学性与人文性两个维度对民族地区职业教育融合治理的制度建设进行考察与反思[1]。其中,科学性强调制度建设的逻辑与理性,强调对制度生成、变革与完善等过程内在规律的尊重与遵循;人文性则是强调制度建设的伦理与德性,强调制度应凸显的道德关切。基于共生发展的现代化愿景和超系统境域下协同机制的建立,构筑民族地区职业教育融合治理的社会支持系统,遵循制度建设的必要逻辑、尊重制度变革的内在规律具有重要意义。在民族地区职业教育融合治理制度建设的逻辑中,正视背后多元主体的利益博弈应被置于首位。对于多元主体利益博弈的关注,意味着制度建设中,要对复杂的社会互动关系和多方利益相关者之间的交际予以理解和尊重。事实上,制度建设的权力博弈背景既不可能消

---

[1] 张建.教育治理体系的现代化:标准、困境及路径[J].教育发展研究,2014,34(9):27-33.

除,又不能回避,从正视到理解、从尊重到遵循是一条必由之路。另外,制度建设应深度嵌入其时空结构中,在制度的延续与变革之中寻求恰当的平衡点,既不必过分保守,拘泥于历史的窠臼,又不应过于激进,脱离现实的情境。秉持科学理性的基本准则、坚守适度适切的价值认同是实现民族地区职业教育共生发展与融合治理的核心。同时,遵循制度建设的逻辑不仅体现为正视各项制度自身的内在规律性,也体现为制度之间的有效衔接与基本一致,还体现为以一种更为宏观的视角审视制度关系,进而提升制度合力,共同指向民族地区职业教育的融合治理。

最后,在制度设计上,应探索具有差异化的民族地区职业教育融合治理制度,从而实现对民族地区社会复杂性的全面观照。虽然从外部角度而言,公平公正是制度设计的首要原则,制度应能全面覆盖职业教育发展的全过程,切实提供民族地区职业教育平等的发展机会与可能,充分彰显支持的全面性与公正性。但是,公平公正并不意味着"一刀切"式的制度设计,而是应有效地基于独立个体的发展需要和期待进行差别化的制度设计。从内部角度而言,适宜的差异化制度设计是真正落实公平原则、提升制度实效的必然选择。一定程度上,民族地区职业教育在整个庞大的教育系统中处于极为独特的位置,是一种全息性、融合性的跨界教育。不论是从区域的特色还是从民族地区的复杂性和发展需求来看,以跨界形式存在的职业教育都不可能千校一面。差异化的制度设计是民族地区职业教育融合治理的逻辑起点,探索差异化的制度设计是为了更好地满足和实现民族地区职业教育共生发展与融合治理的价值性期待,并提升制度的针对性和实效性。

(二)地方层面的投入性支持

投入性支持是民族地区职业教育共生发展与融合治理最为重要的外部保障系统。民族地区职业教育作为庞大的组织系统,在内部运行过程中,必须保持自身系统的开放,使之与外部系统交换物质、信息与能量,因而自然会受到外部系统的控制与影响。具体来说,就是政府、行业、家庭与企业作为民族地区职业教育融合治理的参与主体,在经费投入、发展规划、政策导向与产教融合、校企合作等方面,会直接影响与支撑职业教育自组织系统的正常运行,由此自然形成教育自组织运行的外部保障机制。

第一,在投入性支持方面要建立健全投入保障机制。当前,我国职业教育管理体制为"分级管理,地方为主,政府统筹,社会参与"。这种管理体制的特点就是政府投入支持的层次下移,原有的主要由国家或省级投入支持的中等职业教育下放为市、地级投入支持[1]。因此,民族地区职业教育必须强化地方政府教育投入的主体责任,需要建立健全完善的投入保障机制,建立多元化的经费投入机制,从短效的"输血"机制变为长效的、可持续发展的"造血"机制[2],这是民族地区职业教育融合治理的关键性支持系统。地方政府应该重视发挥财政在民族地区职业教育等公共产品供给方面的功能,提高职业教育学校尤其是农村职业学校的生均经费,为贫困生加大财政拨款,构建合理的家庭经济困难学生资助政策体系,减免贫困生的各类求学费用,多途径地发放生活补贴,使更多的贫困孩子走进学校,从而促进城乡经济的均衡发展以及城乡职业教育、区域职业教育与各层次职业教育的一体化[3],推动民族地区职业教育在超系统中实现共生发展。

第二,倡导联合办学。依托地区内职业院校和企业资源,实行面向市场的订单式培养,即由联办单位进行人才预测,制订招生计划,提供教学设备和实习基地,保证部分经费供应,由职业教育机构负责教育教学,推动民族地区职业院校更好地面向社会、面向市场办学[4]。同时,建立多元化的教育投入格局,在以政府教育投入为主的条件下,大力推进职业教育投入多元化,多渠道、多形式筹集资金,逐渐减少对政府教育投入的过度依赖。当然,在投入性支持的同时,也要观照地方投入的效益与效率,进行有用性、有益性的投入,激发民族地区职业教育共生发展的核心能量。理顺地方政府投入民族地区职业教育的体制机制,支持并倡导投入性支持革新与监测,做到显性投入与隐性支持的双轨并行,推进民族地区职业教育融合治理能力与治理体系现代化。

---

[1] 李延平.职业教育公平问题研究[M].北京:教育科学出版社,2009:133.
[2] 朱成晨,闫广芬,朱德全.乡村建设与农村教育:职业教育精准扶贫融合模式与乡村振兴战略[J].华东师范大学学报(教育科学版),2019,37(2):127-135.
[3] 朱德全.职业教育统筹发展论[M].北京:科学出版社,2016:268.
[4] 朱德全.职业教育统筹发展论[M].北京:科学出版社,2016:268.

(三)环境层面的生态性支持

环境是事物存在的空间及其中直接或间接影响事物发展的各种因素。任何事物的发展都离不开环境的影响,民族地区职业教育的共生发展寓于政治环境、经济环境、文化环境、意识环境等社会环境系统之中。本质上,环境是生态性的固态与动态存在。因此,民族地区职业教育的融合治理需要社会生态系统的强力支持,具体涉及政治生态、经济生态、文化生态与意识生态。

政治生态上要坚持党委领导、政府负责、社会协同、公众参与、法治保障的农村社会管理格局,建立自治、法治、德治"三治融合"的农村基层治理体系,实现政府治理、社会自我调节和居民自治良性互动。首先,中央政府从整体层面制定政策,为民族地区职业教育共生发展与融合治理提供一定的保障。地方政府在执行中央政策文件时,也应根据民族地区职业教育发展的特点,制定适当的政策,以此驱动民族地区职业教育共生发展。同时,要弱化政府的直接干预行为。各级政府应确立以服务为核心的价值理念,对政府推动民族地区职业教育共生发展与融合治理的干预行为做好定位[1],从服务型政府定位出发,构建分权、参与、多中心的治理体系,发挥政府对民族地区职业教育共生发展的宏观引领和间接干预作用,扮演好协调者和服务者的角色。

经济生态上,要完善和提升经济之于民族地区职业教育的强度与品质。提升是一个永无止境的过程,不能仅仅满足于民族地区职业教育某些经济指标或者数量的扩展。在持续推进乡村振兴的新时代,对民族地区职业教育共生发展的经济生态支持的强度还要不断提升,坚持产教融合和农科教统筹,尤其是要注重民族地区特色农业产品与产业资源的开发与支持,建立民族地区职业教育融合治理的产业经济生态环境。同时,也要增强民族地区职业教育共生发展中经济生态支持的品质,不能仅停留于经济支持、拨款助学等维度。从长远发展来看,更要充分考虑有效供给与有效需求,通过经济作用,改善农村职业教育的生存环境与影响力,并最终落实到人的发展上。超系统中农村职业教育融合治理,尤为重要的是把农村职业教育的发展提升到不只是为了生存,而是使每一个"职业

---

[1] 李杰,陈凤英,朱德全.治理与服务:职业教育与区域经济联动发展中的政府行为[J].职教论坛,2014(10):21-24.

人"有尊严地生活和使劳动成为实现人的自由全面充分发展的手段的高度[1]。

文化生态是指一定时代各文化要素之间相互关联所呈现的形态以及由此形成的一种具有特征性的文化结构,它在本质上规定并表征着人的生存方式及其相互关联[2]。正如杜威(Dewey J.)所言,没有任何完全孤立进行的事情,任何事情的进行都与其他事情的进行联系在一起[3]。农村职业教育共生发展与融合治理的文化生态建设,首要的是确立整体性发展的文化价值观,应着重通过技术文化、职业文化、乡土文化等内在的力量构筑农村职业教育的精神价值。要加强农村文化体系建设,注重农村社会文化的融入,让农村焕发充满生机的乡土文化气息和有淳朴乡土风情的新农村风貌,努力提升农村文化品格,以厚重的文化生态支撑农村融合治理。

意识生态上要转变农村职业观念,强化职业意识,增强职业精神,尤其是注重农村情感引导。中国社会的乡土性决定了乡村厚土是人们生命得以退守的永远的家园,是人们从技术所围裹的现代性藩篱中可退而守之的生存底线[4],要涵养适合农村职业教育生存发展的乡土情感土壤,让广大农民与农村学生热爱劳动,热爱劳动人民,热爱农村,热爱农业,树立劳动光荣与勤劳致富的良好精神品质。

(四)企业层面的合作性支持

对于企业来讲,与之相关的职业教育或者与职业教育相关的一切个人或组织都是其利益相关者[5];对于民族地区职业教育的发展而言,企业必然是其最为重要的利益相关者之一。换句话说,民族地区职业教育与企业互为利益高度相关者。民族地区职业教育必须充分体现产教融合、校企合作、工学结合、知行合一的指导思想,离开企业的支持,职业教育就

---

[1] 祁占勇,王志远.经济发展与职业教育的耦合关系及其协同路径[J].教育研究,2020,41(3):106-115.
[2] 徐书业.文化自觉:教师专业发展的未来趋势[J].广西教育学院学报,2004(2):1-3.
[3] DEWEY J. The public and its problems[M].Athens, OH: Swallow, 1927:22.
[4] 刘铁芳.乡土的逃离与回归:乡村教育的人文重建[M].福州:福建教育出版社,2008:2.
[5] 约瑟夫·W.韦斯.商业伦理:利益相关者分析与问题管理方法[M].3版.符彩霞,译.北京:中国人民大学出版社,2005:46.

不再是职业教育。因此,民族地区职业教育必须推进校企"双元育人"模式,让企业积极参与到办学过程中来,真正成为民族地区职业教育的重要办学主体。对于企业层面的支持,可从企业合作性支持的人才供给端和横向要素协同联动两个方面来加深理解。

从企业合作性支持的人才供给端来看,企业要参与培养适合乡村振兴的人才。格里·斯托克认为,治理的本质在于它所要制造的结构或秩序不能由外部强加,而是要依靠多个进行统治并相互影响的行为者在权、责、利上的协调[①]。首先,政府的调控机制要发挥作用。在企业发挥合作性支持系统作用之前,厘清政、行、企、校在产教融合中的职能边界和权、责、利,创新政、企、行、校多元办学新模式,有效调动企业重要主体参与民族地区职业教育办学,强化行业企业主体作用[②]。同时,打通企业层面合作性支持的点群集合,形成企业合作支持农村职业教育共生发展与融合治理的点、线、面。因此,首要的是要选择好企业合作支持民族地区职业教育共生发展与融合治理的统摄点,将产教融合、校企合作、工学结合的理念渗入合作办学的制度文本、人才培养方案、体制机制建设、各类平台搭建,为企业发挥合作性支持作用奠定基础。其次,要选择好企业合作支持民族地区职业教育共生发展与融合治理的切入点,将专业、课程、教学、师资、实训等作为校企合作多维改革的重点,为乡村振兴背景下民族地区职业教育的融合治理打好基础。最后,要选择企业合作支持民族地区职业教育共生发展与融合治理的联结点,加快学校内部治理体系改革和现代学校制度建设,通过组织变革和流程再造,构建企业合作支持民族地区职业教育共生发展与融合治理的长效机制。

从企业合作性支持的横向要素协同联动来看,要构建融通互动的企校互动机制。民族地区职业教育共生发展与融合治理是一项复杂的系统工程,系统中各主体、各领域、各环节间相互影响、相互制约,具有复杂性和动态性特点,这就需要在系统内架构融通互动的企校互动机制,统筹协调系统内教育、资金、政策、制度、信息等要素,激发相关利益主体的积极性,这是企业合作性支持顺利实施和高效运行的重要保障。一是创新统

---

① KOOIMAN J. Modern governance: new government-society interactions [M]. London: SagePress, 1993:64.
② 张旭刚.乡村振兴战略下农村职业教育产教融合发展的国际比较与路径[J].教育与职业,2020(14):80-87.

筹协调机制,打通民族地区职业教育与企业之间的壁垒。民族地区职业教育作为跨界教育,要组建强有力的领导机构,统筹教育、农业、财政等方面的涉农资源,集约利用、协同联动。二是完善激励约束机制,激活企业合作性支持的内驱动力。建立健全企业参与民族地区职业教育的激励约束机制和成本补偿机制,能调动、激发行业企业参与民族地区职业教育的积极性。

(五)家庭层面的主体性支持

民族地区农户既是民族地区职业教育的受教育者,也是民族地区学生参与农业生产与劳动实践时的教育主体,因此,民族地区职业教育需要家校合作,共建家校协同育人模式。通过家校合作与家校协同育人,农户家庭成为民族地区职业教育的重要主体,成为乡村振兴与民族地区职业教育融合治理的核心主体,进而真正实现把民族地区职业教育"办到农民家门口、办到农村田野上、办到农户心坎上"的办学主张,让农户家庭真正成为乡村振兴的主力军。因此,需要构建以家庭、学生、教师、校长、学校为主体的家校联络层次系统,其中,家庭是联络系统的信号源,教师则是联通家庭、学生与校长、学校的桥梁。家校联络层次系统的主要作用就是吸纳家庭主体的意见,最大限度地激发家庭的主体性支持。在民族地区职业教育家校合作的过程中,家庭的主体性支持通常表现在观念转变、行动支持、社会宣传等维度。

家庭要转变观念。态度决定成败,观念引导态度[①]。长期以来,受"劳心者治人,劳力者治于人"的传统观念影响,整个社会都认为职业教育"低人一等"。民族地区职业教育从称谓上更具有乡土性,且扎根农村大地,为农业农村发展培养技术技能型人才,因而更加难登"大雅之堂"。民族地区职业教育家校合作的首要前提就是要让家庭转变观念,站在时代发展的立场,以融合发展的眼光看待农村职业教育的时代地位。要以成功的实践案例帮助农户家庭树立"选择职业教育依然可以成才,依然可以大有可为"的新观念,转变农户家庭的认知。要引领农户家庭从观念转变走向行动支持,最终贯穿到民族地区职业教育共生发展与融合治理的全员、全过程、全方位,真正形成民族地区职业教育共生发展与融合治理

---

① 钟美珠,谢云天.农村职业教育中的家校合作[J].职教论坛,2016(8):85-88.

的家庭主体合力。

以观念指导行动,形成对民族地区职业教育共生发展与融合治理的实质性行动支持。其中,首要的是做到相互信任,家庭要将适合接受农村职业教育的学生推荐到农村职业学校,这是对民族地区职业教育生存与发展的主要支持。当然,也要对民族地区职业教育进行科学合理的评价。在对民族地区农村家庭教育有着重要引导作用的家校合作过程中,及时有效的反馈和科学的评价体系直接影响着合作的效果。反馈不是单向的,而是双向的。只有及时反馈,家校双方才能准确获悉彼此的信息,才能更好地互通有无,实现预期目的。在反馈的过程中,家长应及时传达学生在家庭中学习时的信息,表达诉求、意见和建议,以便家校双方可以及时调整合作内容、合作方式以及合作手段等,及时弥补合作过程中出现的不足。此外,也要对农村职业教育的成绩进行宣传推介,宣传的目的是引导社会树立对农村职业教育的正确认识,促使更多的家庭主动选择农村职业教育,并且不断壮大完善家校联络层次系统,在家庭发挥主体性支持作用的基础上,实现民族地区职业教育融合治理的国家理想与国家战略。

三、民族地区职业教育融合治理与共生发展的进阶:学习型社会与终身教育体系建设

学习型社会与终身教育体系建设是新时代教育改革的重要战略目标之一。随着科技的变革和信息社会的建设,工业、农业、医疗、教育等众多领域的生产方式发生了系统性变革,知识与技能随之不断更新。过去以知识传授为主和为职业做准备的传统教育已经无法适应高度信息化、智能化、个性化的新时代[1];同时,学习也已经超越学校场域,转变为人人学习、时时学习、终身学习的社会活动。因此,建设学习型社会与终身教育体系是新时代教育变革的必然战略。民族地区职业教育作为我国教育体系中重要的组成部分,其发展的高阶必然是高度的自为性。同理,民族地区职业教育融合治理与共生发展也主要依赖于自发的、自主的全民学习与终身学习。

---

[1] 朱永新.未来学习中心构想[J].华东师范大学学报(教育科学版),2017,35(4):15-18.

(一)民族地区学习型社会与终身教育体系的本质澄明

学习型社会和终身教育的内涵既有一致的地方,又有区别。学习型社会倾向于从个人(或社会各种基本组织)的角度出发,强调每个公民应具备终身学习的态度、能力,突出人人终身参与学习的重要性。终身教育则倾向于从社会的角度出发,强调一个国家的教育制度应当整合各种资源,为每一个公民创造终身参与各种教育活动的可能性[①]。按照概念的层次逻辑,民族地区学习型社会与终身教育体系是学习型社会与终身教育体系的下位概念。明晰民族地区学习型社会与终身教育体系本质的关键,在于阐明学习型社会与终身教育体系的概念内核。本书基于特殊论、职业论、时序论、对立论、功利论对学习型社会与终身教育体系的本质进行归纳,进而推演出民族地区学习型社会与终身教育体系的本质。

1. 特殊论的狭义认知:学习型社会与终身教育对象全员性被分解

特殊论的观点主要是基于对学习者或受教育者的群体划分,即坚持把学习或教育的对象狭义地理解为成人、老人或者职业人等某一特殊人群[②],这种论断把学习型社会与终身教育理解为一种补偿教育和继续教育,过分关注成人、老人等特殊对象。事实上,就纵向体系而言,学习型社会与终身教育的对象理应包括婴幼儿、青少年、中年、老年等各个年龄阶段的人,是一个人整个生命期的全部教育历程。因此,通过对特殊论的驳论出发,学习型社会与终身教育体系完全可以理解为对全体社会成员的全部教育,而不是少数特殊对象的某一类教育。

2. 职业论的单一推断:学习型社会与终身教育内容多样性被窄化

学习型社会与终身教育内容职业论是基于教育对象特殊论的狭义判断,错误地认为教育内容主要是职后培训,或者是满足职业所需的基础知

[①] 高志敏.关于终身教育、终身学习与学习化社会理念的思考[J].教育研究,2003(1):79-85.
[②] 高志敏.关于终身教育与学习化社会理念的探讨[J].教育研究,2001(3):52-58.

识与技能补偿教育[①]。这种判断错误理解了学习型社会与终身教育体系建设的初衷。事实上,作为一种伴随人们终生的活动过程,终身教育是工作、生活甚至生命的有机组成部分,是个人生存的权利。因此,终身教育的内容应是多样的,既包括专业性教育,也包括社会、文化、生活等多方面的教育。

3.时序论的固化思维:学习型社会与终身教育形式自主性被否定

学习型社会与终身教育形式时序论跳出了特殊论与职业论的概念框架,但依旧存在局限。一是拘泥于学校教育形式和过程,过分强调教育形式及其时序;二是忽视了自主学习,关注被动教育,固化了人的发展与受教育形式[②]。事实上,在学习型社会与终身教育体系中,学习的形式和途径是多元的,每个人都可以根据自身需求和愿望去自主选择。而且,从人的全面发展来看,各级各类教育的运行必须相互协调、相互统整,并非几个模块的机械相加,或者简单的阶段式适应。

4.对立论的二元假设:学习型社会与终身教育体系兼容性被忽视

学习型社会与终身教育体系对立论分为两种:一是把学习型社会与终身教育体系作为两种不同的教育体系,互不兼容;二是把学习型社会和终身教育体系行业、产业等经济社会体系相对立[③]。这是典型的二元论思维假设,忽视了学习型社会与终身教育体系是学校教育、非学校教育、正规教育与非正规教育的总和。事实上,学习型社会与终身教育体系是在大教育观的哲学视野下,各种教育形式、教育过程、课程内容、教学方法的有机融合,是一个和谐共生、协同发展的教育系统。

---

① 韩民,郝克明.终身学习背景下培训与继续教育的公平及其政策课题[J].北京大学教育评论,2007(3):2-10,187.
② WANG V, PARKER J. Lifelong learning in China[J].Revista internacional de organizaciones,2014(12):71-88.
③ 高志敏.关于终身教育与学习化社会理念的探讨[J].教育研究,2001(3):52-58.

5. 功利论的价值判断：学习型社会与终身教育功能社会性被误读

教育功能功利论错误地认为学习型社会与终身教育体系建设是出于经济社会发展转型的无奈选择，是功利性的行为，甚至有人认为国家推动学习型社会与终身教育体系建设就是扩大招生、多办学校[①]。这种主张忽视了学习型社会与终身教育体系建设促进个体全面发展和促进社会可持续发展的目的，是基于利益分析框架的过度解读。学习型社会与终身教育体系建设的最终目的不是功利的，而是社会性的，是可持续的，其最终目的在于全面提高人的素质，改善人的生活质量，促进社会和谐进步与可持续发展。

按照概念演绎的路径，从学习与受教育对象来看，民族地区学习型社会与终身教育体系的本质是对民族地区人口全员性参与的构建；从学习与受教育的内容来看，民族地区学习型社会与终身教育体系在本质上是融合生存教育、专业教育、通识教育以及生命教育等在内的统整性教育过程，其中包括社会的、文化的、生活的等多维教育。同时，民族地区学习型社会与终身教育体系更是充分根据学生自愿、农户自主，多形式、多途径的学习过程，旨在全面提高人的素质，改善人的生活质量，促进社会和谐进步与可持续发展。民族地区职业教育融合治理与共生发展的进阶必然导向学习型社会与终身教育体系的构建。

（二）面向美丽新农村的学习型社会与终身教育体系建设的战略选择

学习型社会与终身教育体系建设是综合性的教育与社会改革，包含了教育法制、组织机构、人事制度、公共设施、技术创新等多方面的改革。面对如此复杂的局面和如此艰巨的任务，面向美丽新农村的学习型社会与终身教育体系建设的改革至少需要完成体制机制改革、技术平台创新和保障支撑优化三个层面的突破（如图8-1所示）。

---

① 高志敏.关于终身教育与学习化社会理念的探讨[J].教育研究，2001(3):52-58.

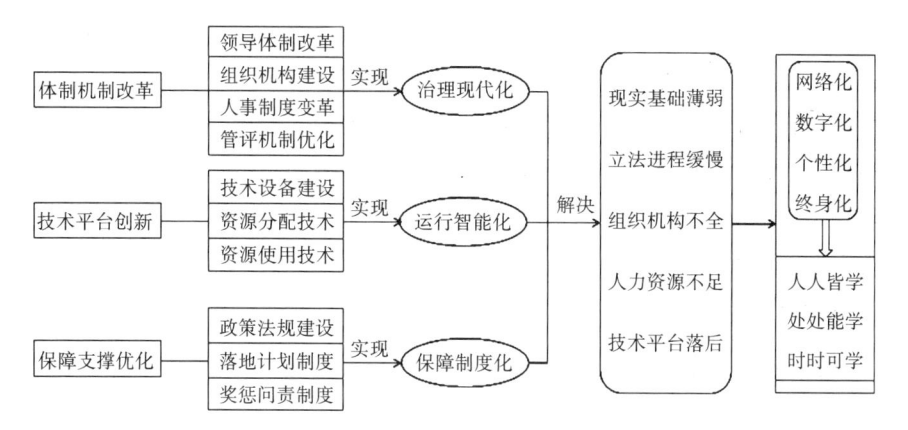

图 8-1 面向美丽新农村的学习型社会与终身教育体系建设改革的层次模型

1.深化体制机制改革,实现学习型社会与终身教育体系治理现代化

(1)协同化治理改革:消除多头领导和条块分割

各种类型、各种形式、各个层次的教育有机沟通与衔接,这是终身教育的核心要点[①]。面向美丽新农村的学习型社会与终身教育体系建设涉及教育、人事、财政、劳动社保、文化、广播电视、新闻等多个责任主体,不能简单地由职业与成人教育、网络教育部门管理。为了发挥多元责任主体的协同治理效益,国家、省、市、县以及乡镇层面应成立能够统筹各方责任主体的统一机构,如"学习型社会与终身教育体系建设委员会",并在该机构的统筹领导下,各责任主体协同开展相关工作。除了责任主体的协同,面向美丽新农村的学习型社会与终身教育体系的建设还需要学校教育、社会教育、非正式教育等不同教育形式的协同治理与发展。

(2)多元化组织建设:丰富物质载体和配套设施

一是在加强面向农村的各级各类学校建设的基础上,重点推进社区学校、成人学校、老年学校、广播电视大学等社会教育学校建设。重点加强面向美丽新农村的学习型组织、学习型社区建设,如推出社区学习中心、老年大学等,不断丰富社会教育机构。二是要高度整合多种教育机

[①] 常咏梅.运用现代远程教育网络构建终身教育体系[J].电化教育研究,2003(11):50-53.

构,实施区域教育联动,在县域内充分整合正规学校机构、网络教育机构、社区教育机构、职业培训机构等,启动校校联动、校企联动、家校联动等多种学习组织的整合工作[①]。三是要在合理规划的基础上,增加图书馆、博物馆、文化馆等机构数量,借助企业、个人等各种力量,大量兴建图书馆、博物馆、文化馆等公共教育配套设施;面向社区、面向公众,充分开放大学图书馆、博物馆、文化馆等各类社会教育场所,让农村人口平等享受自由学习的机会和资源。

(3)职业化人事改革:废除职业歧视和固定编制

现行人事制度编制固定,存在着职业歧视、混日子等多种问题,不仅降低了学习型社会与终身学习体系建设工作的吸引力,还惰化了体制内成员的学习热情[②]。因此,要变革人事制度,补充人力资源配备。一方面,要在专业岗位设置、岗位编制、社会保障等方面消除职业歧视,实现所有教师一体化,进而吸引更多人员参与学习型社会与终身学习体系建设。另一方面,要废除固定编制,实施社会教育辅导员、社区兼职导师、企业教育培训师、社会教育培训师等计划,补充师资队伍。与此同时,也要借助固定编制的消除,强化职业进修和职后学习,形成全民学习的良好氛围。

(4)贯通化评价改革:推行学分银行和学业互认

面向美丽新农村的学习型社会与终身学习体系建设的一个现实难题,就是不同阶段、不同类型、不同地点的学习结果不能相互认可转化。因此,必须实行贯通化的学习评价改革,推行学分银行和学业互认。从当前我国学习成果认证现状来看,要真正实现学习者学习成果的统一性和转换性,就有必要建设国家性的学历资格框架,既确保同一学历资格的统一性,又实现了各学历资格及层次之间的紧密联系。由于学历资格框架设定了每一学历资格相对应的知识及能力所应达到的标准,学习成果的积累、转换、互认成为可能,在此基础上,就能够真正推行学分银行及学业互认。当前,我国学分银行和学业互认已在逐步推进,学习并借鉴已有成功经验,加快学分银行和学业互认的推进速度,是面向美丽新农村的学习

---

① 朱德全.和谐与互动:职业教育均衡发展的体制机制研究[J].河南大学学报(哲学社会科学版),2012(5):138-143.
② 温恒福,张萍.学习型组织的实质、特征与建设策略[J].学习与探索,2014(2):53-58.

型社会与终身学习体系建设的必要举措。

2.推进技术平台创新,实现学习型社会与终身教育体系运行智能化

人工智能技术的出现是解决面向美丽新农村的学习型社会与终身教育体系建设现实问题的有益尝试。"人工智能+教育"通过其强大的数据库、先进算法和多元服务,能够克服当前面向美丽新农村的学习型社会与终身教育体系建设过程中的诸多问题,助推学习型社会与终身教育体系运行智能化(如图8-2所示)。

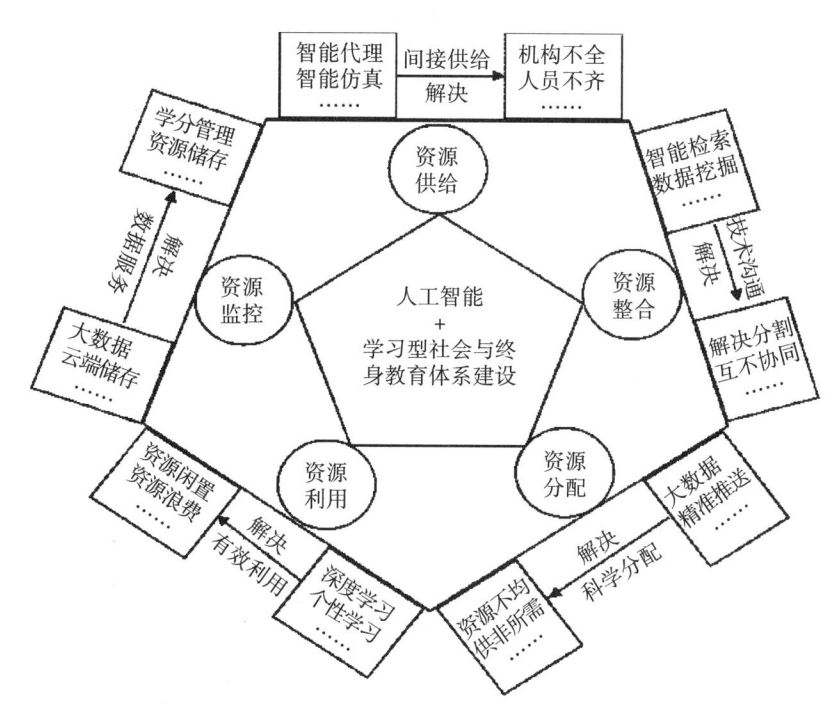

图8-2 "人工智能+"学习型社会与终身教育体系的建设

(1)完善技术设备,夯实现代教育的基础性条件

人工智能技术的使用与实施必须依托一定的平台和设备基础。要在面向美丽新农村的学习型社会与终身教育体系建设中实现运行过程智能化,一是要不断加强教育信息化的基础条件建设,完善学习型社会与终身教育体系的技术平台建设,在计算机配备、网络接通、移动终端配送等方

面加大投入,提高居民教育信息化的设备水平,通过技术平台建设,夯实学习型社会与终身教育体系的基础条件;二是要不断创新现有的技术水平,加大力度引进和使用智能代理、智能仿真、智能测评、智能检索、知识表示、深度学习、泛在学习、数据挖掘、大数据、云计算等新兴技术;三是要着力提高居民、教师、学生的信息化素养,提高社会大众使用人工智能技术的能力。

(2)创新控制界点,科学地变革学习资源分配方式

不断丰富各类教育资源,充分利用"互联网+"、大数据、云计算等技术手段,一方面广泛筹集和储备教育学习资源,另一方面借助这些技术对各类教育资源进行精准推送[①]。首先,坚持"市场需求导向+政府宏观调控"的最高分配法则,通过基于需求的调控实现教育机构的多样化发展与规范化管理。其次,创新各种教育资源的分配与消费方式,以免费培训、自主学习、学校教育等多种形式分配相应的教育资源。再次,加速现代远程教育工程建设,构建开放式、立体化的教育网络,实现跨时空的教育资源共享。最后,要关注弱势群体,尤其是偏远地区、民族地区的教育资源推送以及残障人群、老年人群等特殊人群基本学习权的保障,实施补偿性、倾斜性二次分配。

(3)提高使用效率,高效催化学习资源作用发挥

充分利用教育信息化技术促进教育教学变革和学习方式变革,大力推广翻转课堂、慕课、移动学习等,为全社会人人学、时时学、处处学提供技术支撑[②]。一方面,基于人的学习与认知规律,尊重学习者的学习权利与学习自由,普遍推广学分制和弹性学制;同时,转变学习方式,推进变革性学习和工作场学习,提高学习效能。另一方面,坚持服务于学习的精神,整合并供给相应教育资源。譬如,因事因地制宜,充分发挥各种教育资源的集群优势,在同一个区域内开展多种形式的终身教育;扎实推进农村"三教统筹""农科教结合"[③],物尽其用,人尽其才。与此同时,大力推进

---

① 张坤颖,张家年.人工智能教育应用与研究中的新区、误区、盲区与禁区[J].远程教育杂志,2017,35(5):54-63.
② 张剑平.关于人工智能教育的思考[J].电化教育研究,2003(1):24-28.
③ 朱德全.农村中学"三位一体"课程与教学模式创新的行动研究[J].西南大学学报(社会科学版),2015,41(1):80-86,190.

学习资源的回收利用、重复利用,坚持可持续学习的理念,在保护各种学习资源中完成学习。

3.实施系列保障计划,确保学习型社会与终身教育体系建设现代化

(1)依法治教:学习型社会与终身教育的政策法规保障

完善相关法律法规、搭建法律保障体系是面向美丽新农村的学习型社会与终身教育体系建设的重要保障。一是分步骤完善相关法律法规。一方面,要在全国范围内尝试建立地方性终身教育法规,并且把终身教育内容渗透到职业教育法等相关法律法规的修订中;另一方面,深入开展实践调研工作,出台终身教育法或终身学习促进法,完成图书馆法、博物馆法等系列配套法案建设,建成终身教育的法律体系[①]。二是按法理编制法律法规内容,确保终身教育的地位。要以法律的形式确立学习型社会与终身教育体系的政治地位,统一学习型社会与终身教育体系建设的社会认识,确保以法律法规为学习型社会与终身教育体系建设的行动纲领。三是严格执行所有法律法规,维护法律法规的权威。在执行所有法律的过程中,要坚持"严格执法、惩戒有力、教育为主"的原则,执法必严,违法必究。

(2)营造氛围:学习型社会与终身教育的落地计划保障

面向美丽新农村的学习型社会与终身教育体系建设离不开全民学习氛围的营造。首先,鼓励机关、企事业单位、社区等承担组织各种形式的学习与阅读活动的责任,根据地区经济条件,推行"书友会""农技推广站"等学习与培训宣传活动,提高全民的学习意识。其次,各级各类学校要以终身学习为指导理念,改革课程与教学,旨在培养学生的学习兴趣,提高学生的自主学习能力。最后,图书馆、博物馆、体育馆等场馆机构要树立场馆学习意识,充分运用新媒体技术,使全民意识到场馆资源丰富、环境轻松、时间灵活、学习随意等特征[②],主动参与场馆学习,进而在发挥场馆

[①] 朱德全.学习型社会与终身教育体系建设政策框架:国家理想与推进逻辑[J].华东师范大学学报(教育科学版),2018,36(2):19-21.
[②] 张美霞.新媒体技术支持下的场馆建设与场馆学习——以现代教育技术博物馆为例[J].中国电化教育,2017(2):20-24.

教育功能的同时推动全民学习。

(3)创新示范:学习型社会与终身教育的激励制度保障

面向美丽新农村的学习型社会与终身教育体系建设还要有必要的示范与激励措施。首先,抓示范。由各省、市、县、乡设置终身教育推进委员会,评选出模范学习型城市、模范学习型社区、模范学习型企业、模范学习型机关等,作为其他城市、社区、企事业单位、机关的学习对象。其次,抓典型。由终身教育推进委员会组织开展"先进学习个人"评选与表彰活动,使典型人物和先进事迹成为全民学习的典范。再次,积极组织民间赛事和项目品牌等活动,鼓励社会全员参与学习或阅读。最后,抓技术。通过人工智能与现代信息技术,加大面向美丽新农村的学习型社会与终身教育体系示范和先进的宣传活动,深化学习型社会与终身教育体系的影响力,开创农村地区"人人爱学习,人人在学习"的新局面。

结　语

融合治理与民族地区职业教育共生发展超系统境域

　　民族地区职业教育融合治理站位超系统境域,以其系统性思维与跨界性思维范式,重构民族地区职业教育治理的共生逻辑与行动路向,超越了民族地区职业教育基于封闭的自系统单一管理的传统模式,破解了当下民族地区职业教育发展面临的实然困境,为新时代民族地区立足新发展阶段、贯彻新发展理念、构建新发展格局提供了一个崭新的思维范式和应然指向。"民族复兴与乡村振兴"是我国现代化征程的历史"底色","乡村振兴的关键在人"是农村现代化发展进程的社会"亮色",二者从根本上都指向民族地区职业教育。一方面,民族地区职业教育具有指向农业、面向农村、服务农民的本土优势;另一方面,民族地区职业教育能够促进人口红利转向人才红利,彰显其技术赋能的智力优势,这两大优势揭示了民族地区职业教育在乡村振兴与人才红利上的特色。

　　然而,我国民族地区职业教育长期自身内生力不足、社会外推力不强、跨界融合力不够等症结,致其陷入系统低效、结构错位、功能缺失等现实困境,加上民族地区农村空心化、边缘化、碎片化现象,造成民族地区职业教育的"悬浮态势",与其应然样态产生了一定程度的脱节。因此,本研究指向民族地区职业教育治理体系和治理能力现代化的发展愿景,提出融合治理的时代命题,力求从方法论和实践论上对民族地区职业教育治理进行系统性、深层性与超越性的反观。

第一,职业教育价值理性表征为工具理性与价值理性的统一,能够在技术、人、社会、教育、职业等要素的深度融合中,由低级形态的工具理性上升为以技术精神和实践价值为内核的技术理性,最终真正回归于发展人的过程理性即价值理性。

技术型时代充分彰显"技术定义生活、技术定义职业、技术定义教育"的鲜明特征,这一鲜明特征揭示了社会的技术性与技术的价值性双向建构的过程。作为人工物的技术、作为过程的技术、作为知识的技术、作为意志的技术、作为意识形态的技术都是技术内涵多重隐喻的表现[1],但是对技术的狭隘认知、盲目崇拜和精神依赖又会导致技术走向异化的一端,如海德格尔所言的"时代最高的风险"[2]。实际上,由理性演化出来的价值理性与工具理性本是一个整体,即一个事物的两面性,而正是两种理性的高度统一,才生动彰显该事物的本真价值。在现代化发展进程中,不是技术理性发展过头,而恰恰是由于技术理性发展不足,处在低水平的工具理性阶段,所以更需要呼唤其技术理性,回应技术型时代的价值需求。技术理性不是工具理性,而是涵盖技术活动本身的价值和巨大的社会意义。所以,职业教育本身就包含了工具理性与人文理性的内在统一,以其技术理性为载体追寻技术精神来彰显职业教育的人文精神与社会价值。

职业教育技术理性存在着与技术发展的历史演进和社会发展融合共生的过程逻辑与空间逻辑。在纵向历史的维度,具有与历史发展进程中技术变革推动产业结构和人才结构调整的关联逻辑;在横向社会的维度,具有新技术对职业教育实践行为的助推逻辑;在立体空间的维度,具有横跨社会其他界域并与之深度融合的跨界逻辑。技术理性是一种追求合理性、规范性、有效性、功能性、理想性和条件性的人类智慧和能力,是一种扎根于人类物质需求及人对自然界永恒依赖的实践理性和技术精神[3]。人是一种生存性存在,具有创造性和自觉性,能够以其个体的生命性与社会的价值性凸显自己的存在。技术的两种尺度和人的本能性、超越性具有内在契合关系。因此,职业教育的技术理性体现在自然人、学校人、职业人、生命人、社会人的"五位一体"的育人逻辑路向上,真正体现出技术

---

[1] 顾建军.技术的现代维度与教育价值[J].华东师范大学学报(教育科学版),2018,36(6):1-18,154.

[2] 马丁·海德格尔.演讲与论文集[M].孙周兴,译.北京:生活·读书·新知三联书店,2005:37.

[3] 朱葆伟,赵建军,高亮华.技术的哲学追问[M].北京:中国社会科学出版社,2012:221-223.

在人与社会融合共生发展中的时代精神与价值逻辑。

第二,民族地区职业教育发展的必然取向应该是跨界协同、融合治理与共生发展。

从自身规律来看,民族地区职业教育必须遵循职业教育跨界性特质,通过横跨职业域、技术域、教育域与社会域,体现从自然人、学校人到职业人、生命人、社会人的育人进路,融职业、技术、教育、经济、文化、精神于一体,形成一种产教融通、校企合作、校校协作的多元化、集团化办学格局,真正体现"双场并进""理实一体""工学结合"与"知行合一"的融合发展样态。

从历史演进来看,在不同的历史发展阶段,民族地区职业教育的办学目标、价值诉求、办学形式、组织形式、教育内容呈现出不同的特征:在建立和探索期,民族地区职业教育旨在促进农村农业发展;在转型和提升期,民族地区职业教育旨在服务农村经济全面发展;在改革和创新期,民族地区职业教育旨在服务乡村振兴和推动城乡一体化发展;在稳定和持续发展时期,民族地区职业教育旨在促进各民族共同富裕和构建全民终身学习的学习型社会。可以说,民族地区职业教育的发展始终与民族地区经济社会发展密切相关,呈现出部分嵌入关系向全面嵌入关系的发展演变。民族地区职业教育全面嵌入农村经济社会发展,自然需要跨界协同、融合治理与共生发展。

从发展样态来看,民族地区职业教育体系初步完善但结构有待优化,规模基本稳定但质量有待提升,办学效益逐步扩大但办学模式有待创新,发展导向基本明确但是功能与特色有待挖掘。在社会现代化发展进程中,职业教育承担了培育技术技能型人才和服务经济社会发展的重要使命。在新的历史时期,农村职业教育必然成为破解"三农"问题和推进乡村振兴的重要突破口。然而,民族地区职业教育面临自系统内生动力不强、跨界协同融合力不足和外部社会保障机制不畅等困境,难以实现从自系统横跨民族地区社会"他系统"进而实现民族地区职业教育超系统整体性治理的局面。因此,民族地区职业教育必须基于要素、功能、结构和价值融合,构建"农科教统筹""产教研融通""普职成统整"与"校村户共进"的跨界协同发展模式,以融合治理促进其共生发展。

第三,民族地区职业教育融合治理由治理逻辑、治理体系、治理能力、治理成本和治理环境构成"五位一体"的逻辑框架,全系统、全领域、全过程观照其融合治理的现代化与共生发展的美好愿景。

民族地区职业教育是社会系统中最为开放、最为活跃、最为复杂的全息融合性教育类型,它关涉社会发展的全系统、全领域、全过程,与社会政治、经济、文化相互依存并相互跨界融合,起着牵一发而动全身的全息性作用,是一种横跨多种界域的复杂教育系统与跨界教育类型[①]。推动民族地区职业教育的变革与发展,自然需要跨界融合的治理逻辑与战略思维,融合治理能充分体现农村职业教育的跨界思维与治理理性,更能凸显民族地区社会发展的一体化统整战略。在跨界中协同,在跨界协同中融合治理,在融合治理中共生发展,始终是民族地区职业教育发展的逻辑理路与行动路向。民族地区职业教育融合治理需要在治理逻辑、治理体系、治理能力、治理成本与治理环境上构成"五位一体"的行动体系与逻辑框架,促进其融合治理的现代化,并充分彰显与国家乡村振兴战略的同步契合,进而实现与民族地区经济社会的共生发展。第一,民族地区职业教育融合治理的逻辑属性表征为,职业教育的现代性、教育治理的现代性与民族地区社会发展的现代性;第二,民族地区职业教育融合治理必须建立一套立体、开放、交互的公共性治理体系,体现以协商共信为基础,以公共规则为主导,以协同共生为动力,设计一套符合社会公共秩序的规则体系,参与规则制定的主体必须具有多元化与多样性,要充分体现其规则的公共理性,才能确保规则的公认度;第三,民族地区职业教育融合治理能力的关键是现代化发展进程中农村人力资本的有效供给;第四,民族地区职业教育治理成本应充分体现"效率至上、效益最大化"的价值逻辑,即以最低的治理成本发挥公共理性的治理力量,实现社会力量的"善治";第五,民族地区职业教育在"五位一体"社会生态场域共生环境中,需要统筹谋划民族地区政治建设、经济建设、文化建设、社会建设、生态文明建设,注重协同性、关联性与综合性的同步推进与共生发展。

---

① 朱成晨,闫广芬.跨界与共生:农村职业教育融合治理的分析框架[J].教育研究与实验,2020(1):20-28.

第四,民族地区职业教育融合治理的理论逻辑是以共生逻辑为前提, 以系统性思维范式为方法论,以超系统境域为站位立场,由共生单元、共 生模式、共生环境和共生界面构成共生逻辑体系。

共生逻辑的上位概念体现其系统性思维。以系统性思维来整体观照其组织结构、要素关系以及系统的价值或功能,通过超系统内部要素与要素之间、要素与整体系统之间以及整体系统与外部环境之间的动态关系和作用机制的全面观照,能够全方位明晰民族地区职业教育发展的价值逻辑,进而才能整体性把握民族地区职业教育在跨界协同、融合治理与共生发展过程中的行动路向。系统性思维表征为三种具体思维形态,即结构性思维、关系性思维与价值性思维。其中,结构性思维体现对民族地区职业教育超系统结构的整体性认知;关系性思维体现对民族地区职业教育自系统与跨界他系统的内部要素与跨界要素之间的关联性认知;价值性思维体现对民族地区职业教育自系统在跨界他系统后共生超系统过程中的价值性认知。以系统性思维来观照民族地区职业教育,一方面要求我们要有发展的全局意识,不能仅仅观照学校教育的单边式发展,还应该观照其与政府、行业、企业家庭的协同式发展。另一方面,也要求我们应当全面认识这一跨界系统的整体效益与价值体系,既要认识其经济利益,也要认识其社会效益,更要认识其文化价值;既要认识其今天的发展效益,也要认识其可持续发展的明天的效益;既要认识其对民族地区农业发展的经济价值,也要认识其对农村环境生态系统的绿色发展价值。

共生逻辑的同位概念指向其关系主体。民族地区职业教育超系统是学校与民族地区农业发展的共生关系体,也是职业教育与民族地区社会发展的共生关系体,由共生单元、共生模式、共生环境和共生界面构成。民族地区职业院校、地方政府、企业、行业家庭等构成共生单元;民族地区社会政治、经济、文化等各种社会关系的总和构成共生环境;民族地区职业教育超系统的跨界协同与融合治理就是共生模式;效益最大化的驱动与价值利益的同构是动力机制,即共生界面。

共生逻辑的本位概念强调共生机理。基于系统性思维与共生结构要素,民族地区职业教育融合治理的共生机理包括共生起点、共生条件和共生时变。其中,共生起点是民族地区职业教育融合治理的价值原点,基于民族地区职业教育共生发展的现代性表征和职业性与技术性属性,共生起点聚焦于"职业精神"与"技术理性";共生条件为职业教育融合治理提供了共生可能，基于职业教育融合治理的共生单元、共生资源和共生界面等共生结构要素，共生条件体现在共生单元能力、共生资源配置和共生界面功能；共生时变刻画出民族地区职业教育融合治理的共生关系进化，基于民族地区职业教育融合治理的共生单元对共生系统的自适应与反适应，共生时变沿循共生关系的"识别—适应—发展"进路。

第五，民族地区职业教育融合治理既是一种时序性演化的共生过程，也体现为一种结构性统整的行动逻辑。

基于共生逻辑，站位于超系统境域立场来看，民族地区职业教育的共生发展必须以共生机制的有效构建为动力保障。首先，民族地区职业教育共生系统在跨界融合过程中体现出三个不同时序段的共生机制演化过程：一是跨界适应时段的"协同—竞争"机制；二是融合调适时段的"博弈—耦合"机制；三是共生发展时段的"外推—内生"机制。三个时序段共生机制的动态演化过程表现出一种生成性与进阶性的发展规律。其次，民族地区职业教育融合治理是一种结构性统整，这种融合治理的结构体系涉及"四重维度"，即"他治—自治""上治—下治""扶治—共治""外治—内治"。具体而言，其一，通过"他治"实现外推式发展，在外推过程中激活内生力，刺激发展需求，使融合治理的内部动力与外部推力形成耦合机制，进而逐步实现从"他治"走向"自治"，并最终以"自治"为主要行动逻辑。其二，实现从自上而下的单边政府主导逻辑，转变为自上而下"与自下而上相结合的双边联动逻辑，进而实现以"上治"助推"下治"，最终形成上下融合共治的治理格局。其三，"扶治"是为了激发内生动力，为了借助外推力最终实现社会各方力量广泛参与的"共治"。其四，以内部治理激发内生动力，以外部治理的支撑形成强劲助推力，民族地区职业教育融合治理在"外治"与"内治"上追求的"善治"愿景，始终指向使职业教育在产教融合、校企合作、工学结合、知行合一上的实践行动能够成为一种生动的教育现实，也让城乡一体化能够通过职业教育这一杠杆来强力助推民族地区治理体系和治理能力现代化美好愿景的如期实现。

**第六，民族地区职业教育融合治理的现代化水平必须通过自系统的内生能力与教育功能体系、他系统的融合能力与社会支持体系、超系统的共生能力与共生发展体系来生动体现，基于这"三大能力"与"三大体系"的协同发展与同构融合，进而在经济共生、人才共生、文化共生、生态共生、组织共生"五大体系"的整体推进上共同构筑共生发展的美好蓝图与现代化愿景。

民族地区社会发展的现代化过程,是一种作为整体性社会变迁的复杂转化过程,涉及政治、经济、文化、教育、生态等方方面面,因此,站在超系统境域来看民族地区职业教育,其共生发展的价值逻辑应该体现为教育逻辑、政治逻辑、经济逻辑、文化逻辑、生态逻辑等多重价值理性的有机耦合,在多重价值理性的有机耦合中充分凸显民族地区职业教育与民族地区社会协同发展的共生逻辑。遵循其超系统的共生逻辑,民族地区职业教育共生发展的现代化过程就是一种体现民族地区社会整体性变迁的复杂转化过程,涉及人的发展、政治制度、经济建设、社会文化、环境生态等诸多领域,要全方位整体性推进这些领域的现代化发展,就必须努力提升职业教育治理体系和治理能力的现代化水平。民族地区职业教育治理体系和治理能力的现代化水平必须通过自系统的内生能力与教育功能体系、他系统的融合能力与社会支持体系、超系统的共生能力与共生发展体系来生动体现。基于这"三大能力"与"三大体系"的协同发展与同构融合,进而在经济共生、人才共生、文化共生、生态共生、组织共生"五大体系"的整体推进上共同构筑并努力追寻民族地区职业教育共生发展的美好蓝图与现代化愿景。其中,经济共生能充分体现民族地区职业教育推进农村产业发展的现代化程度;人才共生能充分体现民族地区职业教育提升农村人力资源发展的现代化水平;文化共生能充分体现民族地区职业教育彰显农村人文精神的现代化品格;生态共生能充分体现民族地区职业教育提高农村环境治理的现代化能力;组织共生能充分体现民族地区职业教育保障农村制度建设的现代化高度。

第七,"GIFES"协同机制和社会支持系统共同保障民族地区职业教育融合治理在超系统境域中走向共生发展,进而形成共生发展的高级进阶,即学习型社会与终身教育体系的建设。

民族地区职业教育融合治理是基于多元治理主体的协同参与,构建内外协同的跨界融合机制,通过他系统的融合力和自系统的内生力,形成具有全息性与共生性的社会治理"超系统"。"超系统"的形成与发展需要构建长效的协同机制和强大的社会支持系统来支撑。首先是必须建立"五元联动"的长效协同机制,即"GIFES"协同模式,该模式包括由政府、行业、家庭、企业、学校的"五元主体"构成。"五元主体"在跨界融合治理中扮演着不同的主体角色,发挥着不同的治理作用。其中,政府在宏观统筹上主导职业教育发展方向,制度上进行顶层设计,财政上加大投入,政策上战略倾斜;行业是职业教育发展的重要力量,是连接教育与产业的桥梁与纽带,在促进产教融合、加强产学研合作、制定培养规格与专业设置等方面起着不可或缺的指导作用;家庭是民族地区职业教育的直接参与者与受益者,也发挥着对职业教育的重要引导作用,在职业意识与生涯规划等方面,能够引导学生的职业选择与职业发展,对职业教育发展能够起到补充与辅助作用;企业是职业教育不可缺少的参与主体,在职业教育的产教融合、校企合作、工学结合、知行合一中起着决定性的支撑作用;学校是职业教育的直接承担者,是职业教育的核心主体,在职业教育办学质量方面起着决定性作用。"五元主体"通过自身角色与各自职能的充分发挥,协同推进民族地区职业教育的共生发展。其次是在"GIFES"协同模式上形成民族地区职业教育融合治理的社会支持系统,具体包括国家、地方、环境、企业、家庭五大范畴。一是国家层面的制度性支持;二是地方层面的投入性支持;三是环境层面的生态性支持(广义"生态"概念,可以延伸到政治生态、经济生态、文化生态与社会意识生态);四是企业层面的合作性支持;五是家庭层面的主体性支持。最后,在社会支持系统的基础上,形成共生发展的高级进阶即面向民族地区学习型社会与终身教育体系的建设。

参考文献

普通图书

[1]曼瑟尔·奥尔森.集体行动的逻辑[M].陈郁,郭宇峰,李崇新,译.上海:格致出版社,上海三联书店,上海人民出版社,2017:2.

[2]柏格森.时间与自由意志[M].吴士栋,译.北京:商务印书馆,1958:84-85.

[3]迈克尔·博兰尼.自由的逻辑[M].冯银江,李雪茹,译.长春:吉林人民出版社,2002:168-186.

[4]皮埃尔·布迪厄,华康德.实践与反思——反思社会学导引[M].李猛,李康,译.北京:中央编译出版社,1998:133-134.

[5]沃尔夫冈·布列钦卡.教育科学的基本概念:分析、批判和建议[M].胡劲松,译.上海:华东师范大学出版社,2001:1.

[6]曹继东.伊德技术哲学解析[M].沈阳:东北大学出版社,2013:24.

[7]弗里曼.战略管理:利益相关者方法[M].王彦华,梁豪,译.上海:上海译文出版社,2006:30-44.

[8]高宣扬.鲁曼社会系统理论与现代性[M].北京:中国人民大学出版社,2005:7.

[9]郭治安,等.协同学入门[M].成都:四川人民出版社,1988:23-24.

[10]赫尔曼·哈肯.协同学——大自然构成的奥秘[M].凌复华,译.上海:上海译文出版社,2005:1.

[11]贺雪峰.大国之基:中国乡村振兴诸问题[M].北京:东方出版社,2019:5.

[12]安东尼·吉登斯.社会的构成[M].李康,李猛,译.北京:生活·读书·新知三联书店,1998:52,89.

[13]安东尼·吉登斯.现代性的后果[M].田禾,译.南京:译林出版社,2000:24.

[14]康芒斯.制度经济学(上册)[M].于树生,译.北京:商务印书馆,1962:87.

[15]刘春生,王虹.农村职业技术教育学[M].北京:高等教育出版社,1992:1.

[16]刘铁芳.乡土的逃离与回归:乡村教育的人文重建[M].福州:福建教育出版社,2011:2.

[17]赫伯特·马尔库塞.单向度的人——发达工业社会意识形态研究[M].刘继,译.上海:上海译文出版社,2014:11.

[18]马克思,恩格斯.马克思恩格斯全集(第23卷)[M].中共中央马克思恩格斯列宁斯大林著作编译局,编译.北京:人民出版社,1972:530.

[19]马克思.1844年经济学哲学手稿[M].中共中央马克思恩格斯列宁斯大林著作编译局,编译.北京:人民出版社,2018:48-51,92-93.

[20]石伟平.比较职业技术教育[M].上海:华东师范大学出版社,2001:355.

[21]马克斯·韦伯.经济与社会(上卷)[M].林荣远,译.北京:商务印书馆,1997:345.

[22]吴国盛.技术哲学讲演录[M].北京:中国人民大学出版社,2016:2-3.

[23]俞可平.治理与善治[M].北京:社会科学文献出版社,2000:3-5.

[24]袁纯清.共生理论——兼论小型经济[M].北京:经济科学出版社,1998:2-4,9.

[25]ANSOFF H I. Corporate strategy[M]. New York: McGraw Hill, 1965: 8-10..

[26]ANTON de BARY. Die Erscheinung der symbios[M]. Strasbourg: Privately printed, 1879: 21.

[27]ASPIN D N, CHAPMAN J D. Values education and lifelong learning[M]. Dordrech: Springer, 2007: 362-379.

[28]BANG H P. Governance as social and political communication[M]. Manchester: Manchester University Press, 2003: 101-116.

[29]DESSAUER F. Streit um die Technik[M]. Frankfurt：Verlag Josef Knecht，1956：234.

[30]KOOIMAN J. Modern governance：new government-society interactions[M]. London：Sage Press，1993：64.

[31]ROSENAU J N, CZEMPIEL E O. Governance without government：order and change in world politics[M]. Cambridge：Cambridge University Press，1992：5，32.

期刊

[32]别敦荣,韦莉娜,唐汉琦.高等教育治理体系和治理能力现代化的基本原则[J].复旦教育论坛,2015,13(3):5-10,59.

[33]曾东升.从整体性治理视角探讨企业参与职业教育的实现途径[J].职业技术教育,2012,33(34):30-33.

[34]陈鹏,王晓利."扶智"与"扶志":农村职业教育的独特定位与功能定向[J].苏州大学学报(教育科学版),2019,7(4):8-15.

[35]楚旋.我国职业教育的治理模式分析[J].职教论坛,2010(7):9-12,17.

[36]褚宏启.教育治理:以共治求善治[J].教育研究,2014,35(10):4-11.

[37]崔炳辉.整体性治理视域下高职院校治理体系研究[J].江苏高教,2016(3):148-151.

[38]房风文.构建现代职业教育体系下的农村职业教育建设路径探索[J].中国农村教育,2014(5):37-39.

[39]格里·斯托克,华夏风.作为理论的治理:五个论点[J].国际社会科学杂志(中文版),2019,36(3):23-32.

[40]顾建军.技术的现代维度与教育价值[J].华东师范大学学报(教育科学版),2018,36(6):1-18,154.

[41]何应林,顾建军.职业教育跨界研究初探[J].中国职业技术教育,2012(36):20-25.

[42]胡海,庄天慧.共生理论视域下农村产业融合发展:共生机制、现实困境与推进策略[J].农业经济问题,2020(8):68-76.

[43]蒋成飞,朱德全,王凯.生态振兴:职业教育服务乡村振兴的生态和谐"5G"共生模式[J].民族教育研究,2020,31(3):26-30.

[44]蓝洁.职业教育治理体系与治理能力现代化的框架[J].中国职业技术教育,2014(20):9-13.

[45]李小金,漆治文.农村职业教育体系探索[J].边疆经济与文化,2010(12):13-14.

[46]李小丽.农村职业教育概念界定的现实冲突和困境[J].决策探索(下半月),2017(9):81-82.

[47]李延平,王雷.农业供给侧结构性改革背景下农村职业教育的使命及变革[J].教育研究,2017,38(11):70-74.

[48]李玉静.现代职业教育治理体系的基本框架[J].职业技术教育,2014(4):1.

[49]李政,徐国庆.基于同素异形体结构原理的职业教育双主体办学治理结构分析[J].现代教育管理,2018(4):77-81.

[50]李政.职业教育供给侧结构性改革的现实之需[J].教育发展研究,2016(9):65-70.

[51]廖其发.论我国改革开放40年来的"农村教育综合改革"[J].河北师范大学学报(教育科版),2018,20(4):22-31.

[52]刘奉越.乡村振兴下职业教育与农村"空心化"治理的耦合[J].国家教育行政学院学报,2018(7):40-46.

[53]陆益龙.后乡土性:理解乡村社会变迁的一个理论框架[J].人文杂志,2016(11):106-114.

[54]马建斌.对当前农村职业教育发展问题的思考[J].教育研究,2000(2):30-34.

[55]马建富,刘颖,王婧.后扶贫时代职业教育贫困治理:分析框架与策略选择[J].苏州大学学报(教育科学版),2021,9(1):48-55.

[56]南旭光.多元共治:现代职业教育治理创新研究[J].现代教育管理,2017(3):90-95.

[57]南旭光.基于多元共治视角的职业教育治理突破与创新[J].职业技术教育,2016,37(13):49-54.

[58]祁占勇,王志远.乡村振兴战略背景下农村职业教育的现实困顿与实践指向[J].华东师范大学学报(教育科学版),2020,38(4):107-117.

[59]任聪敏,石伟平.城镇化进程中农村职业教育的新型定位与发展策略[J].教育发展研究,2013,33(23):53-57.

[60]孙杰远.文化共生视域下民族教育发展走向[J].教育研究,2011,32(12):64-67.

[61]唐智彬,郭欢.作为乡村"治理术"的农村职业教育:内涵与路径[J].教育发展研究,2020,40(Z1):75-82.

[62]邢晖,郭静.职业教育协同治理的基础、框架和路径[J].国家教育行政学院学报,2018(3):90-95.

[63]张旭刚.农村职业教育服务乡村振兴:实践困境与治理路径[J].职业技术教育,2018,39(10):59-64.

[64]张旭刚.乡村振兴战略下我国农村职业教育的战略转型[J].教育与职业,2018(21):5-12.

[65]朱成晨,闫广芬,朱德全.乡村建设与农村教育:职业教育精准扶贫融合模式与乡村振兴战略[J].华东师范大学学报(教育科学版),2019,37(2):127-135.

[66]朱成晨,闫广芬.精神与逻辑:职业教育的技术理性与跨界思维[J].教育研究,2020,41(7):109-122.

[67]朱成晨,闫广芬.跨界与共生:农村职业教育融合治理的分析框架[J].教育研究与实验,2020(1):20-28.

[68]朱成晨,闫广芬.农村职业教育跨界发展的思维范式:系统性思维[J].贵州社会科学,2020(6):101-107.

学位论文

[69]胡晓勤.新时期农村职业教育发展问题研究[D].长沙:湖南农业大学,2008.

[70]雷重熹.农村职业教育与农村剩余劳动力转移关系研究——以中外农村职业教育为视角[D].长春:东北师范大学,2005.

[71]李星东.农村职业教育发展研究[D].成都:四川大学,2007.

[72]唐智彬.农村职业教育办学模式改革研究[D].上海:华东师范大学,2012.

[73]王雷.农业供给侧结构性改革背景下农村职业教育制度变革研究[D].西安:陕西师范大学,2018.

电子资源

[74]国家统计局.2019年农民工监测调查报告[EB/OL].(2020-04-30)[2021-01-21].http://www.stats.gov.cn/tjsj/zxfb/202004/t20200430_1742724.html.